阿尔伯特·爱因斯坦 1935 年在普林斯顿拍摄的正式肖像

少年爱因斯坦

阿尔伯特·爱因斯坦和他的第一任妻子米列娃

阿尔伯特·爱因斯坦，在保罗·埃伦费斯特的家庭图书馆里，爱因斯坦1916年就住在那里

阿尔伯特·爱因斯坦 1921 年在维也纳演讲

阿尔伯特·爱因斯坦与朋友康拉德·哈比奇特和莫里斯·索洛文，大约拍摄于1903年

阿尔伯特·爱因斯坦在小保罗和加林卡·埃伦费斯特位于莱顿的房子前与他们的合影

苏黎世联邦理工学院阿尔伯特·爱因斯坦储物柜

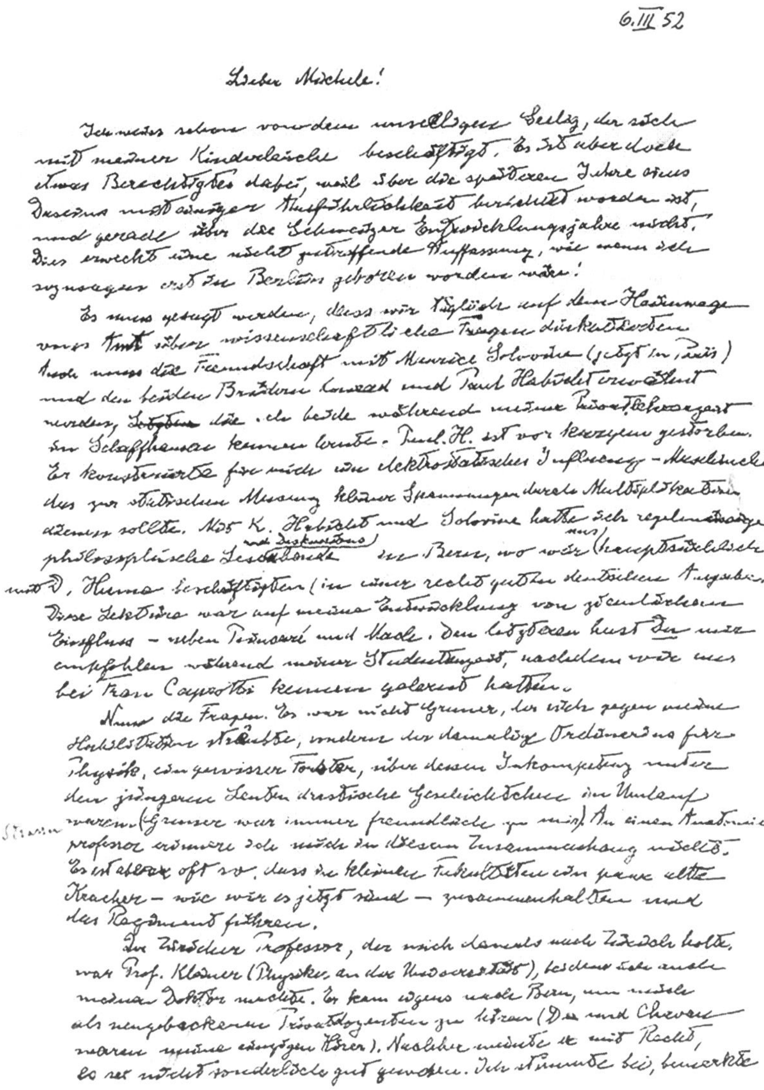

6.III.52

Lieber Michele!

Ich weiss schon von dem unseligen Seelig, der sich mit meiner Kinderleiche beschäftigt. Es ist aber doch etwas Berechtigtes dabei, weil über die späteren Jahre eines Daseins mit einiger Ausführlichkeit berichtet worden ist, und gerade über die Schweizer Entwicklungsjahre nicht. Dies erweckt eine nicht zutreffende Auffassung, wie wenn ich sozusagen erst in Berlin geboren worden wäre!

Es muss gesagt werden, dass wir täglich auf dem Heimwege vom ~~Amt~~ Amt über wissenschaftliche Fragen diskutierten. Auch muss die Freundschaft mit Maurice Solovine (jetzt in Paris) und den beiden Brüdern Conrad und Paul Habicht erwähnt werden, ~~letztere~~ die ich beide während meiner Privatlehrerzeit in Schaffhausen kennen lernte. Paul H. ist vor kurzem gestorben. Er konstruierte für mich eine elektrostatische Influenz-Maschine, das zur statischen Messung kleiner Spannungen durch Multiplikation dienen sollte. Mit K. Habicht und Solovine hatte ich regelmässige philosophische Lesabende und Diskussionen in Bern, wo wir uns (hauptsächlich mit D. Hume beschäftigten (in einer recht guten deutschen Ausgabe). Diese Lektüre war auf meine Entwicklung von ziemlichem Einfluss – neben Poincaré und Mach. Den letzteren hast Du mir empfohlen während meiner Studentenzeit, nachdem wir uns bei Frau Caprotti kennen gelernt hatten.

Nun die Fragen. Es war nicht Gruner, der sich gegen meine Habilitation sträubte, sondern der damalige Ordinarius für Physik, ein gewisser Forster, über dessen Inkompetenz unter den jüngeren Leuten drastische Geschichtchen im Umlauf waren. (Gruner war immer freundlich zu mir.) An einen Anatomie-professor erinnere ich mich in diesem Zusammenhang nicht. [Strasser] Es ist aber oft so, dass in kleinen Fakultäten ein paar alte Knacker – wie wir es jetzt sind – zusammenhalten und das Regiment führen.

Der Zürcher Professor, der mich damals nach Zürich holte, war Prof. Kleiner (Physiker an der Universität), bei dem ich auch meinen Doktor machte. Er kam eigens nach Bern, um mich als neugebackenen Privatdozenten zu hören (Du und Chavan waren meine einzigen Hörer). Nachher meinte er mit Recht, es sei nicht sonderlich gut gewesen. Ich stimmte bei, bemerkte

这是阿尔伯特·爱因斯坦写给米凯莱·贝索的书信

艾尔莎和阿尔伯特·爱因斯坦在抵达圣地亚哥时乘坐“贝尔根兰号”

阿尔伯特·爱因斯坦和亨德里克·安托万·洛伦兹，保罗·埃伦费斯特于1921年在他位于莱顿的家门口拍摄

爱因斯坦和居里夫人

泰戈尔与爱因斯坦于 1930 年的合影

阿尔伯特·爱因斯坦和罗伯特·奥本海默在高等研究所合影

理查德·托尔曼和阿尔伯特·爱因斯坦于 1932 年在帕萨迪纳加州理工学院

1927 年索尔维量子力学会议。本杰明·库普里摄，索尔维国际物理研究所，比利时布鲁塞尔

从后到前，从左到右：奥古斯特·皮卡德、埃米尔·亨里奥、保罗·埃伦费斯特、爱德华·赫尔岑、泰奥菲勒·德唐德、欧文·薛定谔、儒勒·埃米尔·维沙菲尔、沃尔夫冈·泡利、维尔纳·海森堡、拉尔夫·霍华德·福勒、莱昂·布里渊、彼得·德拜、马丁·克努森、威廉·劳伦斯·布拉格、亨德里克·安东尼·克莱默斯、保罗·狄拉克、阿瑟·康普顿、路易斯·德布罗意、马克斯·玻恩、尼尔斯·玻尔、欧文·朗缪尔、马克斯·普朗克、玛丽·斯克沃多夫斯卡·居里、亨德里克·洛伦兹、阿尔伯特·爱因斯坦、保罗·朗之万、查尔斯·尤金·古耶、查尔斯·汤姆森·里斯·威尔逊、欧文·威兰斯·理查森

爱因斯坦自述

EINSTEIN'S OWN WORDS

[美] 爱因斯坦 著 王强 译

北京联合出版公司
Beijing United Publishing Co.,Ltd.

图书在版编目（CIP）数据

爱因斯坦自述 /（美）爱因斯坦著；王强译 . -- 北京：北京联合出版公司，2014.12（2023.11 重印）

（中小学生必读丛书）

ISBN 978-7-5502-3969-2

Ⅰ . ①爱… Ⅱ . ①爱… ②王… Ⅲ . ①爱因斯坦，A.（1879 ~ 1955）—自传—青少年读物 Ⅳ . ① K837.126.11-49

中国版本图书馆 CIP 数据核字 (2014) 第 258894 号

爱因斯坦自述

作　　者：［美］爱因斯坦
译　　者：王　强
出 品 人：赵红仕
责任编辑：王　巍
封面设计：王　鑫

北京联合出版公司出版
（北京市西城区德外大街83号楼9层 100088）
北京新华先锋出版科技有限公司发行
涿州汇美亿浓印刷有限公司印刷　新华书店经销
字数208千字　787毫米 × 1092毫米　1/16　20印张
2014年12月第1版　2023年11月第3次印刷
ISBN　978-7-5502-3969-2
定价：69.00元

前　言

爱因斯坦算得上20世纪最神奇的人物。他的“相对论”，据说“全世界只有两个半人能懂”。由于其理论太过先进，以至于当时地球上最聪明的科学家们，包括“相对论变换关系”的奠基人洛伦兹，都觉得难以接受。1922年，瑞典皇家科学院把诺贝尔奖颁给爱因斯坦时，只是说“由于爱因斯坦对理论物理学的贡献，更由于他发现了光电效应的定律”，而没敢对爱因斯坦的“相对论”作出评价。时至今日，能够理解“相对论”的人仍然不多——哪怕只是大致的理解。

近百年来，随着科学的发展，大量的实验证明，爱因斯坦的理论是正确的。这个独特的犹太人，具有匪夷所思的智慧。个别想象力丰富的人，甚至断言爱因斯坦来自外星。在爱因斯坦去世之后，他的大脑没有火化，而是被小心保存在普林斯顿大学。几十年来，科学界对这个“出类拔萃的大脑”进行了全面研究。

1879年3月14日，阿尔伯特·爱因斯坦出生在德国乌尔姆市，父母都是犹太人。早年的爱因斯坦似乎并不出色。16岁时，他报考瑞士苏黎世的联邦工业大学，可是名落孙山。不过，看过爱因斯坦数学和物理考卷的韦伯先生却独具慧眼，当面称赞道：“你是个非常聪明的孩子，可是你有一个缺点，就是不愿意表现自己。”事实上，当时的爱因斯坦已经显露出非凡的才华，早在 12 岁，他就自学掌握了解析几何和微积分。

爱因斯坦是 20 世纪最伟大的物理学家，同时，他也是一位哲学家。他不反感现实，而且还为后人总结了多条成功法则。比如：“A=X+Y+Z。A 是成功，X 是努力工作，Y 是懂得休息，Z 是少说废话。”“不曾犯错的人，是因为他从来不曾尝试新事物。”“想象力比知识更重要。因为知识是有限的，而想象力却能畅游整个世界。”“你必须去学习游戏规则。然后，你还要比别人玩得更好。”等。

1955 年 4 月 18 日，爱因斯坦在普林斯顿去世，享年 76 岁。在葬礼上，遗嘱执行人朗诵了歌德悼念席勒的诗，以表达人们的哀思：

“全世界都感谢你的教诲，因为我们从你身上获益良多。你的创造，早已传遍世人。你如陨落的彗星，光华四射，落入永恒。”

目录

第一篇　爱因斯坦自述

第二篇　世界各地的演讲

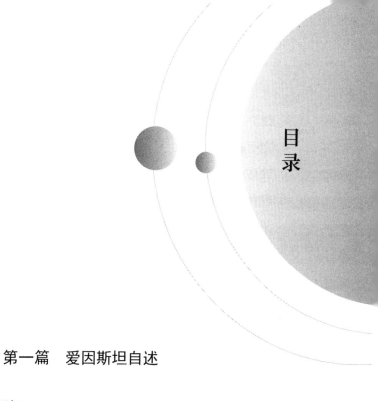

第三篇　信　件

第四篇　悼念科学界的朋友

第五篇　发表的文章

第六篇　访谈录

第一篇

爱因斯坦自述

- EINSTEIN'S OWN WORDS -

1946年的自述（节选）

这篇《自述》收录于希尔普的论文集《哲学家—科学家：阿尔伯特·爱因斯坦》。希尔普为纪念爱因斯坦70岁生日，写了这本论文集。

今年我67岁了，来日无多，现在坐在这里打算写点东西，就权当自己的讣告了。之所以要做这件事，除了希尔普博士的说服外，更重要的是我自己也觉得这么做很有意义。我想，给那些奋斗中的人讲一讲自己的人生体验必是一件好事，这些体验包括了一个人如何看待他当年努力和探索过的事情。不过，我在稍稍考虑以后必须事先承认，不要对这种尝试的结果抱有什么十全十美的期望与幻想，它肯定不会是完美无缺的。因为要把一生中值得讲的东西讲清楚确实不是易事，不论我工作的时间是怎样的短暂和有限，也不论其间我经历的过程是怎样的占优势，毕竟现在的我已完全不同于50岁、30岁或者20岁的时候了。由于任何回忆都会多少染上眼前的色彩，所以有些地方是不太可靠的。诸如此类的考虑可能会使我产生畏难而退的想法，不过基于心中的一个信念，我觉得我有必要一试。这个信念就是，一个人的经验可能会有对其他人有用的地方。

大多数人花毕生的时间去追逐一些毫无价值的希望和努力，这是一个我在少年时期就已深刻认识到的现象。我发现这种追逐并不轻松，甚至有些残酷。不过，从古至今，这种艰苦的追逐都被人用伪善和优美的言辞包装了起来。参与这种追逐只是因为每个人都有个胃，或者说是欲望，这基本上是注定的。通常情况下，这种追逐很可能使他的胃得到满足。当然，有思想、有感情的人例外。在这种情况下，选择宗教便成了第一条出路，每一个儿童正是通过传统的教育机构得到第一手宗教理论的。因此，12 岁以前，我对宗教深信不疑，尽管我出生在一个无宗教信仰的家庭。之所以 12 岁那年我突然中止了这种信仰，是因为通俗的科学书籍引导了我。通过阅读这些书籍,我开始质疑《圣经》里故事的真实性。其结果就是染上了一种狂热的自由思想，并且冒出这样一种令人瞠目结舌的疑问：国家用谎言将年轻人欺骗了。这种经历给我带来延及终生的改变，那就是怀疑态度。我会对所有权威产生怀疑，敢于对任何社会环境里既存的信念完全持一种怀疑态度。后来，由于我要让怀疑更有逻辑，我的怀疑精神失去了原有的锋利性，不过它从未离开过我。

有一点我很清楚，我少年时代的“宗教天堂”就这样一去不复返了，这是我首次对“仅仅作为个人”这样的枷锁的反抗，这是最原始的感情、愿望和希望支配的结果，是实现自我救赎的一种方式。有一个不可知的世界在我们之外存在着，它的存在并不取决于我们人类的主观意愿。尽管它是一个高深而永恒的谜，但值得庆幸的是，我们人类至少可以用观察和思维触及它的一部分。这个世界颇具魅力，有如争求自由、得到解放一样，吸引我们去探索、思考。我不久就注意到，在专心从事这项事业中，许多我所尊敬和钦佩的人找到了内心的自由和安详。我脑海中总是会有意无意地浮现一个最高目标，那就是我们借助一切既有力量与条件，在我们力所能及的范围内，从思想上掌握这个外部世界。我不乏这样志同道合的朋友，他们囊括了古往今来的各个行业与国度，他们是一群充满真知灼见的人士。通向宗教天堂的道路是非常平坦和诱人的，而怀疑宗教天堂的道路却不然。不过，我从来也没有为选择了这条道路而后悔过，因为它已被证明是可以信赖的。

需要补充的是，我的这些说法仅仅在一定意义上是正确的，就好比面对一个具有多个角度的复杂对象，我只不过是就其中某个角度勾勒了几笔，所能反映的只能是很有限的意义。对一个思想很有条理的人来说，在付出了其他方面的代价下，他的思想条理性会愈来愈突出，进而决定着他的精神状况。故此，尽管他的经验是在很多情况下得到的验证，但在这种情况下，这样的人在回顾中所看到的，很可能只是某种固定的规律。每一个人生活的“原子化现象”之所以会出现，是因为外界情况虽然是千变万化和多种多样的，但意识的瞬息变化则比较简单。就我而言，在我主要感兴趣的方面，我已渐渐远离个人对事物短浅的认识，开始转向力求从客观思维上去理解和掌握事物，这就是我人生发展的转折点。这样看来，上述评论中包含着多种真理，尽管它们看起来像是一个大纲。

如果要对“思维”作一个准确的界定，那是什么？“思维”并非接受感觉印象时出现的记忆形象，也不是当这样一些形象形成一个系列时，其中一个形象引起另一个形象。不过，如果在许多这样的系列中某一形象反复出现，基于这种再现，它就成了联结这些系列的支配因素。换言之，这种元素是一种工具或一个概念。我认为，放飞思绪或者“做梦”和思维之间的不同，可以从它在系列中所起的支配作用的比例来决定。虽然说这些因素不一定要同通过感觉和可以再现的符号联系起来，但没有这样的联系，思维也无法交流。

大家不禁会问，在这样一个领域里，这个人为什么可以如此轻率地运用观念，而不做点证明呢？我所给出的答复是：我们的一切思维都是概念化的一种自由选择，而它的合理性取决于我们概括经验所能达到的程度。所以“真理”这个概念还不能在这样的结构应用，因为只有在这种因素和规则已经被一致认可的时候，才谈得上“真理”概念。很多时候，我们的思维不需要符号也能进行，但很多时候是无意识的，这一点对我来说没有什么疑问。否则，就不会出现我们有时候不自觉对某一经验感到“吃惊”了。当经验与我们已经建立的概念世界发生冲突时，这种“吃惊”才会发生。每当我们感觉这种冲突很激烈并且不可调和时，它就会以一种决定性的方式对我们的思维进行反作用。在某种意义上，思维的结果就是不断摆脱“吃惊”。

我记忆中第一次经历这种“吃惊”还是在四五岁的时候：父亲给我一个罗盘，它的指针所指的方向如此确定，令我感到震惊，因为在我既有的认知里，也即我无意识的概念世界中，它是第一个我根本无法联结任何记忆形象的事物。这次经验给我的印象是如此的深刻而持久，以至于现在仍盘桓于我的脑际。我想，当时我就开始思考：一定有什么东西深深地隐藏在它的后面。人们对物体下落、刮风、下雨或者月亮不会掉下来以及生物和非生物之间的区别等都不感到惊奇，因为这些事物司空见惯，人们也就见怪不怪了。

另一种性质完全不同的惊奇发生在我 12 岁的时候，它是由一本关于欧几里得平面几何的小书所引发的。我在一个学年开始时得到了这本书，书里许多具有明晰而可靠的断言给了我极深的印象，有些命题本身虽然并不明显，但都被切实地证明了，不能使人产生任何怀疑。比如三角形的三条垂线交于一点。我并没有因为它是不用证明就得承认的公理就产生怀疑。在我看来是真实的命题，依据有效性就可以证明，这令我完全心满意足。比如，印象中在我拿到这本几何学小书之前，我就已经知道毕达哥拉斯定理了，那是一位叔叔曾经告诉我的。我付出了一番艰巨的努力，从三角形的相似性这个角度出发，成功地“证明了”这条定理。当时我就认为，直角三角形各个边的关系完全决定于它的一个锐角，这是显而易见的，自然无须证明；只有在类似方式中表现不“显然”的东西，才需要去证明。而且，那些摆在明处，“能看得到和摸得到”的东西，在我看来，与几何学研究的对象一样，都属于同一类型的东西。之所以存在这种原始观念，我想根源恰恰在于不自觉产生的几何概念与直接经验对象的关系。康德提出了“先验综合判断”可能性问题的观念，很可能就是以这种原始观念作为根据的。

想得到经验对象的可靠知识，用纯粹思维是不可能办到的，否则这种“惊奇”就是以错误为依据了。希腊人在几何学中第一次告诉我们，对于第一次见到它的人来说，纯粹思维竟能达到如此可靠而又精确的程度是非常令人吃惊的。

说了这么多，已经和刚开始有关讣告的问题不搭界了，虽然有些话已经在前面谈过了，不过既然说到这儿了，我将毫不犹豫地用几句话来概括我的认识论观点。这个观点与我年轻时候所持的观点有出入，实际上这是在很久以后才慢慢地发展和总结起来的。我会同时注意到感觉经验的总和与书中记载的概念和命题的总和。概念和命题之间存在逻辑关联性，而概念和命题之间的相互关系需要一些既定的规则来完成，这是逻辑学的研究对象。概念和命题要想获得其“意义”和“内容”，必须通过与感觉经验联系起来。这两者之间并不存在逻辑关联性，而是纯粹的直觉联系。这种联系是区别科学真理与凭空幻想的标准，即这种直觉能得到保证，而非其他。虽然逻辑概念体系本身是完全自由的，可是它们遵循这样一个目标，即要尽可能对应感觉经验的总和，又要可靠和完备；其次，这种概念体系应该尽可能减少诸如不下定义的概念和推导不出的命题等，它们都是逻辑独立元素（像基本概念和公理）。

按照某一逻辑体系，公认的逻辑规则推导出来的命题是正确的。而体系同经验总和的对应，以及可靠和完备程度，决定了体系真理的内容。正确命题所属的体系通过其中的真理内容赋予了该命题“真理性”。

在休谟看来，诸如因果性这样的概念，是不能从经验材料中根据逻辑方法来推导的。而康德又完全确信某些概念是必备的，他认为这些被挑选出来的概念为任何思维准备了必要的前提，并且它们不同于那些来自经验的概念。但我相信，它没有按自然的方式来正确对待问题，所以这种区分是不正确的……

言归正传，现在我们再回到讣告上来。在我 12 到 16 岁的时候，我熟悉了包括微积分原理在内的基础数学。这时，我有幸接触了一些这方面的书，它们的基本思想简单、明了，内容突出，尽管它们有些逻辑上的瑕疵，但还是给了我许多启发。总的说来，那次学习确实让我着迷，在我印象中，它丝毫不比初等几何差，甚至于好几次让我的状态达到了顶峰。我当时聚精会神地阅读了很多著作，包括《伯恩斯坦的自然科学通俗读本》在内，这个有五六卷的著作是一部卓越的通俗读物，它几乎只局限于定性叙述而不拓展。我幸运地从中知道了整个自然科学领域里的主要成果和方法。17 岁那年，我以数学和物理学的学生身份进入苏黎世工业大学，其时我已经具备了一些理论物理学的知识了。

在苏黎世工业大学，我遇到了像胡尔维兹、闵可夫斯基等几位卓越的老师，照这样发展下去，我应该在数学方面有所造诣。事实并非如此，我大部分时间都是在物理实验室里度过的，因为我对直接接触太痴迷了。其他时间，我主要用于在家里阅读基尔霍夫、亥姆霍兹、赫兹等人的著作。为什么我会在一定程度上不在乎数学呢？我想原因一方面在于我对自然科学的兴趣远比对数学的兴趣浓厚；其次还由于一次奇遇：在我看来，数学分许多专门的领域，而每一个领域都会耗去我们毕生的精力。因此，我觉得自己很难选择，为此烦恼不已。数学当然有很多重要的东西，而且是最根本性的东西，然而由于我在数学领域没有天赋，以致没有把它们学好。此外，我对自然知识兴趣更浓，作为一个学生，我也不清楚物理学需要最精密的数学方法，这样才能通向更深入的知识道路。这一点等我逐渐地明白的时候，已经是独立科学研究几年后了。

诚然，与数学相同，物理学也分成各个领域，其中每一个领域也会耗尽研究者短暂的一生，而且还可能达不到令自己满意的地步。况且，已经存在但未建立充分联系的实验数据还有很多。与数学不同的是，我在这个领域里很快就学会了怎样挑选识别东西，将那种有用的知识挑出来，撇下其他多余的东西，尤其是那些只会充塞大脑、并引领我偏离主要目标的东西。当然，还存在考试问题。为了应付考试，即使不愿意，也得把这些废物记住。在通过最后的考试以后，有整整一年的时间，我对科学问题失去了兴趣，这都是因为被强迫学习的结果。不过，说句公道话，和其他许多地方相比，我们在瑞士的学习好得多，这种令人窒息的强制少多了。在瑞士，人们只要愿意，就可以做自己想做的任何事情，但有两次考试例外。这让人们有了选择的自由，可以选择自己喜欢的科目，除了考试前几个月。我的情况就是这样，甚至比其他人还过激一些。我有个朋友，他是上课方面的好学生，每次去听课，都很认真地整理讲课内容。我喜欢这样学习，并认为这只不过是微不足道的小毛病，只是偶尔会有些内疚。正是这样，研究问题的好奇心才得以保留了下来。因为现代的教学方法就像一株脆弱不堪的幼苗，除了鼓励，更需要自由；只有自由才能挽救它，使它不至于过早地夭折。我认为，使用强制手段，或给人灌输责任感，让学生增进观察和探索的乐趣，确实是犯了严重的错误。在一头猛兽不饿的时候，用鞭子强迫它不断地进食，特别是人们提供的食物还是经过千挑万选的，它肯定会逐渐开始厌食的。两者道理相同。

当时物理学的情况有必要介绍一下。当时，物理学已经取得了一些细节上的丰硕成果，但教条式的顽固不化，在物理学的原则问题上仍占统治地位。这个教条就是：上帝创造了牛顿运动定律的同时，还创造了必需的质量和力。这个思想统治着一切，其他的所有东西都可以用数学的演绎法推导出来。在这个基础上，特别是由于偏微分方程在很多方面取得的成绩，使得很多人对十九世纪所取得的成就赞叹不已。牛顿也许是第一个揭示了偏微分方程价值的人，而且通过他的声传播理论大力宣扬微分方程。那个时候，欧拉已经建立了流体动力学的基础。但人们仍然认为十九世纪的成就只有作为整个物理学基础的质点力学。我当时还是一个大学生，对力学在那些表面上同力学无关的领域中表现出来的成就很关注，而对非力学的专门结构或者它所解决的复杂问题不在意。

在上一世纪所有的物理学家眼中，经典力学是全部物理学，甚至全部自然科学最牢固的基础。我们对此也不必惊奇。当时，麦克斯韦电磁理论已逐渐取得了全面胜利，很多物理学家还孜孜不倦工作着，想把它也归为力学方面。甚至包括麦克斯韦和H. 扬兹本人，他们都在不自觉地维护着他们认为的物理学基础——经典力学。现在，我们公道地说，其实他们正是动摇“力学作为一切物理学的基础”的人。恩斯特·马赫写了一本《力学史》，他对这种教条式的信念提出了反对意见，作为一个学生，我被他的内容吸引了。我认为，正是马赫坚不可摧的怀疑态度和独立性才铸就了他的伟大。然而，马赫没有将一些思想阐明正确，特别是关于科学思想中本质上是构造和思辨的问题。他反而指责理论，比如指责原子运动论就犯了这样的错误。

下面我想先谈一般的物理理论观点，因为人们可以利用这些观点去批判各种物理理论。理论应当与经验事实相符合，这是第一。事实上，做到这点非常难，尽管它初看起来很明显。为了坚持一种普遍接受的理论基础，人们总是想办法加进一些补充或假设，从而使理论与事实相符合。但不管怎样，用现有的实际经验来证实理论基础是第一个观点所涉及的内容。

除此之外，还要注意理论本身的前提问题，这是第二。它涉及的“自然性”或者“逻辑简单性”，人们通常可以简单而含糊地认为是前提（基本概念及其基础之间的关系）。在挑选和评价各种理论时，这个观点的作用很大，但具体怎样表达，确实存在难度。与其说要寻找一种逻辑上独立的前提问题，不如说是一种权衡两种不能比较的问题。其次，那种最严格限制理论体系的理论是比较优越的理论。在这里，我只谈这些理论，把它们的对象归为一切物理现象的总和，所以理论的“范围”，我就不再说了……

我上面讲的也许让人有点不明白，不过我必须说，我还没有找到更合适的定义来表达上面的意思，也许我根本就缺乏这个能力。我也明白，如果非要寻找更明确的阐述方法，这还是有可能的。不管怎样，在判断理论的“内在的完备”时，“预言家”们之间往往存在一致意见。

（略去批判作为物理学基础的经典力学）

够了，够了。请原谅我吧，牛顿。我们会永远记住您所发现的道路，在您那个时代，您确实是一位具有最高思维能力和创造力的人。您所创造的概念，不管什么时候仍然对我们研究物理学起着很重要的指导作用。然而现在，我们必须用另外一些与直接经验相去甚远的概念取代您的这些概念，因为不这样，物理学就没办法继续进步。

“这难道算是讣告吗？”因为这样的文章令读者惊奇，很容易产生这样的疑问。

我的答案：本质上，是的。

因为，对我这种人，他所想的是什么和他是怎样想的才是一生中主要的东西，而那些他所做的或者经受的事情，是他不关心的。因此，这些我认为在我的一生中起重要作用的思想构成了这个讣告的主要内容。一种理论的前提越简单，越能囊括更大的应用范围，也越能涉及更多的事物种类，而越这样，给人的印象越深。古典热力学给了我深刻的印象。我敢保证，这个理论是唯一具有普遍性的物理理论，在它的基本概念所涉及的范围内是绝不会被推翻的，这一点请喜欢怀疑的人特别注意。

在我的学生时代，麦克斯韦理论是最使我着迷的课题。这个理论之所以能够成为革命性的理论，就在于它从超距作用力过渡到以场作为基本变量。将光学归到电磁理论范围内，连同光速与绝对电磁单位制的关系，以及折射率与介电常数的关系，反射系数与金属体的传导率之间的定性关系，都是一种启示。在这里，除了转变为场论（他用微分方程来表示基本定律）外，麦克斯韦只用了唯一一个假设性的步骤：在真空和电介质中引进了位移电流及其磁效应，这完全是一种革新，由微分方程的形式性质规定其内容。同伽利略—牛顿一样，法拉第和麦克斯韦也是类似组合，也是前者靠直觉抓住了事物的联系，后者用公式严格地将这些联系准确地表述了出来，并将它们定量地应用了。在这里，我还要说的是，我们应该特别注意这两对之间的内在相似性。

…………

1955 年的自述（片段）

1955 年 3 月，即爱因斯坦于逝世前一个月，他的母校苏黎世工业大学成立一百周年，他写了这篇回忆录。

1895 年，我十六岁，跟着父母来到了苏黎世。此前一年是在意大利米兰度过的，那时我没有上学，也没有老师。我想上苏黎世联邦工业大学，不过，我不知道怎样做才能到这个学校读书。我的那一点知识主要是靠自学得来的，很零散。对于这一点，我有自知之明。我也很固执，既然我决定想上这所学校，就不会放弃。我觉得考上大学绝不是一件轻松的事。我读书很少背诵，加上记忆力又不强，对所有问题，只是喜欢深入理解。我报名参加了这所大学的工程系入学考试，但我一点把握也没有。我过去所受的教育残缺不全，在这次考试中，全部暴露出来。我没有考上，这也是正常的。不过，有件事还是值得高兴的，通过这次考试，物理学家 H.F. 韦伯认识了我，他说，如果我不离开这里，可以去听他的课。但是，校长阿耳宾·赫尔措格教授却向我提议，去阿劳州立中学上学。在那里，我可以用一年的时间，来补习以前漏学的课程。阿劳州立中学给我留下了难忘的印象，学校崇尚自由精神，教师们淳朴热情，不会为外界的权威而动摇。而德国的中学则不同，那里一直受权威指导，没有自己的个性。和在德国中学的六年学习相比，我感到这里的教育是自由同时需要自我约束的。这里优越的学习环境让我想到，虚幻的空想绝不是真正的民主。

在阿劳州立中学学习期间，我有时候会想（曾思考过）这样一个问题：假如一个人的奔跑速度可以达到光的速度，那么他所处的场就不会随着时间而改变了。显然，这种事不可能发生。不过，同狭义相对论有关的朴素的理想实验，这是第一个。虽然狭义相对论的这一发现最终的结果同逻辑形式有关，但它绝不是逻辑思维的成就。

1896—1900年，我在苏黎世工业大学的师范系学习。我现在已经是一个有中等成绩的学生了，对此我很满足。但我那时还不是一个好学生，我做不到好学生的标准：要遵守秩序，老师讲课时要做笔记，然后自觉地做作业；人们所教给你的那些东西，你要不惜一切代价学好；必须有能力去很轻松地理解所学习的东西。可惜的是，我发现上述的这些条件自己一个也做不到，为此我老有一种负疚感。在这个自由自在的学习环境里，我以极大的兴趣去听某些课，我依然还不是一个好学生，只能让自己多学一些感兴趣的东西，与此同时，很多我不感兴趣的课程也都漏掉了。在家里，我以极大的热情学习理论物理学，这样做平衡（平静）了我的内心，减轻了我的负疚感。我依然保持着原有的习惯：广泛地自学。

这个时候，有一位叫米列娃·马里奇的塞尔维亚女同学和我一起学习，她就是我后来的妻子。

在H. F.韦伯教授的物理实验室里，我热情而又努力地工作着。我也很喜欢盖塞教授的微分几何，他的讲授是真正的教学艺术杰作，这对我后来建立广义相对论有很大的帮助。不过，那时的我对高等数学没有多大兴趣。我错误地认为，高等数学这一门课有这么多的分支学科，在任何一个分支中，想研究出一些成就来都会用尽一生的时光。我还无知地以为，只要清楚地掌握数学基本概念以备应用，对于一个物理学家来说就足够了；而像高等数学和其他一些学科，对于物理学家来说，即使不知道也没有多大关系。后来，数学才能的不足在我以后的研究中慢慢显露出来，我才发现自己犯了一个不该犯的错误。

在工业大学，我还认识了一个同学马尔塞耳·格罗斯曼，并很快和他成为朋友。马特河口有一家“都会”咖啡店，我们两个每个星期都要去那里一次，我和他在那里谈论学习，谈论当下的年轻人都喜欢什么。我是个有点离经叛道的人，但他和我不一样，他是个内心有自主性的人，能看得出来，他浑身上下透着瑞士人的气质。巧的是，他的许多才能都是我欠缺的，比如，处理任何事情都有条不紊，理解问题很快。他的笔记做得极为出色，学习上也是出类拔萃，同学们看到他的笔记本都会自叹不如。快考试的时候，他把这些笔记本借给我，这对我来说真是雪中送炭；要是没有这些笔记本，我都不知道我会考成什么样子。

摆在我们面前的这些课程，本来都是很有意义的，但我费了很大的劲儿才在那些笔记本的帮助下，基本上学会这些东西。大学教育并不总是有益的，特别是对于像我这样爱好沉思的人，我觉得我就是在强迫自己学习不喜欢的东西。幸运的是，我那段学习时期只有一年。

在我毕业后大约一年，作为我的朋友，马尔塞耳·格罗斯曼给了我一次极大的帮助。通过他的父亲，他把我介绍给瑞士专利局局长弗里德里希·哈勒。瑞士专利局对我进行了一次详细的面试，合格后我就留在那里工作了。

1902—1909 年这几年，是我最富于创造性的时期。因为我上班了，所以在这几年中，也不用为生活操心了。抛开上班可以拿钱这一点不说，对我来说，鉴定技术专利权的工作本身就是一种真正的幸福。在鉴定的时候，你必须从各个方面去考虑，这就会用到各种知识，对自己以后在物理方面的研究也有所帮助。我这样的人就适合做一种实际工作，有工作就是一种莫大的幸福。而学院里的一些年轻人则不得不写大量的科学论文，在写这些毫无意义的论文里慢慢趋于浅薄；当然，也有一些具有坚强意志的人，顶得住来自学院的压力。作为一个平民，他只要能够完成他的工作就可以了，他的日常生活并不靠特殊的智慧。假如有人在工作之余对科学深感兴趣，那么在他的本职工作之外，他也可以研究他所爱好的问题。这样的研究还有一点好处，那就是用不着担心自己的研究有没有成果。给我找到这么适合我的职位，我得再次感谢马尔塞耳·格罗斯曼。

在伯尔尼的那几年里，我过得很愉快。在这里，我只谈一件事，这件事能表现我这一生中最富有成果的思想。我的狭义相对论提出已经有几年了。相对性原理是不是只适用于惯性系[1]呢？直观上我们会这样回答：“好像不是！”但直到那时为止，惯性原理作为全部力学的基础却不允许把相对性原理推广到其他领域。相对于惯性系，如果一个人处于加速运动的坐标系中，那么相对于这个人，一个“孤立”质点的运动就不会沿着直线做匀速运动了。一些人的思想从窒息的思维习惯中解放出来，他们会这样问：这种行为有没有提供惯性系和非惯性系的分辨方法呢？在至少是在直线等加速运动的情况下，他会断定说，结果就不是那回事了。因为，相对于一个这样加速运动的坐标系，那种物体的力学行为，人们可以把它解释为引力场作用的结果。这件事是有可能的，有这个事实作证：在引力场中，物体的加速度总是相同的，与物体本身的性质无关。这就是等效原理。对于一个普遍的变换群，这个原理不仅有可能使得自然规律恒定（相对性原理的推广），而且一个深入的引力理论也有可能因为这种推广而被发现。在原则上，我丝毫也不怀疑这种思想的正确性。但具体运用就不那么容易了。首先，有这样一个问题：开辟了狭义相对论道路的时空坐标系论断，有一个直接的物理解释，这和向一个更广义的变换群过渡是不相容的（向一个更广泛意义上的变换群过渡不是那么容易的，因为在开创狭义相对论的时空坐标系时运用的直接物理解释与此相悖）。其次，是关于怎样选择推广的变换群，这个问题暂时还不能预见到。在等效原理这个问题上，暂时就提这么多，其实关于这个问题我也走过弯路。

1909—1912年，在苏黎世以及布拉格大学，我讲授理论物理学，那

[1] 彼此相对做匀速运动的坐标系。

时候我就不断地思考这个问题。1912 年，苏黎世工业大学聘请我任教，我感觉很快就可以解决这个问题了。海尔曼 • 闵可夫斯基在这里有个分析显得很重要，是关于狭义相对论形式基础的。这种分析概括起来就是：实验上可证实的空间度规特性和惯性原理，被准欧几里得度规（不变的）决定着，这个度规在准四维空间里；洛伦兹不变的方程组形式也由其决定着。有一种特选的坐标系——笛卡儿坐标系在这个空间里，它也是唯一自然的坐标系（惯性系）。在这样的空间中，等效原理使我们引进非线性坐标变换——非笛卡儿（“曲线”）坐标。

在上述特殊形式中，一个孤立物体的惯性行为就表现为一条类似直线；同这种行为相对应的，在普遍的形式中则是“短程线”。

这种陈述方式，虽然只是涉及准欧几里得空间的情况，但是，如何达到一般引力场的道路，它也作了说明。引力场在这里还是用一种度规——一个对称张量场 gik 来描述的。因此，如何满足这样的要求就是进一步推广的目标：准欧几里得就是这个场通过一种单纯的坐标变换而成的。

一个对非线性坐标变换能保持不变的微分方程是否存在着呢？如果存在的话，这样的微分方程就是引力场的唯一场方程。这样，引力问题就归结为一个纯数学问题了。质点的运动定律后来就是由短程线的方程来规定的。

1912 年，我带着这个问题找到我的老同学马尔塞耳 • 格罗斯曼，他那时任苏黎世工业大学的数学教授。作为一个纯数学家，对物理学，他还是抱有一些怀疑态度的。但我的这个问题立即引起了他的兴趣。我们上大学的时候，去咖啡店里，经常在一起相互交流思想。有一次，他曾经说过这样一句话：“不得不承认，学习物理让我在现实生活中得到一些好处。以前，假如一个人从一张椅子上站起来离开了，然后我去坐这张椅子，我能感觉到刚刚那个人的热量还留在这张椅子上，对此我很不舒服。如果这种事再发生，我不会这样想了，因为热是某种非个人的东西，这是物理学告诉我的。”

最后，他答应解决这个问题，不过，他还有条件：他只帮我解决这个数学问题，对物理学的论断和解释都不承担责任。他查阅了一些文献，发现黎曼、里奇和勒维・契维塔就上面所提的数学问题早已解决了。这个问题和高斯的曲面理论有关，在这个理论中，广义坐标系被第一次系统地使用。黎曼解决了如何从张量的场推导出二阶微分，作出了极大的贡献。这就解决了引力的场方程是怎么回事的问题，那就是对于一切广义的连续坐标变换群，要求都是不变的。在 1916 年的时候，历尽艰辛，这个理论终于出现了。

一想起我的这位老朋友，我就想到了我们在一起上学的时候。可惜的是，他英年早逝。1936 年，一场疾病迅速夺去了他的性命。对马尔塞耳・格罗斯曼的帮助，我要再次表示感激之情，对他的感激也使我有了写这篇文章的勇气。

引力理论提出到现在已经四十年了。这些年来，我的全部精力都用在把引力场理论推广到一个可以构成整个物理学基础的问题上。为了这个目标，许多人都在努力着。后来，有许多充满希望的推广机会，但我都放弃了。最近十年，我终于找到了一个理论，在我看来，这个理论自然而又富有希望。但这个理论在物理学上是否有价值，我还不能确信，因为这个理论的基础是目前还不能攻克的数学难题，凡是应用任何非线性场论都会遇到这个难题。此外，一种场论是否能够解释物质的原子结构和辐射以及量子现象，还未有定论。对这个问题，现在大多数物理学家都会坚定地回答“不能！”因为他们相信，在原则上，量子问题只能用别的方法来解决。问题最后会怎样发展，我不禁想起了莱辛[1]那句振奋人心的名言：与那些坐享其成的人相比，为寻求真理所付出的代价是高昂的。

[1] 莱辛，17 世纪德国的启蒙运动者、思想家和诗人。

第二篇

世界各地的演讲

- EINSTEIN'S OWN WORDS -

告欧洲人书

这篇宣言起草于1914年10月中旬，是由G.F.尼可拉执笔的。当时只有4个人在上面签了名，其中就有爱因斯坦，而且他是最支持这个宣言的人。这篇宣言当时没有正式发表，后来被G.F.尼可拉收录在《战争的生物学》一书中。这个宣言包含的思想内容与爱因斯坦一生的政治思想完全一致。

这次战争对文化合作的破坏是前所未有的。目前，各种技术和交通的进步都需要越来越多的国际交往，并且普遍的、全球性的文明也正在因此形成。国际纽带已经形成很多年了，如果这种关系因战争而断开，这会让我们更加伤心和痛苦。

尽管这样，我们也不必惊慌失措。为维护这种文化，我们这些关心世界的人应该肩负双倍的责任。然而，到目前为止，以科学家和艺术家为主体的人群好像没有表现出维持国际交往的愿望。他们不是站出来为和平说话，而是以敌对的精神来讲话。这种态度不能用民族主义的热情来辩解，因为这种态度同这个世界的文化和文明相背离。如果知识分子普遍信仰这种精神，那将是一件不幸的事情。我们深信它不仅会威胁文化本身，同时还会危及民族的生存，这次野蛮的战争就是以保卫民族生存为借口而发动的。

技术让这个世界变得狭小。旅行变得非常流行，国际供求连成一体，欧洲乃至整个世界，现在正在成为一个整体。

古代希腊由于缺乏国际组织而溃散，我们必须防止欧洲重蹈覆辙！当下，有修养和思想进步的欧洲人有责任为挽救欧洲而努力。如果不这样做，欧洲各国之间也会兄弟自相残杀，最终导致精疲力竭而同归于尽。

战争没有“胜利者”。所有参加这场战争的国家都将付出高昂的代价。因此，所有参战国家里的和平人士都要尽力去争取这样一种防止战争的和平条约，这种条约的价值超越了目前冲突的结果，这样的努力既明智又必要。这次战争造成欧洲不稳定和动荡的局势，同时也提供了这样一个契机：把这个大陆融合成一个有机的整体。这种发展所需要的技术上和文化上的条件都已成熟。

我们要申明这样一个深切的信念：欧洲联合起来保卫它的土地、它的人民和它的文化的时机已经到来，我们必须抓住这个时机。我们希望这样的信念可以促进一个声势浩大的欧洲统一运动的发展。

一切真正爱护欧洲文化的人首先要做的便是团结起来。

我们应该坚信：那些享有声望和权威的人士的大声疾呼完全可以压低武装冲突的喧嚣声。

我们再次呼吁，首先需要做的是全欧洲人团结起来。然后，我们将努力去组织一个欧洲人联盟。一旦时机成熟，这个联盟就会发挥巨大的作用，不但可以发出号召，还可以采取积极的行动。

我们发出这个挑战书是行动的第一步。与我们同心同德，并决心为欧洲的统一开创一个广泛运动的人们，请在上面踊跃地签名吧。

理论物理学的原理

这是爱因斯坦1914年就职普鲁士科学院院士时的讲话。

首先，请允许我对你们表示我最诚挚的谢意，谢谢你们给了我这么大的荣誉。现在我成为你们科学院的一员，以后我就不再为职业发展操心了，而且还可以全身心地投入到科学研究中，这些都令我非常激动。希望我的努力工作能给你们带来一些结果，也许我的贡献非常渺小，不过，我的努力和感激之情是百分之百的。

下面，我将借此机会讲一点我在这个领域的感受，即理论物理学对实验物理学的作用。几天前，一位数学领域的朋友半开玩笑地对我说："数学家可以做的事非常多，但需要的时间比较长。你想要立竿见影，那恐怕是绝对不可能的。"理论物理学家的状况与数学家的状况非常相像。实验物理学家可以马上完成的，理论物理学家不行。那么，为什么会出现这种不同步呢？

通常，理论学家都是运用基础的、普遍的假设或原理来给出结论和解决问题的。他们的工作分为两个部分。第一步，发现原理，然后再根据这些原理导出结论。第二步，在学生时代，他已经经过了严格的训练，并且储备了一定的理论基础。因此，只要他在某领域或某种复杂的现象中，解决了第一步的原理问题，那么只要这个人勤奋和聪明，就很容易实现第二步。不过，不同的理论学家所进行的第一步工作，性质可能会有质的不同，即发现一些可作为推理的原理各自采用了不同的方法。要完成这一步，其实并没有什么现成的方法可以借鉴和学习。作为科学家，必须具备这样的能力，即从繁杂的经验和事实中找到一些普遍规律，并用精确的公式把这些规律表示出来，这样才能最终发现自然界的普遍原理。

一旦找到这种通用的公式，那么一个接着一个的推理就会顺理成章。这些推理可能会出现一些预料不到的结果，还可能会远远超出原理的适用范围，但只要这些作为起点的原理还没有得出，那么极个别的经验和事实一点用处也没有。也就是说，单凭经验，然后抽象一些孤立无援的定律，是不能有什么成果的。只要没有推导出作为起点的基础原理，那么他凭经验进行的个别研究是没有意义的。

目前，关于低温下的热辐射和分子运动定律等理论，正处于这样的起点。15 年前，理论物理学界普遍认为，物质的电、光和热的性质完全可以靠伽利略理论、牛顿力学以及麦克斯韦的电磁场理论来解释。后来，普朗克提出了量子假说。这一原理与古典物理学原理不相容，使得热辐射定律的计算方法发生了改变。接着，他用这种量子假说解释了速率足够低而加速度足够大的极小物体的运动情况，至此，古典物理学就被他推翻了。所以，就目前的物理学情况来看，伽利略和牛顿提出的那些运动定律只能算是极限定律。尽管理论物理学家们付出了艰辛的努力，但是能完全代替古典力学的原理还没被找到，因为要使这些原理完全符合普朗克的热辐射定律和量子假说还真不容易。虽然分子运动论解释了很多关于热的事实，但这种运动的基本定律目前的研究状况，还是与牛顿以前的天文学家研究行星运动情况时的处境差不多。

我讲了这么多，只为了说明一种情况，那就是还没有适当的原理来处理它们的理论。当然，也可以出现另外一种情况，那就是虽然提出的原理也导出了一些结论，但完全可能超出我们目前的经验所能触及的范围。如果这样，那么要断定这些原理与事实是否相符，可能还需要很多年的实验研究来验证。大家在相对论中可以见到这样的情况。

在相对论中，有对空间和时间两个基本概念的分析。通过分析，我们理解了当物体运动而产生的光学问题在极限空间中呈现光速不变原理，所以那种静态的光以太理论是不能被人信服的。不过，我们可以得出这样的结论：在地球上进行的运动实验，对地球自身的任何移动都是不适用的。这样的移动，必须用相对性原理来解释：当坐标系发生移动，即从原来的坐标系转移到一个相对于它做匀速平移运动的新坐标系中，它们的形式是自然规律所不能改变的。这个理论已经得到了实验的验证，而且在很多有关联的事实理论中越来越简单化了。

当然，从理论方面分析，这个理论也不是十全十美的。因为，这种相对性原理只限于匀速运动。匀速运动很难从物理学的观点得出一个绝对性的意义。如果上述观点正确，那么就会有人问：难道非匀速运动就不能运用这种理论吗？因此，一旦人们应用这种扩充理论的方法，我们就必须推出一种更准确的相对论，由此就会得出包括动力学在内的广义引力论。而就目前的情况来看，我们还没有能力找到事实来检验这种假设原理的正确性。

归纳物理学和演绎物理学互相提出了问题。解决这些问题，就需要大家团结起来，全力以赴地去探索和研究。这种探究是永恒的。愿我们的努力能很快取得成果！

探索的动机

这是一篇演讲稿，1918年4月，为了庆祝马克斯·普朗克六十岁生日，爱因斯坦在柏林物理学会发表了讲话。普朗克（1858—1947），德国物理学家。

科学的范围非常广，可以容纳各式各样的人。至于他们为什么要到这里来，动机各不相同。很多人爱好科学是因为科学让他们的智力得到发展，获得难以理解的快乐。对这些人来说，通过科学研究，他们找到了快乐的源泉。在这里，他们可以找到生机勃勃的雄心和奋发向上的斗志，从而得到满足。而还有很多人的动机不纯，他们之所以选择科学研究，完全是为了满足功利心。为此，他们甘愿把自己的脑力成果祭祀在这里。假如上帝派一个天使来这里，让上述这两类人都离开，那么人数马上就会减少很多。不过，还有一种人是不会离开的，无论是古人还是现代人。普朗克就是能留下的人之一，这也就是他值得我们尊敬和爱戴的原因。

我当然清楚，刚才假设被驱逐的那些人，有许多是优秀而卓越的人才，他们为科学的发展付出了艰辛的努力，为建设科学庙堂起过巨大的作用，正是因为如此，天使在执行任务时，也会很为难。反过来，我可以断定：如果科学界只有刚才被驱逐的那两类人，那么科学庙堂是绝对搭建不起来的，就像蔓草和藤萝根本不可能构成森林一样。为什么这么说呢？因为这两类人对职业是没有选择的，人类活动范围内，只要有让他们干活的机会，他们都会去干，到最后究竟成为工程师、大官、商人还是科学家，与选择毫无关系，环境决定他们的命运。

下面让我们一起来谈谈那些被天使留下的人。这些人一般性格乖僻，平时不怎么爱讲话，多数喜欢孤独，除此之外，他们还是各有各的特点；那些被赶走的两类人，则基本上是完全一样的。他们究竟是被科学的什么东西吸引的呢？这不是一句两句话能说清楚的。叔本华[1]曾说，很多人非常向往艺术和科学，是因为他们想逃避日常生活，他们觉得日常生活粗俗而沉闷，使他们厌恶而绝望，他们希望摆脱反复无常的欲望。

[1] 原名阿图尔·叔本华，德国哲学家，生于1788年，卒于1860年。

一个有修养的人，总是不满足自己的生活，希望解脱，希望来到由客观和思维组成的世界里。这就好比城市里的人渴望到幽静的高山上去生活一样，因为，喧嚣拥挤的城市生活让他们身心疲惫，他们只有在高山幽谷中才能享受到清新、纯净的空气，可以随便遐想，陶醉在无比的宁静之中。

以上这种动机确实比较消极，不过还有另外一种积极向上的动机。人们总是认为现实世界太复杂，希望找到一种最恰当、最简易、最能让人理解的方式重新描绘世界。因此，这些人就尝试着用自己心中那种认为是有序的方式来代替已有的经验世界。这些人有：画家、诗人、哲学家和自然科学家。他们每个人心中都有一幅未来世界的蓝图，他们以此为个人感情的支点，开始描绘世界图像，借此找寻那种久已失去的宁静和稳定。

那么，理论物理学家构造的世界图像是什么样子的呢？地位如何呢？这就要求他们在描述时尽可能做到标准、精确，也就是说，只有数学语言才能完成这项工作。除此之外，还要求物理学家不能偏离主题，就是在描绘时必须仅限于已有世界里最简单的东西。这就要求像理论物理学家那样做到精密和有逻辑性，以此完成对复杂事件的描述。当然了，这要在人类的一般智力力所能及的范围内。既然要做到高度的准确、纯粹、明晰，那么就需要牺牲完整性。如果人们感到畏缩和害怕，从而抛弃了那些不可捉摸和比较复杂的东西，那么还有什么能吸引我们去认识自然界呢？而对这种极其渺小的东西的研究，算得上宇宙理论吗？

我认为，完全可以这么看。因为，既然是理论物理学结构基础的普遍定律，那么就应该适合于任何自然现象。借助这些规律，运用单纯简单的演绎方法，去描述各种自然过程（包括生命的奥秘）就变得简单起来。也就是说，在人类的智慧和能力范围内，由这个过程得出这些结果还是不难的。因此，假如物理学家研究的范围缺少世界体系的完整性，那也不要认为他们就是犯了什么原则性错误。

既然物理学家把能推导出普遍的基本定律作为自己的最高使命，那么建立起世界体系内的单纯演绎法也就成为可能了。具体怎样得出这些定律，要想寻找一个固定的、并且是逻辑很强的道路，那是不大可能的。凡是有经验，并能对经验有很深的理解力的物理学家，都完全可以凭直觉得出这些定律。既然存在不确定性，那么我们可以采用假定的方法：我们可以先假设本来就有很多已经成立的理论物理体系，通过这种方法再去证明它们。物理学这些年的发展向我们证明了一个问题，特定的时期，所有可想象到的定律，总有一个是最好的。凡是在这方面有见识的人都知道，决定理论体系的唯一事实就是现实世界，当然现实与理论原理之间可能不存在一定的逻辑关系，但以上的观点，我们必须承认。这就是莱布尼茨曾经提出的“先定和谐原理”[1]。物理学家与认识论学者之间对这个事实的看法是不同的，前者认为后者不够重视这种事实。几年前，马赫与普朗克就曾就这种事实进行了一场大论战。

“先定和谐”让人产生无穷的毅力和耐心，普朗克就是其中之一。他对这门科学的最普遍问题孜孜不倦地研究着，而对那些很容易达到，并且使人身心愉快的目标，一点也不看重。有的同行并不这么看，他们认为普朗克的这种做事风格是因为他本身的意志力和修养所决定的，我认为他们都错了。我认为，一个人甘愿为自己的事业付出这么多，就像那些信奉宗教的人或正在恋爱中的人一样，是不自觉的。他们每天都会一如既往地努力着，而不需要进行什么深思熟虑，或特别为此做计划，这完全是一种激情。现在，普朗克先生就坐在这里，他正在听我讲对他的看法，我估计他在暗自发笑，认为我像一个孩子一样，正提着狄奥根尼[2]的灯笼在胡闹。其实，我们对他的敬仰和爱戴，根本不需要我多说什么，

[1] 莱布尼茨认为：所有“单子”之间都存在着一种已经被永远定格的和谐，特别是心与物之间更是这样。

[2] 狄奥根尼：生平不详，古希腊哲学家，据说，他曾在白昼提着灯笼到处寻找诚实的人。

一切已经很明了了。让我们一起为他祝福，祝他在未来的科学道路上更加顺利，愿他能为我们今天的物理学解决更多的问题。当然，很多问题本身就是他自己提出来的，而且已经付出了多年艰辛的努力了。祝愿他能把量子论同电动力学和力学完整地统一起来，以便使这些理论更加实用和简易。

我们的共同目的是民主

这是爱因斯坦于1918年11月13日在柏林国会大厦对大学生所作的讲话。

朋友们：

请允许我这个自始至终对民主忠贞不贰的人讲几句话。

我们奋斗的共同目的是为了争取民主，是希望人民来统治一切。要达到这个目标，必须坚持下面两件事：

首先，要服从人民的意志，即使同自己个人的愿望和判断相抵触。

如何完成这个目标呢？目前为止取得了些什么结果呢？还应当做些什么呢？罪恶的阶级统治的旧社会已被士兵的解放行动推翻了。士兵选举出来的委员会是群众意志的代表机构。在这个紧要关头，我们要无条件地服从它们，并且应当尽我们的全部力量去支持它们。

其次，一切真正的民主主义者都应当提防阶级暴政。我们绝不能给我们的同胞灌输这样的观点：只有以暴制暴才能解决问题。暴力只能产生痛苦、更多的仇恨和报复。

因此，我们必须无条件地要求执政政府立即筹备制宪会议的选举，尽快消除一切对新暴政的恐惧。只有当制宪会议召开并完成它的任务后，德国人民才能够重新赢得自由。

我们应当全心全意地拥护社会民主党的领袖们。他们已经公开表示赞成召开制宪会议。这表明他们是尊重民主的理想的，并深信这种理想的力量。但愿他们能领导我们摆脱目前的多种困难，这些困难都是之前罪恶和无能的统治者遗留下来的。

以太理论和相对论

1920年10月27日，爱因斯坦将出任荷兰莱顿大学的特邀教授，就职时，他发表了这篇讲话。以太是希腊语，原意为上层的空气，即天上的神所呼吸的空气。在宇宙学中，早期人们认为是以太占据了整个天体的空间。

物理学家已经建立了一个有实际重量的物质观念，然而他们还要另外再建立这样一个概念——以太，这是为什么呢？因为他们要用超距作用[1]，以及波动论的观点。下面我们就这两个问题讨论一番。

不在物理界的人不理解什么是超距作用。因为根据早期经验，两个物体之间除了我们通常认识到的直接接触产生的相互作用，比如碰撞、挤压、拉动或用火加热、燃烧等，此外物体间就不存在其他作用了。其实，不是这样的，重力就是一种超距作用力，这在日常经验中已经得到

[1] 物理学历史上的一种观点，认为相隔一定距离的两个物体之间存在直接的、瞬时的相互作用，不需要任何媒介，也不需要时间。

了证实。但是因为在我们的日常生活中，重力太常见了，不管何时何地，它似乎都是一种不变量，与其他事件没有任何关系，所以我们很难认识到这种超距作用力。直到牛顿的出现，他发现了万有引力，并提出了万有引力定律，把这种引力解释为物质间的超距作用力，这时人们才注意到了这种力的作用。尽管牛顿的这一发现和建立的理论解释了很多自然现象，标志着物理学上的划时代进步，然而他仍然遭到了同时代人的质疑，因为它与当时已经证明的原理存在着矛盾，大家已有的共识就是，只有接触才能产生力，没有媒介的超距作用力是不可能产生的。

人类的求知欲逐渐接受了这样一种新观点，但是与自然力概念仍然存在不一致性的问题，怎么解决呢？首先，我们可以假设接触力也是一种在极为微小的距离中产生的超距作用力，而且是可以觉察到的。牛顿的继任者们基本上都是沿着这条路向前走的，因为他们对牛顿太痴迷了，对他的学说和理论丝毫不存在疑问。其次，假定牛顿的超距作用力是虚构的力，不需要任何传播介质，那么问题也可以得到解决。其实问题没有那么简单，事实上这种力是需要媒质传递的，不管是由于这种媒质的运动，还是因为它的弹性形变的作用结果。于是，在统一解释这个力的过程中，人们只好凭空产生了以太的概念，认为以太充满空间。以太假说没有给引力理论和物理学带来一点儿进步，反而使人们开始对牛顿迷信起来，认为他的引力定律是再简单不过的公理了。因此，以太假说开始在物理学家的思想中占统治地位，并且起了不小的作用，哪怕只是在开始阶段起到了潜在的作用，但毕竟发生了作用。

到了19世纪上半叶，人们发现，光的性质与实际物质的弹性波的性质存在很多相似性，这个时候，以太假说更得到了有力的支持。利用光的性质，完全可以解释这种充满宇宙空间并且具有弹性的惰性媒质的振动过程了。光具有偏振性[1]，因而以太应该也具备这种性质，并且还需是

[1] 光本身是一种电磁波，而电磁波是横波。振动方向与波前进方向构成振动面，振动面只限于某一固定方向的，叫作平面偏振光。

一种固体，因为横波[1]在流体中是不可能存在的。就这样产生了光以太理论。这种理论认为光以太的各部分之间基本上是固定的，除了因为传递而发生的微小形变。

也有人把这种理论叫作“静态光以太理论”。另外，那个也被称为狭义相对论基础的斐索实验[2]对此也是一个强有力的支持。从这个实验，人们得出了这样的结论，光以太在物体的运动中没有直接参与。还有光行差[3]现象同时对以太理论也是一个有力的支持。

麦克斯韦和洛伦兹给电学理论指出了向前发展的道路，给已有的以太观念来了一个最意外的转变。麦克斯韦认为，尽管以太的机械性质比可摸到的固体的性质要复杂得多，但不管怎样，它仍然是一种具有纯粹机械性质的实体。遗憾的是，无论是麦克斯韦还是他的继任者，都没有能做出一种以太机械模型，因此，麦克斯韦的电磁场定律就此失去了一种更令人信服的力学解释。慢慢地，人们开始愿意接受这样的观念——电场强度、磁场强度与力学基本概念一样，都属于基本概念的范畴，而不再要求什么力学解释了。紧接着，纯粹机械的自然观渐渐淡出了人们的视线。谁也没有想到，这一变化结果却导致另外一种可怕的二元论。人们向相反的方向寻找解决之道，即让电学的基本概念去解释力学的基本概念。当时，β 射线的发现，以及高速阴极射线方面的实验，也对牛顿的经典力学方程产生了一定作用。

H.A. 赫兹认为，物质不仅是速度、动能和机械压力的载体，也是电磁场的载体。他认为，在真空中（自由的以太中）存在着这种场，所以以太就是电磁场的载体，以太与有重力的物质完全一样。

H.A. 洛伦兹就是在这种情况下登场的。他通过对基础理论的一种神

[1] 横波是指质点的振动方向与波的传播方向相垂直的波。

[2] 1859 年，斐索做了一个流水实验，为了考察介质的运动对在其中传播的光速有何影响，从而判断以太是否被拖曳。

[3] 光行差是指在同一瞬间，运动中的观测者与静止的观测者同时观测光的方向之间存在一定偏差。

奇的简化，使得理论和经验彼此之间的关系非常和谐，两者得以完美地结合在一起。虽然，以太被他取消了力学的性质，物质被他取消了电磁性质，H.A. 洛伦兹因此却获得了电学上的重大突破，这是继麦克斯韦之后，电学发展史上最重要的进步。

事实上，物体内部并不像原子论者认为的那样，电磁场的载体不是他们所设想的物质，而是一个充满了以太的空间。根据洛伦兹的观点，物质的基本粒子由于自身所带的电荷，才产生了一系列的电磁效能，并且它们只能做一些简单的机械运动。由此，洛伦兹通过对麦克斯韦真空场方程的运用，又成功地揭示了所有的电磁现象。

这样一来，人们会幽默地说，对于自己提出的以太力学性质，洛伦兹做出的唯一定性，就是它具有不动性。另外，补充一点，正是由于狭义相对论取消了以太的不动性，才给以太的概念带来了全面的变革。不过，应该及时对这句话加以解释说明，以便能正确地理解其中的含义。

虽然麦克斯韦—洛伦兹的电磁场理论符合狭义相对论的所有要求，并为狭义相对论的运动学和空间—时间理论提供了一个初步形态。但是，从另一个角度来说，狭义相对论也因此得以展现出它的另一面。举例说明，我们设定一个坐标系为 R，如果对于 R 来说，洛伦兹以太是静止不动的，那么，麦克斯韦—洛伦兹方程则必定第一个对这个坐标系起作用。但是，依据狭义相对论的观点，任意的新坐标系 R1，只要它和坐标系 R 处于相对匀速平移运动的状态下，这些方程对于新的坐标系同样起作用。这样就出现了让人不安的情况：既然从物理角度，R 和 R1 是完全等效的，那么为什么我会为了突显坐标系 R，而在狭义相对论中使用这个以太对 R 是静止的假设条件呢？对于理论家而言，他们不能容忍的是：理论结构的不对称性，而这种不对称性又是和一个毫无经验的体系出现的不对称性相对称的。不过，我认为，在对于 R 以太是静止，而对于 R1 以太是运动的这个假设条件下，R 和 R1 在物理上是等效的。就逻辑角度而言，即便这个结论不是绝对的错误，也是无法认同接受的。

在这种情况下，以太不存在是人们最容易接受的观点。人们会认为电磁场不再是一种媒质，也不是别的任何东西，就像是重物质的原子，是独立存在的实质，不会附着于任何载体。正是由于洛伦兹的理论，这种解释才显得尤为自然。而且，依据狭义相对论的内容，当重物质失去了它的特性，显现出的是能量的一种特殊形式的时候，辐射和物质也只是作为能量分配的特殊形式出现，因此，如同重物质那样，电磁辐射也具有能量和冲量。

不过，以太没有必要必须被狭义相对论否定其存在，这是经过更为精准的验证而得出的结论。只要不认为它有固定的运动模式，我们就可以假设存在以太。换句话说，就是把洛伦兹认定的力学特征从以太的身上去掉。我们将会看到，广义相对论已经证实了这种观点。为了让这种观点在我们的想象中更加的形象，我想通过对比说明这一点，也许这个对比并不非常恰当。

设想一下，水面上产生的波纹。两种不同的事物都可以通过这个过程得到阐释。首先，我们可以看到水和空气的波形界面是怎样的，同时还可以跟踪记录下它们随时间变化的情况。当然，也可以借助别的介质，例如一些微小的漂浮物，记录下水分子在不同时间所处的位置。假如无法借助这些微小的漂浮物测量水分子的运动轨迹，假如过程中只能观察到液体空间位置的变化，我们就无法建立一个假设，即水是由无数运动分子组成的，但我们依然可以把水称作媒介。

与上述的情况类似，电磁场也是这样。假设无数根力线构成了电磁场，如果以某种实在的物质解释这种力线的话，那么我们就可以随着时间追踪记录下每一条力线的变化，这样就把通过力线的某种运动解释为动力学的过程。不过，我们所有人对此都心知肚明，这样会产生矛盾。

所以，简言之，我们必须承认，并不是任意的运动理论都适用于所有的物理客体。也就是说，我们可以假设有一部分带有延展性的物理客体是无法应用任何运动理论的。我们无法把它们看作是由粒子组成的物质，即某种可以长时间追踪，并观察其粒子变化的物质。用闵可夫斯基的观点来解释就是：在四维空间中，世界线并不是一切具有广延性的实体都会拥有的。其实，狭义相对论和以太假说两个理论本身并不相互矛盾，只不过根据狭义相对论，我们无法假设那些可以随时追踪的粒子就是以太的组成物。因此，我们只要不给以太强加一种运动状态就可以了。

其实，以太假说从狭义相对论的角度来说，根本毫无用处。因为，只有电荷密度和线场的强度出现在电磁场方程中。看起来，其他物理量根本无法影响电磁过程在真空中的进程，似乎只有那个内在的定律会起到决定性的作用。当电磁场作为一种独立的、确定的、实在的形式出现时，如果以太再次以一种各向同性、均匀的介质出现的话，那么就必须把电磁场认定是以太存在的状态，这样就显得多此一举了。

不过，这也可以作为有利于以太假说的另一个重要论据。如果我们对以太的存在加以否认，这就代表着我们不得不承认空虚空间不具备任何的物理性质。这种观点又违背了力学的基本客观事实。对于一个自由飘浮在空虚空间中的物质体系来说，决定其力学行为的要素不只有相对距离和相对速度，还有它自身的运动状态，即转动状态。从物理的角度上说，我们必须把这种转动状态理解为其自身的特征之一。牛顿把空间看成是客观存在的，就是为了把这种转动从形式上看作是一种具体的存在。依照他的想法，既然绝对空间是客观存在的事物，那么这种相对于绝对空间的转动也是客观存在的事物。同样的，牛顿也可以称自己的绝对空间为“以太”。只是，把肉眼可以看到的和无法察觉的东西都视为是某种客观事物，目的就是为了把这种转动和加速度都视为一种客观存在，这才是问题的本质。

马赫曾经做过类似的尝试。为了避免作出有某种无法察觉的客观事物存在的必要性这种假设，他在力学的基础上，用世界上一切运动事物的平均加速度代替了绝对空间加速度。但是，远距离物体的相对加速度都具有一定的惯性阻力，所以必须提前作出一种假设，那就是超距作用真实存在。不过，这样的假设是现代物理学家不会作的，在这种情况下，就必须再次回到以太上，因为它能作为惯性作用的媒介。只是，马赫在这个问题思考过程中引入的以太概念和牛顿、菲涅耳以及洛伦兹提出的相关理论和概念在本质上是有区别的。惯性物体的行为不仅受到马赫所提出的以太概念的影响，还取决于惯性物体本身。

在隶属于广义相对论的以太理论中，马赫的观点得到了充分的扩展。依照这种理论，如果时空点是分开的，它附近的时空连续区内的度规应该互不相同，这两者还与该区域之外的其他物质关系密不可分。如果量杆和时钟存在一定关系，并且共同存在于一个空间内，即时间上存在变异，也就是我们通常所说的“空虚空间”，在物理关系上，它既不均匀，也不存在各向同性，因此，我们就得用一个函数（引力势 $g_{\mu\nu}$）对空虚空间的状态进行描述，这样的结果是，我们必须改变物理上空虚的说法。由此，以太就有了确定的内容，它与光的机械波动说有出入。在广义相对论中，以太首先是一种媒质，本身缺少力学和运动学上的一切性质，但在力学和电磁学方面，它却起了一部分的决定性作用。

这种新型广义相对论的以太理论和洛伦兹以太理论，在原则上的对立点就是：决定每一点广义相对论以太状态的，是它和物质的关系，以及它和周围相邻各点以太状态的关系。这种关系可以通过一些定律、用微分方程的形式表示出来。不过，对于洛伦兹以太，如果不存在电磁场的话，各点以太的状态都是一样的，而且与它自身以外的任何东西都无关。假如我们不考虑决定以太状态的一切原因，对用来描述广义相对论以太的各个函数都用常数来取代的话，我们就可以把广义相对论以太理论转化为洛伦兹以太理论。所以，有人说洛伦兹以太理论加上相对论便转化为了广义相对论以太理论，这种说法是有根据的。

到目前为止，我们知道对于未来的物理学，这种新型以太必然会在世界图像中发挥自己的作用。只是，我们还不清楚这是怎样的作用。我们了解到，它可以在空间—时间连续区中确定度规关系。例如，可以确定有关固体的引力场和可能出现的各种排列方式。我们知道，物质是由带电的基本粒子构成的。但是，我们不了解在这种基本粒子的结构中，它充当怎样的角色，是否是其重要的组成部分。我们也不明白它的结构是否只有位于重物质的附近时，才会和洛伦兹以太的结构有所差异。另外，有关宇宙范围的空间几何是否与欧几里得的几何十分相似，这也是我们无法了解的。

但是，由相对论中的引力方程我们可以断定，在宇宙中，即使有一个极小物质的正的平均密度，也必然会让宇宙数量级空间的性状与欧几里得几何产生偏离。一般在这种情况下，宇宙必然是处于一种封闭的状态，而且具有大小的限制。决定宇宙大小的就是那个物质平均密度的具体数值。

假如我们在考察电磁场和引力场的时候，是从以太假说的观点入手，那么，这里就有一个原则性的差异，需要我们特别注意。引力势存在于所有的空间，以及所有空间的所有部分。这是因为空间的度规正是由这些引力势引起的，我们无法想象没有度规的空间会是什么样。引力场与空间的存在是密不可分、直接联结在一起的。相反，我们可以想象出空间中如果有部分不存在电磁场会是什么样子。所以，我们可以看出与引力场刚好相反，电磁场看起来似乎只和以太之间存在某种间接的联系。这是因为引力以太不是可以决定电磁场的性质和形式的根本因素。从现在的理论程度来说，与引力场相比，电磁场的基础好像是一种全新的形式因，它似乎被自然界赐予了一种与引力场完全不同的场，例如标势的某种场也会一样合适。

既然按照我们现在的观点，按其本质而言，构成物质的基本粒子不是别的物质，而是电磁场的凝聚，那么，对于现今的世界图像，引力场和电磁场就是我们必须承认的客观存在，即使在因果关系上两者是彼此联系的，但是在概念上两者则是完全独立的。或者，人们可以直接叫它们——空间和物质。

假如把引力场和电磁场合并在一起，成为一个完整的实体，便绝对是空间的进步。到那时，法拉第和麦克斯韦开创了理论物理学的新纪元，会得到非常让人满意的结果。到那时，会逐渐消除以太和物质的这种对立关系。通过广义相对论，物理学会形成一个非常完备的思想体系，会达到几何学、运动学和引力理论那样的程度。在这个方向上，数学家 H. 维尔的研究十分天马行空，但是我认为在现实面前，他的理论未必能站得住脚。而且，为了理论物理学可预见的未来，我们一定要考虑到量子论解释的事实会给场论带来一定的界限，而这种界限以后也不可能再跨越。

由此，我们可以作出这样的总结：根据广义相对论，空间具有了物理性质。因而，以太在某种意义上是存在的。根据广义相对论，一个空间如果不存在以太将是无法想象的。在这个空间里，无法传播光线，也不可能存在量杆和时钟，更不要说物理意义上的空间和时间的区别。但是，不能认为在这样的以太身上具备那些重媒质的特性，也不能认为它的组成部分是那些可以随时追踪的粒子，运动概念也不能用于以太。

关于相对论

本文是 1921 年 6 月 13 日爱因斯坦在英国伦敦皇家学院所作的演讲，最初发表在《民族和学园》杂志。

我很高兴也很荣幸能在这里发表演讲，这是一个伟大的地方，许多理论物理学的基本概念都是在这个国家产生的，我为此时身处这样一个伟大国家的首都而感到荣幸。此时我想到了牛顿，想到了他带给我们的物体运动和引力理论；我还想到了法拉第和麦克斯韦，是他们将物理学与电磁场融合到了一起。从另一个角度讲，相对论不过是麦克斯韦与洛伦兹伟大计划中的最后一笔。因为他们不仅试图将引力纳入物理学的范畴，更试图将物理学的定义扩大到包含世间的一切现象。

说到相对论，我想请大家注意这样一个误区：这个概念的产生并不是来自几个人的思辨或者空想，所有物理学上的理论来源都是我们所做的实验和亲眼观察到的事实。我们的研究方法并不是独创的，只不过是对传统的一种继承而已。那些关于空间、时间和运动最基本的概念，也都是在观察的基础上得出来的，绝不是随意捏造的，因此是不能放弃的。

空虚空间中光速不变这一定律已经被电动力学和光学证实了，还有一切惯性系的等效性（狭义相对性原理）也被迈克耳孙用实验证明了，而且用的是一种特别精妙的方法。把这两点放到一起，首先要做的就是让时间概念成为相对的，每一惯性系的时间都不同，都有各自的特殊时间。这种观念继续发展下去，我们也就明白直接经验与坐标和时间这两者之间的关系，这种关系从未被人们认真钻研过。基本概念与观察到的事实之间有什么样的关系？尽最大可能地认真钻研这种关系便是相对论的一个主要特点。这其中要遵循一个物理上的基本原则，那就是一个基本概念正确与否，取决于产生它的那些物理实验和现象是否被正确理解。依照狭义相对论的观点，如果用静止的时钟和物体来度量空间坐标和时间，那它们就不是相对的，而是绝对的。但是如果就它们取决于所选择的惯性系的运动状态而论，它们则是相对的。

空间与时间结合成了一个四维连续区（闵可夫斯基），如果按照狭义相对论的观点来说的话，这个四维连续区是绝对的；但是如果依照的不是狭义相对论，而是以前的那些理论，这种绝对性不是统一的，它分为空间的绝对性和时间的绝对性。因为在这里，坐标和时间被看作是量度的结果，也就得出了运动（相对于坐标系）对物体形状和时钟运行的影响，也得出了能量与惯性质量之间相对存在的结论。

创立广义相对论所基于的一个事实就是物体的惯性质量与引力质量数值相同，这是过去的力学知识无法解释的。但是如果在这两者相对加速的坐标系中加入相对性原理，就能得出解释。如果一个相对于惯性系加速的坐标系被引入，那就会得到一个相对于惯性系的引力场。结果就是广义相对论将提供一种引力场理论。在这里，广义相对论是以惯性和重量相等为基础的。

如果不顾及两个坐标系相对加速，将它们看作是同样的坐标系，再配上狭义相对论，就能得出这样一个结论：当有引力场存在的时候，固体在空间里排列所遵循的定律与欧几里得的几何定律并不相符。时钟运动得出的结果与此类似。这样一来，我们就只能将空间和时间的理论推广到更广的领域里去，原因就是原先认为空间和时间坐标能用量杆和时钟来量度，但是现在这种说法已经解释不通了。度规的推广本身已经被高斯和黎曼两位做到了，但是他们是在纯粹的数学领域内。通常情况下，狭义相对论的度规在小范围内还是有效的。这也是物理学上度规的推广的事实根据。

在我们讲的这些里，空间—时间坐标并不是独立存在的。要想让度规体现出实在性，必须将空间—时间坐标与概括引力场的数学量结合起来。

除此之外，还有一个因素影响着广义相对论的进展。恩斯特·马赫也曾经坚持认为，牛顿的一些理论不能让人信服，比如牛顿认为：要是人们不从因果的角度来研究物体运动，而只是纯粹去描述，那么物体之间的运动就只可能是相对运动。牛顿的这个认识自相矛盾，从牛顿所说的相对运动这个概念出发，就无法理解运动方程中的加速度问题，这同样也是牛顿提出的。这种矛盾迫使牛顿臆想出一种物理空间，并且假定这种空间是加速度的存在依据，加速度相对于这种空间存在。引进这种绝对空间的概念在逻辑上是没有问题的，但是总有些差强人意。为此，马赫曾经想过要修改力学方程，他想改变力学方程中的加速度不是相对于绝对空间的，而是改为相对于其余全部有重物体。鉴于当时的知识水平，他的这种想法是不可能实现的。

尽管不可能改变，但是问题已经被发现。广义相对论的运用使这个怀疑变得更有力量，因为有重物质依照广义相对论而言是会影响空间的物理性质的。依我看，除非将世界在空间上看作是闭合的，只有这样广义相对论才会完美地解决这个问题。世界上的有重物质的平均密度如果有确切的数值，并且这个数值并非是无限小，那么它有多小都没有关系，这一理论用数学的方法将会得出一个结论，并且人们不得不承认这个结论。

几何学和经验

这篇报告是于 1921 年 1 月 27 日在普鲁士科学院会议上所作的演讲。

在所有科学的学科中，数学是最受人尊重的，这是为什么呢？因为它的命题是唯一的，从来不需要什么争辩，而其他学科的命题就达不到这种程度。不管什么学科，总是能找到可争辩的地方，而且还会经常有新发现去取代它的可能。虽然这样，其他学科的人也没有必要去羡慕数学家，因为他们的命题的对象只是在想象中，根本没办法找到实实在在的客体。在数学界，只要大家对基本命题或公理一致认同，那么必定带出相同逻辑的其他结论或公理[1]。还有另一个原因赋予了数学极高的声誉，那就是数学可以让其他自然科学有一个可靠的数据做支持，如果没

[1] 公理是通过人们的长期实践检验得出的客观规律，不需要证明，并且也无法去证明。公理是推出其他命题的基本命题。

有数学，其他科学可能就没有办法被证实。

下面，我要揭示一个谜，这个谜是历来探索者都感兴趣的。既然数学与经验无关，只是靠思维得来的，那么它为什么还能适用于无数个实际存在的个体呢？是不是只靠思维，而不要经验，人类就能得出无数个事实呢？

依照我个人的观点，需要这样来解释：凡是数学命题涉及实在的东西，那么这种命题可靠程度就值得怀疑了；相反，如果这种命题可靠性强，那么它们的实在性就欠缺了。在数学中有个叫“公理学”的东西，通过它才能把这种情况弄明白。公理学能够很清楚分开什么是逻辑—形式，什么是客观或直观的内容。在公理学中，数学题材的构成只有逻辑—形式，而与其他的无关。

下面我们利用这个观点来解决一条数学公理：连接空间里的任何两个点，有且只有一条直线。具体怎样解释这条公理呢？我们分两种情况，一种是古代的解释，一种是近代解释。

古代解释：

在很早很早以前，什么是直线、什么是点，大家已经非常清楚了。但究竟是怎样获得了这种知识，还真不好说清楚。究竟是人类精神能力启发的，还是经验的总结呢？抑或是两者的结合呢？还是有其他的来源呢？数学家也很难解决这个问题。于是哲学家接手了这个问题。这条公理估计比一切数学知识都早被人们发现，是一种自明的公理。

近代解释：

几何学基本都是由直线、点等概念组成的。接受这些知识，不需要什么先前的知识或经验，只要告诉你这样的公理就行了。对于这些公理的理解，完全是出于纯粹形式意义上的，不涉及任何的直觉或经验。人们通过逻辑思维，就可以自由地创造出这些公理。因此，几何学的命题基本都是从逻辑上对公理进行推论。在几何学中，对事物的处理，完全由公理的定义来决定。斯里克曾写过一本关于认识论的书，他说，公理其实就是“隐形的定义”。

现代公理学的观点将数学的一切外在附加因素抹干净了，使得数学基础更加清晰了，之前的种种疑团也被解开了。这是一种被修正过的数学方面的解释，不过不能给直觉对象或者实际客体以更明了的解释。当公理学运用到几何中的时候,“点”“直线”等也只能算是没有内容的空壳。数学并不能给它们以什么内容。

数学，特别是几何学，存在的理由很特别，是为了给实际客体的某些方面一个确切的东西。几何原意是测量大地，这足以说明上述原因。在做大地测量的时候，还要对一些自然对象，比如地球的某些部分、量绳、量杆等，进行排列组合。因此，这是公理学的几何概念体系所不能完成的，即它们不能给这些实际客体明确的断言。为了做到这点，几何学必须修订，将那些单纯的逻辑形式特征去掉，然后将经验的实际客体与公理学中几何概念的空架子一一对应起来。为此，我们希望下面一条命题来完成这一任务，这条命题就是“固体间的排列关系，与三维欧几里得几何里的形体关系一样”。加上这一条，关于实际客体行为的断言就包含在了欧几里得的命题中。

通过这种方式，几何学就被称为一种自然科学了。而事实上，它也可以被看作是一门最古老的物理学。在这种形势下，经验的归纳就成了它的断言的根据，而不仅仅靠逻辑推理来完成了。经过这样修改的几何学应该叫“实际几何”，这就需要我们弄明白另外一个几何——“纯粹公理学的几何”，还必须弄清楚二者的区别。究竟能不能把宇宙的实际几何归为欧几里得几何，只能靠经验来回答。我们如果承认“光是沿直线传播的”这条经验定律，而且还承认“光实际上是沿着‘实际几何’意义上的直线传播的”，那么这种“实际几何”就能囊括物理学中的一切长度度量，包括测地学和天文学上的长度度量。

我特别要感谢这种“实际几何”学的观点，因为正是有了它，我才建立了现在的相对论。如果没有这种意义下的几何学，以下的问题也就不用再考虑了：一个相对于惯性系做运动的参照系，因为存在洛伦兹收缩[1]，使得刚体的排列定律不再与欧几里得几何的规则相吻合，所以，假如非惯性系也得以被承认有同等的地位，那么欧几里得几何就必须被放弃。进一步来说，如果缺少上述解释，那么向广义协变方程过渡的决定性一步就很难被确定。假如我们认为在公理学欧几里得几何中得到的物体形体，与实际的刚体之间有一定关系，那么正如敏捷的、有想法的思想家彭加勒认为的那样：欧几里得几何的简单性是其他一切能够设想的公理学的几何所不能达到的。

如果理论与经验之间真的存在不可调和的矛盾，那么我宁愿保留公理学的欧几里得几何，而去将物理定律改变了。

一些研究者不认为实际刚体和几何体之间存在等效性，其实很容易能看到这种等效性。他们为什么会这样认为呢？经过更深层的考察，他们发现，在自然界里存在的实际固体身上并没有表现出刚性，这些固体的几何性状是由温度、外力等因素决定的。这样一来，存在于几何与物理实在之间的那种原始、直接的关系就被破坏了，我们必须正视彭加勒的观点，他的理论是从最一般的原理着眼。实在事物的性状不能完全用几何（G）来断言，要想做到这一点，几何必须同全部物理定律（P）相结合。我们可以用符号表示：当且仅当（G）与（P）相加时，才能得出实验的结果。在这里，我们可以任意选取（G），也可以任意选取（P）的某些部分。因为所有的物理定律都是无法改变的，要想避开自相矛盾的情况，我们必须把握好其余部分（P）的选取，我们要确保把（G）和全部的（P）合并起来的时候，不与经验冲突。如果我们站在这方面思考问题的话，从认识角度上说，公理学的几何同已获得公认地位的那部分的自然规律是等效的。

[1] 一根物理意义上长度固定的刚尺，当它以某一个与长度平行的方向的速度 v 前进的时候，在惯性系内，测得的运动长度要比在静止时测得的长度要短，这一现象称为洛伦兹收缩。

我承认一点，依照永恒的观点，彭加勒的理论是没有错误的。在现实世界中，我们无法找到与理论确切相对的东西，比如相对论中量杆以及同它搭配的时钟，我们在现实里是找不到对应物的。显而易见，在物理学的概念大厦里，固体和时钟并没有扮演不可简约的元素，它们的结构是复合式的。在理论物理学上，这种元素无法担当起任何独立的角色。但是，就理论物理学目前的发展状况而言，这些概念是被独立使用的。因为我们在原子结构理论原理方面的知识还非常欠缺，致使我们无法在理论上把它们当作是构成固体和时钟的基本概念。

另外，我还注意到一种截然相反的观点，这种观点不同意自然界中存在真正的刚体，在这个前提下，刚体性质就无法适用于物理实在。然而，我们没必要在这种观点的研究上大费周章，因为它并没有表面看上去那样重要。要想使量具的物理状态被准确无误地测定，并验证它的性状而且毫无歧义地替代刚体，是一件很容易的事情。不过，那些有关刚体的陈述恰恰必须参照这种量具。

因此，我们可以说一条为经验所能及的原理构成了整个实际几何的基础，让我们尝试着来认识这条原理。我们可以在一个实际的刚体上做出两个标记，并把这对记号称为一个截段。我们设想手中有两个实际刚体，并且这两个上面各标有一个截断。倘若一个截断两端的记号跟另外一个永远重合的话，我们可以认为这两个截断彼此之间是“相等”的。现在，我们作这样一个假定：

假如在某时某地这两个截断相等，它们在何时何地都会永远相等。

最支持这个理论的是欧几里得的实际几何——黎曼的实际几何。同时，广义相对论也以这个假定为基础。有很多实验可以为这个假定提供依据，现在只挑选一个讲解。光在空虚空间中进行传播的时候，在每一段的当地时间里都会确定一个截断——光的相应路程。相反的情况也是成立的。从这一点我们可以看出：截断假定在相对论中时钟的时间间隔问题上同样适用。

由此我们可以表述如下：在任何时间和地点，如果两只理想的钟走得快慢一致的话，那么不论是什么时间，什么地点，我们再将这两个钟表做比较时，它们的快慢还应该相同。假如实际存在的钟表不遵从这个定律，我们就会发现，同一种元素中被分割开来的原子的本征频率并不会严格一致，这一点有别于经验。经实验我们得知锐光谱线是存在的，这一结果为上述的实际几何原理提供了有力的证据。我们谈论到现在，终于可以分析一个意味深长的问题：四维空间——时间连续区的黎曼度规[1]的成因。

根据这个观点，我们无法明确地指出这个连续区的结构究竟是来自欧几里得还是黎曼，也许还是任何别的什么人。要想回答这个有关物理学本身的问题必须依靠经验，只依据方便与否而作出约定选择肯定是不可取的。假如我们仅仅在很小的一片区域里考察空间—时间问题，那么实际刚体的排列定律就非常接近欧几里得几何体的定律，在这种情况下，黎曼的几何理论才能有立足之地。

诚然，我们把有关这个几何学的物理释义，在小于分子数量级的空间中进行直接运用是行不通的。不过，这一做法也不是毫无益处，至少在解决一些有关基本粒子的组成问题时，还发挥了一些作用。我们对组成物质的带电基本粒子进行描述时，可以试图把场的概念赋予一定的物理意义。在此之前，我们只是将这些概念运用在比分子大得多的物体上，用来描述这些物体的几何性状，并给予这些物体一个物理定义。现在，我们想把黎曼几何的基本原理在物理定义之外的范畴使用，并且希望它仍具有物理实在的意义，可是，此刻我们无法评判这种企图成功与否，我们只能去试验中寻求答案。也许会是这样的结果：这种外推与温度概念外推到分子数量级的物体相比时，缺少了许多依据。

从表面看来，把实际几何的概念推广到宇宙数量级的空间上，不会出现太多问题。但是，一些反对意见也值得我们注意。这种意见指出：

[1] 在数学中，度规是定义在集合的元素之间的距离的函数。

当固体杆组成的空间越变越大时，理想刚性就越不可能在这种结构中得以体现。在我看来，这种反对之词并没有涉及问题的本质。因为从实际几何学的意义上看，研究宇宙在空间上是否有限是非常有必要的。甚至，我认为，在不久的将来，天文学未必回答不了这个问题。在这方面，广义相对论提出了两种可能性：

其一，就空间而言，宇宙是无限的。这种无限性只有在一定的条件下才会变成可能。当集中在宇宙星体里的物质平均空间密度等于零时，这一条件也就满足了。这一条件也就意味着：所考察的空间容积逐渐变大，星体的总质量对于整个空间容积的比率无限地趋于零。

其二，就空间而言，宇宙也是有限的。这种有限性是通过宇宙空间的重物质平均密度不为零来实现的。因为平均密度愈小，宇宙的容积就愈大。

值得指出的是，关于这个宇宙有限性的假说，我们可以列举一个理论进行论证。广义相对论中有这样一个观点——既定物体的惯性随着它附近有重物质的增加而增大。所以，我们很容易把一个物体的总惯性与它同宇宙中其他物体之间的相互作用联系起来。依据广义相对论的方程我们可以得到以下结论：只有承认宇宙的有限性，才能把惯性完全归结为物体之间的相互作用。

这种论证并没有得到物理学家和天文学家的广泛重视。经过分析，我们最终发现：经验决定了这两种可能性在现实中的存在状况。那么，为什么唯独经验可以验证这些情况呢？

首先，我们可以设想从我们已经观察到的部分宇宙入手，进而来测量物质的平均密度。可是，这种想法根本行不通。因为在宇宙中分布的星体是极其不规则的，我们无法凭借自己的想当然，认为某一星体的平均物质密度与其他星体或者星系是等同的。需要特别指出的是，无论我们考察了多大的空间，我们依然不能确定在这个空间以外是否还存在这样的星体。如此一来，计算平均密度的愿望也只能落空。

在这里，我想到了另外一个解决办法，尽管也存在许多困难，但是具有一定的可操作性。如果我们把广义相对论中那些为经验所能及的结论与牛顿理论相对比，并研究这些偏差时，我们首先会在引力物质的附近发现一个偏差。水星已经给我们提供了这样的例子。不过，假如我们承认宇宙空间的有限性，那么我们就得到了远离牛顿理论的第二个偏差。我们运用牛顿理论的语言将它表述如下：看起来，不仅有重物质可以产生引力场，而且均匀分布在整个空间里的带负号的质量密度也可以产生引力场。不过，后一种引力场只有在非常广大的引力体系中才能被觉察，因为这个虚设的质量密度肯定极小。

如果银河里星体的统计分布和质量已经被我们得知的话，我们可以借助牛顿定律，计算出引力场以及这些星体所必须具有的平均速度。在这里，我们强调必须具有是有原因的。因为只有保持这个速度，银河系里的各个星体才相互吸引以保证银河系不会坍塌，并且使银河系的实际大小得以维持。如果星体的实际速度能测量出来，而且我们发现这个速度比我们计算出来的速度小的话，我们就可以得出如下结论：遥远距离之间的实际吸引力小于牛顿定律所定的数额。宇宙的有限性可以间接地被这个偏差证明，甚至，我们还可以大致估算出宇宙空间的大小。

我们可以把宇宙设想成一个有限但无边界的三维空间吗？

一般来说，答案是否定的。下面，我们要通过证明得到一个完全不同的结论。我想强调一点，经过一些实践，我们用想象的图像来说明宇宙的有限性理论是没有什么特殊困难的。过不了多久，我们会习惯这些图像。

首先，我们要对认识论的性质进行考察。因为这只是一组概念，几何—物理理论本身不能被直接描绘出来。但是，头脑中现存的各式各样的实在的或者是想象的感觉经验，能够被这些概念联系起来。由此说来，理论形象化实际上是指为理论寻找系统排列的许多可感觉的经验。就当前而言，我们要解决的问题是，怎样对固体相互排列（接触）的性状进行描述，才把它同宇宙的有限性理论对应起来。对这个问题，我并没有什么新鲜的东西可讲；不过，许多对这些问题感兴趣的人曾向我提出很多疑问，这说明大家的好奇心并没有得到充分的满足。所以，我决定在这里继续讲一下这个问题，如果我讲到了大家已经熟知的部分，还请内行人见谅。

我们提到空间无限的时候，我们意在表达什么主旨呢？其实，这只是说明在这个空间里，我们可以一个挨着一个地任意安放同样大小的物体，而永远不会把空间填满。依照欧几里得几何，我们把很多个同样大小的立方盒，在它们彼此的上下、左右、前后堆放起来，把空间中一个任意大小的地方填满；不过，这种构造是没有边际的。那么，这就意味着我们添加无限多个方盒，永远都有余地。空间是无限的，也就是这个意思。我们可以用一种较为贴切的说法来描述：如果刚体的排列定律符合欧几里得几何的规定，那么，对于实际刚体而言，空间是无限的。

另外，我们可以用平面举一个无限连续区的例子。我们可以将许多张方卡片放在一个平面上，使得任何一张卡片的每一边都被连接。这种构造也是没有止境的。只要这些卡片的排列定律符合欧几里得几何的平面图形的排列定律，我们可以无限制地继续放卡片。因此，平面对于这些方卡片而言是无限的。我们可以说，平面是二维的无限连续区，空间是三维的无限连续区。

现在，我们再列举一个二维连续区的特殊例子——有限但无边界。我们用一个大球和一些大小相同的纸制小圆片来说明这种情况。我们在大球表面的任意一个地方放一个纸片，并把这个纸片在球的表面随意移动，在这个过程中，我们就碰不到边界。因此，我们可以把这个大球的表面看成一个没有边界的连续区。很显然，这个连续区也是有限的。我们可以想象一下，如果在球的表面贴上所有纸片，并且这些纸片都不会相互交叠，最终会把球面贴满，而不能再贴上另外的纸片。因此，对于纸片而言，这个球的表面是有限的。

值得指出的是，球面是一个二维的非欧几里得连续区，这也就意味着：欧几里得平面的定律不能运用在这些刚性图形的排列上。关于这一点，我们可以用下面的方法证明：我们用六张纸片把一张纸片围起来，这六张纸片，我们也用同样的方式将它们围住，按照这种方式一直继续下去。假如我们把这个构造放在平面上，这个构造就能形成一个连绵不断的排列，在这个排列里，除了那些放在边上的纸片，每一张纸片都与六张纸片相接触。然而，假如我们在球面上进行这样的构造，在起初的时候，因为纸片的半径比球的半径小得多，这种构造还是可行的，因为纸片半径对球半径的比率愈小，这种希望似乎就愈大。可是一直将这种构造继续下去的话，我们会越来越明显地发现，纸片无法按照上述的方式不间断地排列下去。这样一来，就算是那些不能离开这个球面、甚至不能把球面看成三维空间的人，只要他们用纸片来做实验，就会发现他们的二维“空间”不是欧几里得空间，而是球面空间。

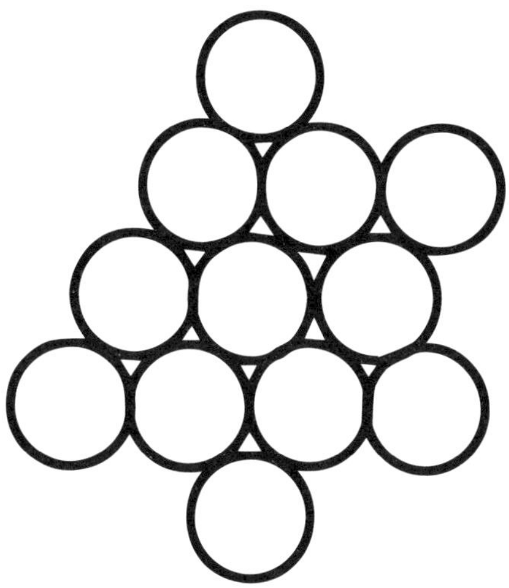

相对论的最新研究成果表明，三维空间很可能跟球体空间类似。要是这样的话，三维空间里刚体的排列定律就不会符合欧几里得几何的规定，而应该遵循近似的球面几何的规定。当然，这需要我们所考察的那部分空间足够大。我们讲到这里，读者可能会犹豫。他可能会愤慨地叫喊，认为没有人能想象出这种东西。他也可能在想：这样说说也无伤大雅，可是不能这样去想。想象一个球面，对我而言不是难事。但是，要我想象它的三维类比，可没那么容易。

这种心理障碍，我们必须克服。但凡是有耐心的读者，他们都会发现不难做到这一点。为了使大家明白这一点，接下来，我们需要再看一下二维球面几何。我们看着附图，我们假设 K 为球面，L 是球面上的一张圆纸片。我们把球面与平面 E 相接触的地方用 S 表示。为了方便，我们用一个有边界的面来表示这个平面。现在，我们开始设想：球面上，与 S 径向相对的 N 点是会发光的，它在平面 E 上投下纸片 L 的影 L′。事实上，球上的每一点都会在平面上留下投影。假如球面上的纸片 L 发生移动，平面 E 上的影 L′ 也会发生相应的移动。当纸片 L 移动到 S 处，它的投影和它就几乎完全叠合。如果纸片从 S 处继续向上移动，影 L′ 也从 S 向外移动，而且越变越大。当纸片 L 接近发光点 N 时，影 L′ 就移向无穷远处，而变得无限大。

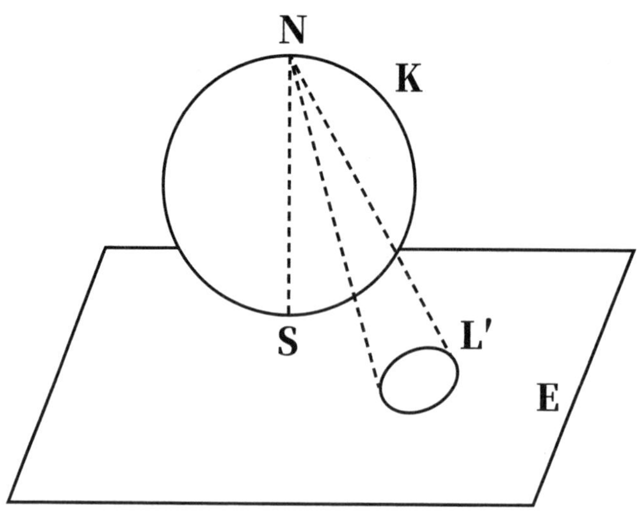

看完附图，我们来思考一个问题——平面 E 上的纸片的影 L′ 拥有什么样的排列规律？显而易见，它们同球面上纸片 L 的排列规律完全一致。球面上纸片的几何与平面上投影的几何是一致的。假如我们把这些投影定义为刚性图形，那么，球面几何在平面 E 上同样适用。需要指出的是，平面只能接受有限的纸片的投影，因为在纸片上，只有有限个数的纸片影能占到位置。

至此，有人可能会反对将纸片的影归入刚性图形的做法。其实，我们完全可以通过一把尺子在平面 E 上移动的情况来验证这一点，当影子在平面上移动的距离 S 越来越远时，影子就会越变越长。不过，在平面上如果这把尺也像纸片的影 L′ 那样能够伸缩会说明什么？那样一来，就无法使人看到影子离开 S 时会变长，这样的假设也就没有意义。因此，我们可以得到有关纸片影的唯一客观判断：纸片与影之间的关系与欧几里得几何意义上的球面上的刚性纸片的关系是完全相同的。

在这里，我们需要记住一点：我们只有把纸片的影与那些能在平面 E 上运动的欧几里得刚体做比较，关于纸片影增大（当它们向无穷远处移动时）的陈述本身才会有客观意义。就影 L′ 的排列规律而言，S 点在平面上还是在球面上，都不会影响最终的结果。

对我们而言，把球面几何在平面上表示是非常有必要的，这样一来，我们很容易把它转化为三维模型。

我们设想一个空间里有一个点 S 和很多个小球 L′，这些小球彼此之间都能相互重合。不过，这些小球与欧几里得几何意义上的刚性球不太一样：从 S 向无穷远的地方移动时，就欧几里得几何的意义来说，这些小球的半径在增长。它在增长过程中所遵循的规律与平面上那些纸片的影 L′ 的半径增长规律相同。

当我们的脑海里出现这些 L′ 球的几何性状的一个生动的印象后，我们假设这个空间里压根不存在欧几里得几何意义上的刚体，只有 L′ 球性状的形体。这样的话，我们就可以在脑海里清晰地勾勒出一幅关于三维球面空间的图像，准确地说，是关于三维球面几何的图像。在此，我们有必要把这些球称为“刚性”球。当这些小球离开 S 时，用量杆的量度是无法检验它们大小的增长情况的，这一点跟纸片影在平面 E 上的情况相同，这些球的量度标准性状跟后者的性状相同。在每一点的附近可以找到同样的球的排列[1]，因为空间是均匀的。由于这些球会不断地“增大”，在有限的空间里，只能为一定数量的球留出位置。

因此，我们思维和想象的实践可以从欧几里得几何中找到支柱，以便获得球面几何的心理图像。这些特殊的形象构图，有助于我们的观念，使这些观念更有深度，更具活力。面对所谓的椭面几何问题时，我们也能轻易地采取类似方法。现在，我想郑重地宣布：对非欧几里得几何而言，人的形象思维绝对不是无能为力的。

牛顿力学及其对理论物理学的影响

这篇文章写于1927年，是为纪念牛顿逝世二百周年而作的，最初发表在柏林《自然科学》周刊上。艾萨克·牛顿（Isaac Newton，1643—1727），英国物理学家、数学家。

到现在，牛顿逝世已经整整有二百年了。在这样的时刻，我认为我们有必要纪念一下这位杰出的天才。他的思想，决定了西方的思想、研究和实践的方向。像他这样的人，是空前绝后的。他别出心裁地恰当运用了他那时的经验和材料，发明了一些关键性的方法。光是从这一点来看，他就是杰出的。此外，他在证明数学和物理学问题方面，有着超凡的创造才能。这些理由，足以让我们对他产生真挚的尊敬之情。

[1] 如果我们再一次用球面上纸片的情况来说明，这是用不着计算就容易了解的——但只限于二维的情况。

不过，牛顿之所以这么伟大，除了因为他有超凡的天赋之外，还因为他处在人类理智的转折点上。这个历史性的时期，对他也许更为重要。因为，在牛顿之前，并没有一个能够把经验世界的任意特征完整地表示出来的物理体系，所以人们根本无法解释物理上的因果关系。这一点，我们必须得明白。

在对经验世界的认识方面，古希腊伟大的唯物论者是这么认为的："一切物质，都是由一系列做规律性运动的原子构成的，任何生物的意志，都不能脱离这些原子而单独存在。"对于这个问题，笛卡儿无疑也曾按他自己的方式做过新一轮的探索。但是，这在当时也就是一个奢望而已。在牛顿以前，那种认为物理因果关系有完整链条的信念，并没有被实际结果证实。

牛顿当初是以回答这么一个问题为目标的：如果已知所有天体在某一时刻的运动状态，那么有没有一条简单的规则可以完备地计算出太阳系天体的运动情况呢？他考虑的这个问题，就是前人发现的行星运动经验定律。这个定律是开普勒（Kepler）在研究了第谷·布拉赫（Tycho Brahe）的观测结果之后仔细推算[1]出来的，所以还需要对它进行详细的解释。当然了，在行星绕太阳运动的相关问题上，这些定律的确作了圆满的回答。比如，轨道是椭圆形的；在相等时间内，轨道半径扫过的面积是相等的；长轴和公转周期之间有何关系等等。但是，关于物理上的因果关系问题，仍然无法由这三条规则解释清楚。实际上，这三条规则在逻辑上是相互独立的，至于它们之间的相互关系，并没有被揭示出来。而且，第三条规则只适用于太阳系的行星，不能简单地把它广泛应用到太阳系之外的其他星体上。例如，行星绕太阳公转的周期，就与卫星绕行星公转的周期无关。而且，这些定律涉及的是整个天体的运动，而不

[1] 要想用这种由经验确定的轨道来推算实际轨道的运动规律，需要付出极其艰辛的劳动，这是今天的人们都知道的。不过，开普勒在这一推断过程中，还使用了卓绝的方法，这倒很少有人仔细想过。

是天体在某一时刻的运动状态如何确定其他天体的后续状态。这一点才是最重要的。打个比方，这些定律就是我们现在所说的积分定律；而牛顿的目标，却需要用微分定律才能解释清楚。也就是说，近代物理学家对因果关系的研究，只有用微分定律才能解释。

牛顿的伟大成就之一，就是用明晰的概念表达出了微分定律。除了这种概念之外，当时还需要一种成体系的数学形式。这种形式，被牛顿在微积分里找到了。至于莱布尼茨是不是也独立发现了这种数学方法，就不是我们这里要考察的问题了。总之，让这种方法更加完善，对牛顿是绝对必要的，不然他就无法表达他的思想。

在认识运动定律方面，伽利略已经做了一个具有重大意义的开端。他不但发现了惯性定律，还发现了物体在地球引力下的自由落体定律。自由落体定律说：在地球引力场中，质点自由下落时，质点将做匀加速直线运动，其竖直速度随时间而均匀增加。从伽利略的运动定律到牛顿的运动定律，也许在今人看来只是前进了一小步。不过，有一点我们应当注意，那就是无论是惯性定律还是自由落体定律，讲的都是整个运动；而牛顿的运动定律则不同，它回答了这么一个问题：如果质点受到外力作用，那么在无限短的时间里，它的运动状态会怎样变化呢？直到这个问题被微分定律解答出来，牛顿才得到了一个对任何运动都适用的公式。当时，静力学已经得到了高度发展，他就从中获得了力的概念，这才把力和加速度联系在了一起。不过，支撑这个新概念的，竟然只是一个虚构的定义，说来真是令人奇怪。要想由二次极限得到对现在的人来说相当普遍的微分定律，是需要超常的抽象能力、并创造出质量这个重要概念的。不过，由于我们现在已经习惯了类似于微商的概念，所以我们很难理解当初竟然会有这么多艰辛。

但是，即便到了这一步，离完整地阐释物理上的因果关系还是很远。因为，只有在知道力的情况下，才可以通过运动方程得出运动的情况。牛顿在行星运动定律的启发下，作了这么一个设想：作用于某物体上的力，取决于所有距离该物体足够近的物体的位置。这种关系建立之后，关于运动的完整因果概念才得以问世。开普勒的行星运动定律，给了牛顿深刻的启示。众所周知，牛顿就是靠它才解决了引力问题，并发现作用于星球的推动力和引力在本质上是没有区别的。开普勒行星运动定律和引力定律结合起来，就构成了一个奇特的思想结构。这么一来，只要物体的运动仅仅是由引力引起的，就有可能由物体在某一时刻的运动状态，得出它过去和未来的运动状态。牛顿的概念体系具有完整的逻辑性：在一个体系中，任何一个物体的加速度都来源于物体本身。

牛顿就是靠着上述这些基础，成功地解释了行星、卫星和彗星的运动，甚至连它们的细枝末节也都一清二楚。除此以外，他还解释了潮汐和地球的运动。这些成就，都是无比辉煌的。至于他所发现的天体运动的原因，更是给人留下了极其深刻的印象，因为它正是我们日常熟悉的重力。

牛顿除了为力学创造了一个具有逻辑性的可用基础之外，还取得了其他一些重要的成就。直到19世纪末，他的力学理论都是理论物理学领域的研究纲领。所有的物理事件，最终都是由那些服从牛顿运动定律的物体的运动引起的，只是被考察的范围有大有小罢了。这个力学理论，也曾被牛顿试图推广到光学领域，他假定光是由惯性微粒组成的。后来，这个力学理论被先后用于连续分布的物体，以及光的波动论之中。而牛顿的运动方程，则是布朗运动论的唯一基础。这不仅帮助人们发现了能量守恒定律，还帮助人们完全证实了气体理论，并深刻地影响了人们对热力学第二定律的本质的看法。牛顿还影响了近代电学和磁学的发展。比如，法拉第和麦克斯韦就是在牛顿理论的影响下，才得以发动电动力学和光学革命的。这一革命，是理论物理学领域在继牛顿之后取得的第一次重大进展。在电磁场及其动力学的相互作用方面，麦克斯韦、玻耳兹曼和开尔文勋爵进行了不懈的努力，以证明它们是由假想中的连续分布的质点的机械作用引起的，却没有取得任何显著的成效。因此，自19

世纪末期以来，人们的基本观念就逐渐产生了变化，最终使理论物理学跳出了牛顿那个曾经给科学以稳定性思想指导的框架。

从逻辑上看，牛顿的基本原理是非常完善的，所以只有事实经验与理论不符时，人们才会重新审视它。不过，牛顿的思想结构却有着固有的弱点。牛顿已经认识到了自己的弱点，而且比在他之后的许多博学的科学家都认识得更透彻。这是我必须要强调的一点。就因为这一点，我对他产生了真挚的敬佩，并想深入讨论一下这个问题。

第一，为了表明自己的体系是经验的必然结果，牛顿作了很大的努力，并且尽量减少那些不能直接表达经验事物的概念。不过，他最终还是坚持绝对空间和绝对时间的概念。尽管他经常因此而受到批评，但他却始终不渝地坚持着。他已经认识到，相隔一定距离的质点和它们随时间的变化，并不能从物理角度来完整地描述。他做了一个著名的旋转水桶实验，而这个实验证实了这一点。决定物体运动的因素，一定不只有物体的质量以及物体随时间变化的距离，一定还有别的什么。他知道，只有在空间具有像质点及其距离一样的实在性时，他的运动定律才有意义。

牛顿清楚地了解这一点。这既显示了他的智慧，也说明了他的理论是有弱点的。因为，如果没有“绝对空间”这个虚幻的概念，他的理论的逻辑结构无疑会更加令人满意。不过这时，这些定律就只能适用于质点、距离这类完全能够感知到的东西。

第二，他为了表示重力的效应，引入了能够即时传递并且直接作用的超距作用力，而它基本上不符合我们日常熟悉的大多数过程。有人对此提出了反对意见，牛顿的回答是：这个引力相互作用定律，只是他根据实际经验归纳出来的一条规则而已，并不是解决问题的最终方法。

第三，牛顿对于“物体的重量和惯性都取决于它的质量”这个极其值得关注的事实，并没有作出任何解释。对于这个问题，牛顿自己也意识到了，真是非常奇特。

从逻辑角度分析，这三点都没有反驳他的理论。事实上，在科学家用概念去完备地掌握自然现象时，难免会有一些愿望得不到满足。从某种意义上来说，这三点表达的正是这种得不到满足的愿望。

在麦克斯韦的电学理论出现之前，牛顿运动理论一直是理论物理学领域的行动纲领。自从电学理论出现之后，人们就明白了引起物体之间电磁作用的，并不是即时传递的超距作用力，而是一种极限速度。法拉第认为，它们是质点及其运动，以及“场”这个新的物理存在共同作用的结果。人们最初都坚持用力学的观点来解释“场”，认为它是一种充满空间的假想媒质的力学状态，可能处于运动状态，也可能处于应力状态。尽管人们在不懈地努力，但还是没能有效地解释这种现象。于是，人们就逐渐认为“电磁场”是物理存在的终极成分，不能再进行简化了。H. 赫兹使“场”的概念摆脱了力学的束缚，而 H.A. 洛伦兹则使“场”的概念摆脱了物质的基体，所以我们应该为此而感谢他们两个。洛伦兹认为，只有物理上的空虚空间才可以作为“场”的基体；而这个空间，也适用于牛顿力学中的某些领域。人们自从认识到这一点之后，就不再相信直接而及时的超距作用力了。而在引力的范围内，虽然没有足够的实际知识来揭示引力的场论，人们也同样不再相信超距作用力。一旦人们抛弃了牛顿的超距作用力的假说，电磁场理论也就得到了发展。这时，人们甚至想用电磁理论来解释牛顿的运动定律，并最终用一个以“场”为基础的更加精确的运动定律取而代之。这种努力虽然还没有取得成功，但是构成物理体系的基本成分，已经不再仅仅是力学的基本概念了。

麦克斯韦和洛伦兹的理论必然会发展出放弃了绝对同时性的狭义相对论。因此，狭义相对论是否定超距作用力的存在的。由此可见，物体的质量会随着它所含的能量的变化而变化；而牛顿的运动定律，只适用于低速条件下的运动物体，它是一条极限定律，可以被一条新的运动定律代替。在这条新定律中，真空中的光可以以极限速度运动。

“场”论纲领发展的最后一步，就是广义相对论。它虽然只是小小地修改了一下牛顿的学说，却产生了深刻的质的影响。这一理论认为，无论是惯性、引力还是物体和时钟的性状，都是“场”的性质的体现。虽然物体是这个“场”的决定因素，但这一点却没有得到证实。所以，被剥夺的并不是空间和时间的存在性，而是空间和时间的因果关系的绝对性。这种因果关系的绝对性，只会对其他因素产生影响，而不会受到其他因素的影响。因此，牛顿只好把这种因果关系的绝对性强加给空间和时间，以便用公式明确地表述当时已知的定律。这样，牛顿运动定律，最终被广义的惯性定律代替了。

这个说明虽然简短，却表明了牛顿理论给广义相对论让位的过程。正是在这一过程中，上述三个缺点才被克服了。从广义相对论的角度来看，用牛顿的场论好像也可以推断出运动定律。不过，只有完全达到这个目标时，纯粹的场论才有可能被提上日程。

牛顿力学在形式上为场论开辟了道路。它应用于连续分布的质量领域的必然结果，就是发现并应用偏微分方程。偏微分方程是证明场论定律的基本语言。牛顿的微分定律概念，是后续发展的第一个决定性步骤。

关于自然过程观念的全部进展，到此就讲完了。我们可以把它看作是牛顿思想的系统发展过程。但是，当人们还在积极地改善场论时，它的局限性却很快就被热辐射、光谱、放射性等事实显示出来了。这个概念体系的确有它的局限性。即使它在许多事例中都取得过巨大的成就，但是直到现在，它的局限性也仍然无法克服。许多握有大量有力论据的物理学家断言，无论是微分定律还是因果关系定律，在事实面前都是无力的，即使因果关系定律至今还是一切自然科学的终极假设。而且，就连建立一个能同物理事件恰当对应的空间—时间结构，看来也是没有可能的。乍看起来，好像很难用微分方程来推导出“一个力学体系只能具有分立的稳定能量或只能处于分立的稳定状态”的结论，而经验好像也直接表明了这是一个事实。从某种意义上说，德布罗意—薛定谔方法是具有场论特征的，它也的确作出了“只存在分立的稳定状态”这一结论。这一结论，跟实际经验保持了高度的一致性。由于它在微分方程的基础上考虑了特殊的共振条件，所以才得到了这个结果。但与此同时，它又必须得放弃质点和因果关系的定律。而因果律和微分定律，又是牛顿的自然观的终极前提。现在，又有谁能断定这两条定律是否一定得放弃呢？！

战斗的和平主义

1930 年 12 月 14 日，爱因斯坦在纽约“美国新历史学会”主办的集会上讲话，1930 年 12 月 21 日的《纽约时报》和 1931 年 1 月号《明日世界》发表了这个讲稿。

和平主义者集会的局限在于，他们只是在自己的圈子里转悠。我认为和平主义的演说家有这样一个困境：他们通常只说服那些用不着去说服的同路人，没有走出这个圈子，因此他们的做法起不了什么作用。这是和平主义运动的真正弱点。

真正的和平主义者并不是幻想家，他们采取实际行动为和平主义事业做有实际价值的事情，而不是仅仅满足于拥护和平主义的理想。行动胜于空话；空话毫无作用。和平主义者必须行动起来，脚踏实地地做一些事情。

我们应当采取什么行动？首先要明白，在目前的军事制度下，每个人都被迫去参加战争。一切和平主义者都必须拒绝自己和他人参加战争。为此，我提出两条建议。

第一条便是坚决地反对战争，在任何情况下都拒绝服兵役。[1] 在征兵制的国家里，真正的和平主义者必须拒绝承担军事义务，很多人都已经这样做了，这表明即使战争爆发了他们也不会去打仗。

没有实行义务兵役制国家里的和平主义者应该公开声明，他们在任何情况下都不参加军队。这能有效地反对战争。我们要让全世界人民都确信这种立场的正确性。胆小的人也许会说："这样做有什么用？我们会因此坐牢。"我可以这样回答他们：不必担心！在规定要服兵役的人之中，如果有百分之二的人公开声明拒绝去打仗，那么政府就会毫无办法，他们不敢把那么多的人送进监狱。

我们要做的第二点是利用法律，用国际立法来确立拒绝服兵役的权利。不愿赞同拒服兵役这种立场的人也会赞成这样的法规，这种法规可以让他们免服兵役。这不仅能证明他们的反战是出于内心的，还会进一步证明他们反对战争并不是由于胆怯懦弱。如果我们有勇气去做有风险性的工作，我们就在和平的道路上前进了一大步。

和平主义者应该筹备基金，资助那些经济困难的和平主义人士。因此，为了支持反战者，我提议设立一个国际组织，建立一个国际和平主义者基金[2]。

我最后要说的是：要想实现和平，和平主义者不仅要有勇气提出这些目标，更要行动起来；只有这样，全世界的人们才能认识到和平的重要性。和平主义者的呼声一旦被全世界的人们听到，他们的呼声就会起到非凡的影响。如果他们仅仅局限在他们自己的圈子里，那么他们将依旧是羔羊，只不过是和平主义的羔羊。

---

[1] 后来爱因斯坦改变了这一观点。

[2] 1931 年，成立了一个名叫"爱因斯坦反战者国际基金"的基金会，但筹集到的钱一直很少。

要使科学造福于人类，而不成为祸害

——1931年2月16日对加利福尼亚理工学院学生的讲话

这篇讲稿最初发表在1931年2月17日的《纽约时报》上，当时的标题是《科学和幸福》。

十分高兴看到你们这些应用科学专业的青年人，你们看起来朝气蓬勃。

我们处在伟大的时代，应用科学取得的进步令人欣慰。毫无疑问，你们将使它往前更进一步。我可以这样讲，我们现在生活在应用科学的时代。但是这样说让我内心不安。我想起了一个故事，一个青年人娶了不称心的妻子，当人家问他是否幸福时，他回答说："如果要我说真心话，那我就不得不违背自己的良心了。"我也属于这种情况。不开化的印第安人是否不如通常文明人幸福和快乐？我想不一定。我们国家的孩子为什么都喜欢扮"印第安人"玩，这是值得深思的。

应用科学既节约了劳动又使生活变得更加舒适，但为什么它带给我们的幸福却那么少呢？答案是我们还没有学会如何正确地使用它。

在战争时期，应用科学成了战争的工具。在和平时期，科学使我们生活节奏加快。它没有使我们从劳动中得到多大程度的解放，反而使我们成为机器的奴隶；绝大部分人一天到晚做着自己不喜欢的工作，而且忧心忡忡，唯恐失业。

我这个老头子的讲话可能不那么顺耳，可是忠言逆耳利于行。如果你们想使你们一生的工作有意义，那么，你们不仅要懂得应用科学本身，更应当关心人的本身，关心怎样组织人的劳动和产品分配。把我们科学思想的成果造福于人类，而不是成为祸害。

在你们的学习中切记这一点！

学术自由

——论贡贝耳事件

贡贝耳是德国海德堡大学哲学系教授，第一次世界大战后他积极反对反动的复仇运动，揭露黑暗的德国政府，因此大大激怒了国家主义分子。法西斯分子借口侵犯学术自治，将他驱除出校，这一事件引起了国际注意。1931 年 4 月，“德国保卫人权同盟”在柏林召开群众抗议大会来保护他，爱因斯坦出席了这次大会，这是他的讲稿。

大学里的讲座很多，但崇高的教师却很少。教室很多也很大，但真正求知的青年人却不多。自然界总是慷慨地生产芸芸众生，却很吝啬创造有高超才能的人。

自然界向来这样，它的安排让我们没有选择的余地，埋怨它是无济于事的，我们只有顺从。但时代精神是一个社会最显著的标志。我们每个人的责任就是改进这种精神状态。

一个世纪以前，大学里的青年意气风发。那时，他们具有宽容精神，尊重诚恳的意见，相信人类社会会得到改善。那时，大学里的学生和教师为德意志的政治统一而努力。

今天，也有这样一些人渴望社会进步，相信宽容精神和思想自由，他们在为欧洲政治统一而努力。但是今天，大学生和大学教授已和从前大不一样了，这是有目共睹的事实。

我们今天的集会就是为了评定我们自己，虽然这个会是为贡贝耳教授事件而召集的。贡贝耳教授以满腔的热情、高度的勇敢和自我牺牲的精神详尽地揭发了政府的政治罪行，对我们的社会作出了巨大的贡献。但正是这样的人，他的大学里的学生团体和教授却一心要把他驱逐出校门。

我们绝不能允许政治肆无忌惮到这样的程度。如果我们想建立起健全的政治结构，像贡贝耳教授这样的人是绝不可少的。

如果每个人根据事实而不是根据别人的宣传来判断，那么，贡贝耳教授事件必定有圆满的结果。

在哥伦比亚大学的讲话

1932 年 1 月 15 日，爱因斯坦在纽约哥伦比亚大学发表讲话，这篇是他的讲话稿。

一方面，同人类其他一切事业一样，科学作为一种尚在制定中的东西、一种被追求的目的，是主观的，并受心理状态的制约；另一方面，科学作为一种现存的、完成的东西，却也是最客观的、同人无关的东西。科学的目的是什么？它又有什么意义？不同的人会有完全不同的回答。

我们先说科学的目的。众所周知，科学的基础是各种经验事实之间的联系。根据那些已经检验到的事实，这种联系使我们能够预见将要发生的事实。科学的目的就是尽可能完善地解决这项任务。

如此原始的理想，让我们不相信这样的目的能鼓舞研究者的热情，并因此取得伟大的成就。研究者之所以努力工作并不在于此，有一种比这更强烈的神秘推动力，让研究者心甘情愿为科学付出全部，那就是人们现在一般不说的话：希望去理解存在和实在。这样说的时候，人们会陷入困难。因为在这样一句比较普遍的陈述中，必须解释“实在”和“理解”的真正意义是什么。

把其他因素排除，可以这么说：我们在寻求一个思想体系，它能把观察到的事实联结在一起。它将具有简单性，这个“简单”不是指学生在精通这种体系时很容易理解，也不是我们通常所说的简单；而是指这个体系所包含的彼此独立的假设或公理最少。那种尚未理解的东西就是这些逻辑上彼此独立的公理的内容。

一个人在讲科学问题时，很少用到“我”字，“我”在科学面前太渺小了。但当他在讲科学的目的和目标时，他就会情不自禁地讲到“我”。因为这直接涉及他自己的目标和愿望。在物理学领域中，逻辑的统一吸引了我，这也是我的特殊目标。电动力学必须挑选一种比别种运动状态都优越的运动状态，这是我开始比较烦恼的事，而且在实验上，这种优先选择却没有任何根据。就这样，狭义相对论出现了；它还把电场和磁场融合了，合成一个统一体，这个统一体是可以理解的；对于动量和能量，质量和能量，也都是这样。后来广义相对论也产生了，因为我要力求理解惯性和引力的统一性质。由于使用了特殊坐标系，在表述基本定律的过程中，会出现隐蔽着的公理，这种情况因为它的出现也避免了。

引力场和电场现在进入这个理论，必须作为两个彼此独立的基本概念，这特别令人不安。但我相信，通过一种新的数学方法，经过多年的努力以后，得到了一种适当的逻辑统一。我卓越的合作者——迈尔博士和我一起发明了这种方法。

用场论来解释原子结构，是科学留给我们的一项常常被提出的重要的任务，到现在为止，还没有找到令人满意的答案。但我们相信存在一个完全和谐的结构，这也是我们为这个奇妙的信念一直努力的原因。今天，我们更没有任何理由放弃自己的这些努力。

经济抵制

1932 年 2 月 27 日，爱因斯坦在美国帕萨迪纳对南加利福尼亚十一个大学的代表发表的讲话。

几代人的努力给了我们现在一份最宝贵的礼物，它使我们生活得比以前无论哪一代人都要幸福。但是这份礼物也带来了史无前例的危险，它威胁着我们的生存。

现在文明人类的命运更依靠道义力量。因此我们这一代人的任务比我们前几代人的任务更加艰巨。

我们能在比以前少得多的工作时间内生产生活用品。可是产品的分配问题却比之前变得困难多了。我们大家都感觉到，自由经济不可能完美地解决这些问题。生产、劳动和分配都必须有计划地组织起来。

利己主义在经济生活中尤其在国际关系中导致了非常糟糕的后果。要是人们找不出防止战争的办法，那么战争将使人类生活变得惨不忍睹。至于反战，迄今为止我们所作的努力是十分不够的。

限制军备不能制止战争，战争不是一种可以商量的游戏，参战的人不会老老实实地遵守规则。战争让人抛弃了各种规则和义务，只有彻底否定一切战争才会有用。创立一个国际仲裁法庭是不够的，必须保证这个法庭的执行力。要是没有这种保证，各国不会认真地裁军。

如果美国、英国、德国和法国政府坚决制止日本政府侵略中国，否则就要对它进行全面的经济制裁，日本政府敢置若罔闻吗？为什么每个人和每个国家都想到他们自己？因为各自都在追逐自己的眼前利益，不肯服从整个集体。

就如我一开头所说的，今天人类的命运比以前任何时候都更依靠道义力量。只有放弃权力和自我克制，人类才能走向愉快和幸福。

做这些事的力量从何而来？只能靠年轻人，我们老一辈的人正瞧着你们，希望你们尽一切努力去达到我们未能达到的目标。

文明和科学

爱因斯坦于1933年10月3日在伦敦皇家阿尔伯特纪念厅举行了演讲，当时他刚从比利时流亡到英国。这次公开演讲由英国“流亡者援助基金会”组织，听众有一万余人。

我很高兴以一个善良犹太人的身份向你们表达诚挚的谢意。你们精心制订的救济计划，拯救了无数遭受迫害的学者，这对全人类、对科学都作出了伟大的贡献。你们证明了英国人民仍然保持着宽容和正义的传统；几个世纪以来，你们国家一直拥有这个传统。

只有身处经济艰难的时代，我们才会认识到一个民族道义力量的现实意义。将来，当欧洲统一起来以后，历史学家会这样说：在那些残酷的日子里，西欧各国拯救了这个大陆的自由和荣誉；它们无愧于文明的人类，在严酷的时代里坚定地反对仇恨和压迫；它们成功地保卫着个人自由，促进了各种知识的增长，如果没有这种自由，凡是有自尊心的人都会失去生存的意义。

我不可能去评判我的国家的所作所为，甚至评价它的政策也是无益的。今天至关重要的是怎样拯救人类和它的文化遗产，怎样保卫欧洲免除另一次灾难。

毫无疑问，目前的世界经济危机造成了今天我们所目睹的动乱。在这样的时代里，不满产生仇恨，而仇恨又导致战争。这样循环，我们就看到了困苦和灾难产生新的困苦和灾难。

政治家们要像二十年前一样，再次担负起重大的责任。人们希望他们为欧洲订立一些国际条约和保证，阻止战争的爆发。不过，政治家的工作，只有受到人民的支持和拥护，才能获得成功。

我们面对的不仅是维持和平的问题，更重要的是启蒙和教育的任务。我们在抵抗那些威胁自由的势力之前应当清醒地意识到：自由本身处在危险之中；我们应当体会到，先辈们通过艰苦斗争获得的自由给了我们多大的幸福。

如果没有这种自由，就不会有莎士比亚、歌德、牛顿、法拉第、巴斯德和李斯特。人民群众就不会有正常的家庭生活，不会有交通设施，不会有医疗，不会有文化，不会有普遍的艺术享受，也不会有节省劳动力的机器。要是没有这些自由，大多数人会过着像封建社会那样被压迫和被奴役的生活。只有在自由的社会中，人才能有所作为，并且创造出文化价值，使现代人的生活变得幸福。

毋庸置疑，目前的经济困难将会让政府产生一些法律，使劳动在供求、生产与消费之间保持平衡。但这些问题需要自由的人来解决。在寻求解决这些问题时，我们必须保持清醒的头脑。[1]

当我一个人生活在乡间时，单调而清静的生活给了我创造性的灵感。现代社会里还有某些职业需要人的孤独，这些职业不需要付出很多劳动，像看守灯塔或者灯塔船这类职业。有怀揣数学家或者哲学家梦想的青年人最好去从事这种职业。很遗憾，有这种抱负的青年，即使在他们的黄金时期，也很少有不受干扰、专心致志学习的机会。一个青年人即使非常幸运地得到了一定额度的奖学金，他也总是匆匆忙忙地写出论文。这种压力对于从事纯粹科学的学生是有害的。事实上，青年科学家有了固定工作后，情况就要好得多；当然前提是这种职业能给他足够的时间和精力去进行他的科学工作。

难道我们只能抱怨我们生活的时代吗？并不是这样。人像一切动物一样，本性是被动的，如果没有受到环境的刺激，他就不愿主动去考虑他的状况。我的幼年和青年时代就经历过这样的一个阶段。在那段时期，我只想到个人生活的琐事，注重梳妆打扮，和我的同伴们打成一片。人们总是好不容易才会发觉事物的本质。假面具把人的真相掩盖了起来，他就好像是被雾气包裹着的那样。

今天却提供了一个机会，在这个暴风雨的时代，人们能够看清楚赤裸裸的人和人的价值。每一个国家和每一个人都在暴露着本相。在多事之秋，人们通常的行为就变得毫无意义。

困难时期，人们觉悟到国家的政治要约束经济制度的不合理。只在危险和社会动乱时，国家才会改革；人们只能希望目前的危机会引导我们的世界变得更加美好。

可是，我们要牢记那些至高的和永久的价值，它们让生活有意义，我们要把它们作为遗产传给我们的后代，而这份遗产也是我们继承下来的。你们现在的努力正在推进这个目标的实现。

---

[1] 下面的三段话是爱因斯坦演讲时临时插进去的。

教育和教育者——给一位女青年的信

这是爱因斯坦到美国以后不久给一位美国女青年的一封回信。

我读了大约十六页你的手稿，这些手稿写得很好，我感到很高兴。这些手稿透着独立自主的气息，但是有很典型的女人味，所谓女人味就是充满了主观怨恨，而且怨气十足。当我还是学生的时候，我在教师手下也受过类似的待遇。他们不喜欢我的独立性，不让我当他们的助手。我没有必要写我的学校生活。而且，己所不欲勿施于人，否则人总是要出洋相的。

因此控制你的情绪吧，把你的手稿保留给你的子女看，教育他们走自己的路，不要在乎教师怎样评价他们。

附带说一下，我不是来普林斯顿教书的，况且教育到处都有，在美国的学校中尤其如此。最好的教学方法是要有榜样，榜样的力量无穷。

教育与世界和平

1934年11月23日，“美国进步教育协会”召开，这是爱因斯坦在此次大会上致的贺词。

美国优越的地理位置，使它不易遭受严重的外来侵略，它的民众可以安心地生活，因此，美国没有必要把军国主义精神灌输给青年人。可是，对于和平教育的问题，美国政府不能感情用事，必须从现实主义的立场出发，否则便有危险。政府要是不充分了解这个问题的困难性，就会一无所获。

美国青年首先应该了解，即使美国领土不容易受到侵犯，但是美国会随时被卷入国际纠纷中去。不久前美国参加的世界大战就是例证。

美国安全的保证在于它是否能对世界和平提出一个令人满意的解决方法。政府不应该使青年人误认为安全能够通过政治上的孤立取得。相反地，倒是应该唤起青年人认真关心和平的问题。特别应该使青年人明白，在世界大战结束时，美国政客们不支持威尔逊总统的无偏见计划，给国际联盟带来了多大的麻烦。

应该指出，如果强国不愿意放弃用军事办法来获得更为有利的世界地位，那么单纯的裁军是毫无用处的。而且，还应该向青年人解释，法国所提出的建立国际机构来保卫各个国家的建议是合理的。国际安全需要有共同防御侵略者的国际条约，这些条约是必要的，但是单靠条约本身是不够的，还要采取进一步的措施。防御性的军事应该国际化，每一个国家的军事力量都应得到国际的认可。

国际团结的精神拒绝大国沙文主义。学校里的历史课应该用来作为讲述人类文明进步的工具，而不应该用来灌输军国主义思想，威尔斯的《世界史纲》[1]对这个观点有详细的阐述，学校应该把这本书介绍给学生。最后，和历史课一样，在地理课中，老师应该启发学生对不同的民族的特性，特别是那些落后的民族，抱一种同情的理解，这一点是异常重要的。

艾萨克·牛顿

为纪念牛顿诞生300周年，爱因斯坦写下了这篇文章。

比起人类的愚蠢和激情，理性当然是微弱的，理性还有永远完成不了的任务来衡量。不论在大事还是小事上，这种愚蠢和激情几乎完全控制着我们的命运，我们必须承认这一点。然而，理性能经得起时间的考验而继续发出光和热，所以，理性的产物要比喧嚷纷扰的世代经久。在这不平静的日子里，为了使思想得到安慰，就让我们来纪念这位伟大的物理学家吧。三百年前，牛顿来到了世界上。

想起牛顿，就会想起他的工作，他的一生都在为寻求永恒的真理而努力。牛顿以前，一些有胆识的思想家从简单的物理假说出发，通过纯

[1] 1920年出版的《世界史纲》，原名是“The Outline of History”。

逻辑的演绎对感官所能知觉的现象作出了一些正确的解释。但是牛顿，是第一位成功地表述这些物理现象并找到了这些现象背后数学公式的人。他能用严谨的思维，定量地、逻辑地演绎出地球出现的且能同经验相符合的现象。他创立了力学的基础，并希望有一天这个基础能为研究科学提供巨大的帮助。他是这样想的，他的学生们比他还有信心，他们也是这样想的，一直到 18 世纪末，他的继承者们也还是这样想的。请读者原谅我提出一个不合逻辑的问题，他的头脑中怎么会有这个神奇的想法呢？这个问题要依靠理性来回答。理性行为的目的就是要把还没实现的目标转变为可以实现的东西。如果牛顿的这一想法真的实现了，对牛顿的才智，我们就只能更加钦佩。

对一些最简单的经验事实，伽利略进行了天才的解释，并得出了这样的结论：如果一个物体不受外力作用，那它将永远保持着它原来的速度和运动的方向；反过来，它的速度和运动的方向改变了，那么这一改变必定是受到了外力作用。

如果要在数量上利用这一知识，那就要用数学来描述速度和速度变化的情况。在任何不计大小的物体或者质点运动时，它的速度变率就是加速度。因为这项任务，牛顿还发明了微积分的基础。

这一成就具有一流的创造性。但是，对于牛顿来说，作为一个物理学家，他只是为了建立普遍运动定律的需要，才发明了这种新的概念语言。现在，他对于一个既定的物体，必须提出这样的假说：在物体的大小和方向上，他对加速度作了精确的表述，这个物体的受力状况是和加速度成比例的，这就是表征物体加速能力的比例系数。物体的力学性质由它完整地描述出来，这样，质量这个基本概念也就此发现了。

我以极其谨慎的方式讲了上面的一切，伽利略对这一切的本质进行了叙述，我只是对他的认识作了一种精密的表述，但只有这些，是不能解决主要问题的。也就是说，在任何时候，只有当物体受力的方向和大小都是已知的情况下，物体的运动才能从运动定律中得出。那么，怎样找出物体的作用力呢。一个胆量不及牛顿的人，在考虑到宇宙间物体相互作用所产生的影响无限复杂的时候，一定会觉得解决这个问题难如登天。再说了，我们所感觉到的运动可以看作是质点的运动，绝不是无大小的点。

这种混乱的状况，牛顿是怎样对待的呢？

我们在地平面上推着一辆车子，假设它是在无摩擦地运动着，那么，我们就是直接给定了作用在它上面的力。在这里，我们描述的不是一个无大小的点，但已经没有什么关系了。运动定律就是由这种理想的假设导出来的。

我们再来谈一下空中落体的情况。假如把自由落体运动看作一个整体，那么，空中落体就很简单了。差不多同无大小的质点一样，是向下加速的。伽利略认为，物体的本性和速度不受加速度影响。那加速度的存在受什么影响呢？答案是地球。有一个力，因为地球的存在，而作用在这个物体上。但地球有很多部分，是哪一部分或几部分在影响呢？我们不禁会这样想。普遍的认为是，每一部分都在影响落体，最后，这些部分结合在一起影响加速度。因此，只要有一个物体存在于地球上，就会自动受到这种力的作用。这些力只和各种物体的相对位置以及它们在数量方面的特性有关，似乎与速度无关。以力学的角度来看，质量似乎表示物体的特征，所以，质量决定着物体数量方面的特性。这种超距作用于物体的力叫作引力。

现在，只要搞清楚两个具有一定质量、相隔一定距离的物体之间的相互作用力有多大，很容易就能得到这种作用的精确知识，而它们的方向大概就是连接它们的直线。最后，要弄清的只剩这个问题：这个力和两物体之间距离的依存关系。这里只能依靠经验，开始没人知道。

但可供牛顿利用的经验，当时竟然是有的。从月球的轨道可以知道它的加速度，地球表面上自由落体的加速度可以和月球上的加以对比；再加上开普勒很准确地观察了行星绕太阳的运动，并把绕行规律概括成几条简单的经验定律；这些就是解决问题的条件。那么，距离和地球产生的引力作用，以及由太阳产生的引力作用，有什么样的依存关系呢？牛顿利用上述条件，终于解决了这个问题：用一种同距离平方成反比的力。这个答案的出现标志着天体力学这门科学的诞生，牛顿自己，以及他以后的人，无数次地证实了这门科学。但引力和运动定律不能解释每样事情，物理学的其余部分怎么办呢？是什么决定固体各个部分的平衡呢？怎样去解释光、电……

这些问题，牛顿力学无法回答，也没人再相信，我们在这个基础上能解决一切问题。但是，在很大程度上，牛顿的基本概念还是左右着今天的物理学家们的思想。不过，牛顿关于宇宙的统一概念，至今还没人发现一个无所不包的统一概念来代替。牛顿明晰的体系，为我们的研究奠定了基础，没有他，就没有今天的物理学。

通过对星星的观察，创造出为现代技术发展所不可缺少的理智工具。在我们这个时代，存在着大量的技术误用，但牛顿是不用负什么责任的；凝视天空的星星，他们的思想展翅高飞。我以上的话是为了说明，为知识而尊重知识的精神，在我们这个时代，远不如文艺复兴时期的那几个世纪。

保卫言论自由

1936 年，爱因斯坦为美国大学教师的一个集会写了这篇讲话稿，但这个集会最终没有开成。

我们今天来到这里，是为了保卫言论自由和教学自由，同时也希望知识分子注意到现在自由面临的威胁。

怎么会出现这样的情况呢？为什么现在面临的威胁会比过去更大呢？因为生产的集中让资本集中到了这个国家的少数人手里，这一小部分人以巨大的力量控制着我们的教育机构，也控制着这个国家的大型报纸。同时，它还掌控着政府。这个事实就足以构成对知识分子自由的严重威胁。还有另一个事实，这种经济的集中还产生了新的问题：一部分劳力永远失业。联邦政府力图通过对供求这两种基本经济力量加以控制来解决这个问题。[1]但形势不容乐观。统治经济的少数人，至今还我行我素，不对任何人负责，他们反对限制他们的自由行动，而这种限制是必须的。这一小部分人使用各种手段对抗这种限制。他们利用自己控制的学校和报纸阻挠青年人搞清楚这个问题，而这个问题的解决关系到这个国家与和平发展的生死。

就是这个缘故，我们近来看到称职的大学教师被无理解聘的事经常发生。报纸对这种做法的报道是不恰当的。教师的被解聘，意味着教学自由的削弱。不用多说，教学自由和言论自由是任何民族健康和自然发展的基础。历史已经证明了这一点。为维护和加强这些自由献出自己一份力量并且让人们意识到自由面临的危险是我们应负的责任。

只有通过民主方式解决当前的经济危机，这些困难才能得到解决；但是这种解决办法的基础是自由。

因此，让我们大家行动起来。用我们不屈不挠的斗争坚守自己的岗位，免得这个国家以后的优秀知识分子说：他们懦弱无能，丢弃了祖先传给他们的遗产，他们也不配享有这份遗产。

[1] 这就是美国总统罗斯福参政宣言里的“新政”。

论教育

这篇讲稿最初发表在《学校和社会》上，是爱因斯坦在奥尔巴尼纽约州立大学举行的“美国高等教育三百周年纪念会”上的讲话。

在纪念日，我们首先要追溯往事，尤其要怀念那些为发展文化作出贡献的人们。这种亲切的纪念仪式是不可少的，因为过去最美好的事物能鼓励今天善良的人们去战斗。但这种怀念应当由生于此长于此的人来做，而不应当由一个像吉卜赛人[1]那样到处流浪的人来做。

既然这样，我就只能讲一些同空间和时间无关的教育事业问题。我粗略地谈一谈，因为各个时代的杰出人士都已讨论过教育这个问题，并且在这些问题上都有了见解。在教育学领域中，我是个门外汉，去除个人经验和个人信念以外，我的见解就一文不值。

对于人类来说，只追求真理是不够的，我们还必须经常更新它们。真理像一座矗立在沙漠上的建筑，随时都有被流沙掩埋的危险。为了使这座建筑永远矗立，我们必须辛勤地为它工作。我也要尽一份力。

学校是传播知识的桥梁，与过去相比，今天的学校更是这样。由于社会的发展，传统家庭教育的作用已经被削弱。因此，和之前相比，学校在延续人类社会健康发展上的作用更加明显。

[1] 吉卜赛是一个居住不定、到处流浪的散居民族。

有时，人们把学校简单地看作是传授知识的一种工具。这种看法是不正确的。知识是死的，学校是活的。学校应当发展青年人为社会服务的品质和才能。同时要保护学生的个性，不能将人变成像一只蜜蜂或蚂蚁那样的工具。因为一个由没有个性和个人意愿组成的社会，将是一个不可发展的不幸的社会。相反地，学校应当培养有独立行动和独立思考的个人，不过要让他们把为社会服务看作是自己人生的最高理想。就我所知道的来说，英国学校制度是最接近这种理想的。

人们如何来实现这种理想呢？是用道德说教来实现这个目标吗？完全不是。言辞永远是空洞的，而且通向毁灭的道路总是伴随着理想的空谈。但是人格绝不是靠空洞的言语形成的，而是靠劳动和行动形成的。

因此，最重要的教育方法是鼓励学生去实践。对于儿童初学写字是如此，对于大学里写博士学位论文的博士生也是如此，就是简单地背诵一首诗，写一篇作文，解释和翻译一段课文，做一个实验，或者进行体育运动锻炼，也都不例外。

但是每项工作后面都有着一种动力，它是成绩的基础，反过来，成绩加强会滋养这种动力。这里存在着非常大的差别，这种差别同学校的教育有关。同样的工作出发点不一样，可以是专制的，也可以是由于好胜心，也可以是强烈的兴趣和追求真理的愿望，当然也可以是弥足珍贵的好奇心。同样一件工作的完成对于学生产生的教育影响是很不相同的，这主要看推动这项工作的动机。人们都知道学校的管理和教师的态度对塑造学生的心理基础有很大影响。

我以为学校做得最糟糕的事莫过于用暴力的办法来进行工作。这种做法摧残学生的感情、诚实和自信；它制造出来的是机械的人。这样的学校在德国和俄国比比皆是，那是他们的传统。在美国的学校中不存在这种最坏的做法；在瑞士以及所有民主的国家里也都不存在这样的情况。要使学校免除这样的侵袭是比较简单的，首先教师要尽可能减少使用强制手段，用他们的德和才进行教育。

其次是好胜心、好奇心深深地存在于人的本性中。要是没有好奇心，人类就完全不可能合作；一个人希望得到同类赞许的愿望，肯定是社会对他最大的约束力。但在这种复杂的感情中，建设性的力量同破坏性的力量此消彼长。想要得到赞许和表扬的愿望是一种健康的动机，但这种愿望如果表现得太刻意、太偏激，就容易在心理上产生唯我独尊的态度，这无论对个人还是对社会都是有害的。因此，学校和教师必须防范这种个人野心的出现。最简单的办法是引导学生辛勤地工作。

达尔文适者生存的理论被很多人作为座右铭。但有些人认为这种个人竞争破坏经济，这是错误的，因为人的生存竞争全因为他是一个社会动物。

因此，人们应当防止向青年人鼓吹那种世俗的成功。因为看一个人的价值，应当看他贡献了什么，而不应当看他取得了什么。

在学校里和生活中，工作的最重要动机是劳动中的乐趣，是劳动获得结果时的乐趣，以及这个结果对社会的价值。让青年人认识到这些应该是学校的最重要任务。只有这样的人生观才能产生一种愉快的愿望，才能去追求知识和艺术。培养这种创造性的心理能力不是易事，关键在于发展孩子对游戏的热爱和获得表扬的愿望，并且把孩子引向对社会很重要的领域；这种教育是建立在创造社会价值的愿望之上的。如果学校从这样的观点出发，那么它的工作就很成功，就会受到高度尊敬。这样，学校布置的作业就会被当作一种礼物来领受，儿童对上学的喜爱胜过对假期的喜爱。

这样学校里的教师实际就是艺术家。怎样建立学校中的这种精神？没有唯一的答案，但是我们还是应该做一些事情。首先，教师本身应当在这样的学校里成长起来。其次，教师有自由选择教材和教学方法的权力。因为强制和外界压力会扼杀教师在安排他工作时的乐趣。

如果你们认真听的话，你们也许会觉得奇怪，我所讲的只是应当以怎样的精神来教导青少年。但是我既没有讲到课程设置，也没有讲到教学方法。那么，究竟应当以文科教育为主，还是应当以理科专业教育为主呢？

对这个问题，我的回答是：这一切都是次要的。因为人的肌肉和体力健壮后，他就可以适合任何体力劳动。同样，学习也类似这样。有个名人对教育下了这样一个定义："如果一个人忘掉了他在学校里所学到的一切，那么他就获得了教育。"这很对，就由于这个人的话，对于文科和理科之间的争吵，我一点也不想偏颇任何一方。

另一方面，我也不赞成学校讲授在以后生活中要直接用到的知识。生活要求的东西太多种多样了，学校不可能完全讲授。另外，我还反对把个人当作死的工具。学校的一贯宗旨应当是：青年人是作为一个和谐的人离开学校，而不是一个专家。照我的见解，在某种意义上，这对于职业技术学校也不例外。应当把发展独立思考和独立判断的能力始终放在首位，获得专业知识很次要。一个人只要掌握了学科的基础理论，并且学会了独立地思考和判断，他必定会找到自己的道路，而且比起"专家"来讲，他一定能更好地适应社会。

最后，我再次强调一下，我演讲的态度很坚定并不意味着我的见解多高明，我的见解所根据的只不过是我自己积累的个人经验而已。

道德衰败

1937 年 10 月，美国基督教青年会创建，这是爱因斯坦为它写的贺词，最初发表在《纽约时报》上。

宗教、艺术和科学是紧密联系的，它们的目标都是使人类的生活更加高尚，提高人们的境界，把个人导向自由。我们之前的大学都是从教会学校演化而来的，这绝非偶然，教会和大学有相似之处——都为了使个人变得高尚。它们都是通过道德和文化来影响人。

教会同文化机构在 19 世纪开始发生冲突，产生了无意义的敌对。但两者为发展文化而进行的努力，却从来都是一致的，区别只是途径问题。

最近几十年国际上的冲突及其错综复杂的关系所带来的巨大危险，是之前人们无论如何都想不到的。[1]《圣经》上关于人类行为的训谕，之前任何人都遵守。一个人如果鄙视客观真理和知识就会被人唾弃。可是今天，我们不得不无奈地承认，文明的基础正在动摇。一些崇高的民族委曲于暴君们，这些暴君肆无忌惮地公开宣称：我们就是公理！这样的真理是不允许的，也是不可容忍的。在那些国家里，专横的统治，对自由的压迫被认为是理所当然的，或者是无可避免的。

一些国家对于这些道德衰败的症状已麻木不仁了。这些国家的人们丧失了反抗的起码反应，这种反应是防止人类堕落到野蛮状态的最后堡垒。在改善人类状况方面，我深信追求正义和真理要胜过政治上的权术，后者只会引起普遍的不信任。摩西比马基雅弗利更适合做人类的领袖。[2]

世界大战期间，有人对荷兰大科学家[3]说，在人类历史中，强权胜过公理。这位科学家回答说：“你有表达这样观点的权利，但是我明白，我绝不愿意生活在那样的世界里！”

让我们以这个人为榜样，绝不接受致命的妥协。当为了保卫真理而

[1] 第二次世界大战爆发前夕，国际局势风云变幻。

[2] 摩西是公元前 14 世纪犹太民族的领袖。马基雅弗利是意大利的政治活动家和作家，主张为了达到政治目的，可以不择手段，著有《君主论》一书。

[3] 指洛伦兹。

不得不战斗的时候，我们绝不逃避战斗。只有这样做了，我们才能保持自己的尊严。

目标

1939 年 5 月 19 日，爱因斯坦在普林斯顿神学院组织的“美国全国神学院联合会东北区会议”上讲话，这篇稿子当时只是以油印形式流传着。1950 年出版的文集《晚年集》中第一次正式发表这篇讲话稿，题目有改动。

十九世纪之前，人们普遍认为知识与信仰之间有着不可调和的矛盾。那时，先进人物一致认为这个时代应当是知识日益代替信仰的时代；必须反对不以知识为根据的信仰，那些信仰就是迷信。受这种想法的影响，当时教育的唯一职能就是教给学生知识，学校作为人民教育的主要机关也在反对着信仰。

我们都能意识到这样的见解是多么的片面，我们不妨全面地看问题。

的确，信念最好能由思想和知识来支持。在这一点上，人们应该同意上述理性论者的想法。但是他们这种想法的弱点在于不是所有的信念都单靠科学道路就能够找到的。因为科学方法告诉我们的不过是各种事实之间的相互联系、相互制约。而去获得这种客观知识的志向则最高尚的，我不是要贬低人们在这个领域里的成就。但“是什么”的知识并不是“应当是什么”的知识。人们可能具备了“是什么”的知识，但还没有明白人类所向往的目标应当是什么。客观知识只是达到目标的工具，终极目标本身和知识是另一码事。只有确立了这样的目标及其相应的价值，我们的生命才有意义，这一点是毋庸置疑的。知识本身确实了不起，可是它却不能证明奋斗的价值。

理智的思考在目标和伦理判断形成的过程中并不是毫无作用。为要达到一个目的就要用到一定的手段时，手段本身就构成了目的。我们弄清楚了手段与目的的相互区别，但我们还没有领会到终极的和基本的目的差别。宗教最重要的职能是让基本目的和基本价值在个人的感情生活中牢靠地建立起来。有人会问这种基本目的的根据从哪里来？我们这样回答：它们作为一种有生命力的东西存在于一个健康的社会中，没有必要寻找它们生存的根据。它们的存在不是通过证明而存在的，人们只能深深地感觉到它们的本性。

宗教给予我们志向和判断的最高原则。这目标非常崇高，我们要完全达到它还有很长的路要走，但是它却是我们志向和价值观的基础。从宗教意义上阐释这个目标就是：个人的自由和责任心使他能为全人类自由地、愉快地贡献出他的力量。

在这里没有必要把国家和阶级奉为神圣，更没有必要把个人奉为神圣。按照宗教所说的那样，我们都是一个父亲的孩子。按照这种理想的精神，我们甚至也没有必要把人类奉为神圣。只有个人才赋有灵魂。个人的天职是服务，而不是统治，更不能把自己的任何方式强加于别人。

如果从本质上表述基本的民主立场，那么真正的民主主义者也像宗教信仰者一样，不应该崇拜他的国家。

那么，教育和学校的职能究竟是什么？它们的职能应当是让青年人在一种宽容自由的精神状态中成长，基本原则对他们来说就好像呼吸空气一样自然。教导是达不到这个目的的。

这些高尚的原则让人们清楚地看到，文明的人类目前正处在严重的危险中。在极权主义国家里，统治阶级在极力破坏人道精神。在没有受到威胁的地区里，这些最宝贵的传统被民族主义和经济手段扼杀。

有思想的人已经认识到这种危险，并且正在多方寻求解决的方法。这样的努力是非常必要的。但是我们要牢记古人的教训：如果一切努力的背后没有一种生气勃勃的精神，那么努力到头来都不过是笨拙的工具。但是如果想要达到这个目标，努力是最起码的。

道德和感情

1938 年 6 月 6 日，美国斯沃斯莫尔学院举行学位授予典礼，这是爱因斯坦在典礼上的讲话。

经验告诉我们大家，我们的行动都受意识的控制。直觉告诉我们，任何生物都是这样。我们都力图逃避痛苦和死亡，积极追求安乐。我们的行动都受冲动的支配！这些冲动在自制力的约束下，使得我们的行动合乎常理。爱恨等内在力量支配着每个人自我保存的本能。同时，作为社会的人，在同别人的交往中，我们容易被他们的感情感染。所有这些不容易用文字形容的原始冲动，都是人类行动的原动力。没有这些强有力的原始力量，我们就没有任何作为。

尽管我们的行为同高等动物不一样，但是原始本能却相同。这其中细微的差别在于，人的活动中起着重要作用的是思想以及辅助它的语言和其他符号工具。思想使得我们的行动不只是为我们的本能服务。通过它们，原始本能有了更高的意义。本能把思想带进行动中来，思想又调节行动，这些行动又受感情鼓励。经过多次重复，我们形成了观念和信仰。

这种信仰形成的过程在日常生活中起着非常重要的作用。毫无疑问，由于这种过程人们才获得了那些最高尚的乐趣，即对艺术的美的乐趣。

如果人们屈从于他们的原始本能，只为他们自身的利益而生活，那么他们只能得到一种焦虑的痛苦状态。如果进一步，他们从自私自利观点出发耍小聪明，并且按照自己的幻想来建立他们的生活，情况也不会更好些。和其他原始本能和冲动相比，喜爱、怜悯和友谊这些感情太主观也太狭隘了，不足以引导人类社会达到一种平和的状态。

其实非常容易去解决这个问题，过去的圣贤已经给了我们教导：一切人都要遵循同样的原则；遵循这些原则就能给大家带来安全感。

这种一般性的要求太笼统，以致我们不得不需要一些特殊规则。固然，这些特殊规则必然要灵活多变。如果这就是妨碍美好想法得以实现的最大障碍，那么人类的命运一定会更美好。这样，人就会平等待人。

有志之士最大的困难在于：怎样能使我们的教导工作在人的感情生活中有力量，使它能顶得住个人的本能。我们不知道过去的圣贤是否想到过这个问题，但是他们曾经却这样努力地去做过。

在人类还没有成熟以前，也就是在道德形成之前，人们生活中不能理解的恐惧使得人类想象出种种鬼神来，这些鬼神是无形的，但是它们却令人生畏。这些想象中的鬼神是他们按照自己的形象在头脑里制造出来的，但是它们却被赋予超人的力量。这些鬼神就是上帝这一观念的最初形式。这种来自日常生活中的恐惧而产生的鬼神，对于人类及其行为产生过我们难以想象的巨大影响。因此，就不难理解那些建立道德观念的人都深谙此道。这些道德对所有人有约束与宗教从多神发展到一神有很大关系。

因此，道德观念由于同宗教相结合而获得了最初的精神力量。但从另一方面讲，这种密切结合却是道德观念的最大弊端。尽管宗教本质相同，但不同的形式还会时常引起敌对和冲突，普遍的道德观念没有使人类团结起来。

随后，自然科学成长起来了，它对思想和实际生活产生了巨大影响，并且在近代进一步削弱了宗教的影响。科学的思想方式使得多数人不大可能对宗教产生多深的感情。由于宗教同道德之间有密切联系，于是宗教作用的削弱又带来了道德的严重削弱。照我看来，这就是我们这个时代政治日趋野蛮化的主要原因。再加上技术的发展，这种野蛮化已开始严重威胁文明世界。

宗教促进道德的实现，但是道德又同教会和宗教有区别，道德是全人类最宝贵的遗产。我们看看报刊或学校的状况以及它们的竞争方法！在那里，人们崇拜的是效率和野心，而不是关心人类社会的道德和人的价值。此外，无情的经济斗争也造成道德败坏。在宗教范围之外有意识地培养道德感是非常好的，那可以引导人们正确地看待社会问题。因此，道德行为并不仅仅意味放弃生活享受的欲望，而是对全人类命运的善意关怀。

这就要求每个人都应当有发展他潜在天赋的机会。只有这样，个人才会得到自我满足；也只有这样，社会才会达到最大的繁荣。因为凡是真正造福人类的东西，都是由自由的个人快乐地创造出来的。只有为了生存安全的需要，才可以出现限制。

道德还让我们想到，我们不仅要容忍个人和集体之间的差别，而且还要欢迎这些差别，把它们看作是我们丰富多彩生活的一个表现。这是真正的宽容；要是没有这种最真的宽容，就谈不上所谓的道德。

综上所述，道德并不是一种一成不变的概念。它是一种立场、观点，生活中出现的一切问题都能够依据道德给以判断。道德是一项长久的任务，它始终指导着我们的判断，激励着我们的行动。有道德的人不会满意下面的这些情况：

他得到的超过他付出的，他能心安理得吗？

他的国家出于自身利益逃避国际责任，他能对此无动于衷吗？

当世界上其他地方无辜人民受到迫害残害时，他能袖手旁观甚至漠不关心吗？

提出这些问题就意味着要回答这些问题！

科学和宗教

1940年9月，第一届美国“科学、哲学和宗教同民主生活关系研讨会”召开，这是爱因斯坦在会议上所作的发言，讲稿最初发表在《科学、哲学和宗教》上。

科学是什么，回答这个问题实际上并不困难。科学就是一种继承，它力图用系统的思维把这个世界中可感知的现象联系起来。科学通过构思过程，后验[1]地重建物质。但我不知道宗教是什么。我有时似乎明白了宗教，但我知道那是自以为是。

因此，我不谈宗教是什么，只谈我认为信仰宗教的人具有哪些特征：在我看来，一个人信仰宗教，他就摆脱了自私的欲望，全神贯注追求崇高的思想、感情和志向。这种超越个人的力量，在我看来，超过其他任何信念，佛陀和斯宾诺莎就是这样的宗教人物。所以，说一个信徒是虔诚的，意思是说，他相信那些超越个人目标的庄严和崇高；而这些目的和目标没有理性基础，但它们是实实在在的。在这个意义上，宗教是人类长期的事业，它不但使人类意识到这些价值和目标，还加强和扩大了

[1] “后验”同“先验”相对立，是指从结果推出原因或原理。

这些价值和目标的影响。如果从这些方面来理解宗教和科学，那么它们之间就没有什么冲突了。科学只能证明“是什么”，而不能证明“应当是什么”。而与此相反，宗教只对人类思想和行动进行评价而不能够谈到各种事实以及它们之间的关系。

当信徒坚持《圣经》上所记载的一切时，就意味着宗教方面对科学领域的干涉，于是就产生了冲突；比如，教会会反对伽利略和达尔文的学说。另一方面，科学家也常常用科学方法判断价值和目的，这样，他们就同宗教相对立。这些冲突都是可悲的。

然而，宗教和科学既有区别更有联系。宗教从科学中学到了用什么样的手段可以达到自己所建立起来的目标。科学家的感情来自宗教领域。真正的科学家会有这样深挚的信仰：现存世界的规律可以由理性来解释。两者的关系可以用一个形象来比喻：科学离开宗教就像瘸子，宗教离开科学就像盲人。

由于历史上宗教的实际内容，宗教同科学之间还可能产生冲突。远古时期，人们按照自己的模样创造出各种神来，这些神被认为具有超人力量，影响着这个现实世界。人们企求借助于巫术和祈祷让这些神有利于自己。现在宗教中的上帝观念就是神这个概念的一种升华。比如，人们求神满足他们的愿望就说明了上帝具有人性的特征。

人们都相信有一个人格化的上帝存在，它能给人安慰和指导；这个观念因为比较简单而容易被愚钝的心灵所接受。但是另一方面，这种观念本身有致命的缺陷，这个缺陷一直是被人们意识到的。这就是如果神是全能的，那么人的所有行为都应当是神的作品；在这样全能的神的面前，人们哪里需要对自己的行动和思想负责呢？在作出赏罚时，神会对自己作出评判。仁慈和公正的神怎么会做出这样的事呢？

上帝这个概念是今天宗教同科学之间冲突的主要原因。科学是揭示自然界的普遍规律。科学认为自然界的这些规律具有绝对的普遍有效性。这主要是一种纲领，这种纲领形成信仰是建立在部分成功的基础上的。

不会有人否认这部分的成功，而认为它们是人类的自我欺骗。现代人都明白，科学能够根据定律预测一定范围内的现象在时间上的变化情况，这个事实已经深深地扎根于我们的意识之中，即使我们对科学也许还了解得很少。人们都知道这样的例子：可以根据几条简单的定律认识太阳系中行星的运动。同样，尽管不是太精确，我们还是能事先算出电动机、输电系统等机器设备的运转方式，我们还能这样把握更新的事物。

显然，当一个复杂现象的变数太大时，科学方法就显得无能为力了。天气预报就是一个例子，对于天气，有时提前几天的预测都是不准确的。但是对于各种天气的起因，我们大体上是知道的。天气预报之所以不能精确把握，是因为它的变数太大，而不是因为自然界中没有什么规律可循。

虽然我们对于生物领域里的规律洞察得还很不深刻，但至少已意识到它是受着规律支配的。遗传中有规律的秩序，药物对生物行为的影响也有规律。生物领域里缺少的仍然是对那些普遍性联系的了解，而不是秩序本身。

一个人越是相信规律性，他就愈坚定地深信自然界的一切都是受规律控制的。对他来说，任何事物，不论受什么支配，都不能作为自然界的一个独立而存在。科学不能完全驳倒上帝，因为科学还没有彻底完善。

但我确信宗教人士的愚蠢行为不仅是错误的，而且也是可悲的。一种偷偷摸摸、不能光明正大的教义对人类进步有着数不清的害处，结果必然会失去对人类的影响。要想获得美德，宗教代表们应当放弃那个人格化的上帝的教义。他们的教义中应当增加人类身上培养出来的善、真和美。这是一个比较困难但意义非凡的任务[1]。在宗教导师们完成这样的转变后，他们的宗教就会被提高到一个新的境界，而且它的意义会更加深远。

科学能够帮助宗教完成使人类从欲望中解放出来的任务。科学的目标不只是发现规律，预测这些事实，它还能将所发现的归结为数目尽可

[1] 赫贝特·萨缪尔的《信仰和行动》一书对此有深刻的阐述。

能少的几个彼此独立的概念元素。科学正是在这种努力中取得了最伟大的成就，尽管这种努力常常会被当作是妄想。但凡是在这个领域里探索过的人，都会对这种努力感到敬佩。从个人愿望和欲望中完全解放出来的科学家对于理性，总是抱着谦恭的态度，因为理性是极其深奥的，对人来说是可望而不可即的。对于宗教来说，这种谦逊的态度就是宗教的态度。因此，我认为科学不仅消除了宗教的糟粕，而且也将我们的生活态度提升到了宗教的精神境界。

在我看来人类精神的终极目标不是对生和死的恐惧，也不是盲目的信仰，而是对理性知识的追求。从这个意义上来说，一个有良知的真正的教士就必须首先是一个导师。

科学的共同语言

1941年9月28日，伦敦举行“科学讨论会”，这是爱因斯坦为大会作的广播讲话。

把声音或者其他可供交往用的符号和感觉印象联系起来，这是语言的初级阶段。这种原始的交往手段已被所有群居动物（至少在一定程度上）掌握了。语言发展到较高的阶段就会有这样的情况：人们为了更好地相互理解，采用另外一些符号与那些表示感觉印象的符号相互间建立起关系。语言在这个阶段已经产生了，因为它已经可以描述一系列多少有点复杂的印象。在符号之间的关系中必定具有一些规则，这样才表现出语言是用来理解的；同样地，在符号和印象之间，必定也有某种固定的对应关系。在一起生活拥有同一种语言的人们，在他们童年的时候，领会这些规则和关系主要是靠直觉。当人们发觉这种规则存在的时候，语法就建立起来了。

词在语言的发展阶段，都有可直接同印象对应起来的事物；发展到一定的阶段，有些词没有什么意义，只有和别的词在一起使用时才有意义；初期的那种直接对应关系也就不存在了。这时，单词不再指示知觉，而是词组在指示。一些语言在这一阶段和感观印象毫无关系，这也在一定程度上保证了语言内在的一致性。

在语言发展的这个阶段，有些词很抽象，而语言这时也成为推理的工具。这也产生了另一个后果：不断发展的语言成为错误和欺诈的手段。你想用语言来推理，还是用来欺骗，取决于词和词的组合同印象世界对应的程度。

语言和思维有这样一种密切关系，这是什么原因呢？是不是离开语言就不能思维呢，有的时候，有一些概念是不需要用词来表达的，是不是这个时候思维就不存在了呢？显而易见，答案是否定的，比如，当你点头赞同某人的意见时，你肯定是先思考他的话对不对，而后再点头，这一过程一样用到了思维。如果一个人在叙述某个概念时，可以不用词语来介绍，那么我们也许会认为思维对语言不起任何作用。但一个不用语言表达自己的人，他的精神状态是堪忧的。

我们由以上叙述可以得到这样的结论：语言在很大程度上（不是完全）决定了一个人的智力发展和他形成概念的方法。可想而知，相同的语言也就意味着精神状态差异不大。思维同语言在这个意义上是一体的。

我们刚刚所说的语言和科学语言有什么不同呢？普通的语言都具有国界性，但科学的语言却是国际性的。因为科学所追求的，是概念的最大敏锐性和明晰性。为了说明这一点，让我们举个例子。欧几里得几何和代数使用少数独立引进的概念及其符号，比如整数、直线、点……同时，还使用一些表示基本运算的符号，那些基本概念之间的关系就是由这些运算说明的。这也是构成概念的基础，或者说定义其他一切陈述的基础。通过足够完善的计数和量度工作，把这两方面（以概念和陈述作为一方，以感觉材料作为另一方）的联系建立起来。

科学概念和科学语言是由各个国家不同时期的最优秀的人建立起来的，所以，它能超越地域性，不分国界。这些不同的人一代接一代地努力着，为技术革命创造出精神工具，上几个世纪技术革命发展很快，迅速改变了人类的生活。在杂乱无章的知觉中，上几个世纪的概念体系被我们作为方向，沿着他们的路，从特殊的观察中去掌握普遍真理。

科学方法带给人类哪些希望和忧虑呢？我不认为这是提问题的正确方法。这个工具在人的手中究竟会产生出些什么，那完全取决于人类所向往的目标的性质。只要存在着这些目标，科学方法就提供了实现这些目标的手段，可是它不能提供这些目标本身。科学方法本身不会引我们到那里去，要是没有追求清晰理解的热忱，根本就不会产生科学方法。

依我看来，现在的时代特征就是：手段的完善和目标的混乱。

我在不久的将来真心地期望这一状态能实现：安全、幸福和一切人的才能都能自由发展。如果我们真的愿意接近这种状态，绝不会缺少手段，就怕没有人愿意为这样的状态而努力。

人类生活的目标

爱因斯坦在1943年4月11日，为加强犹太人团结所作的广播讲话。

人的理智在我们这个时代得到了很大的发展，我对此感到自豪。人的最高品质之一是对真理和知识的追求和奋斗——就连那些愚钝的人也这样认为。但是我们一定要注意，切不可把理智奉为万能；理智固然重要，但它却没有人性。理智不能领导人类，只能为我们服务；而且理智总是马马虎虎地挑选它的主人。知识分子的品质中反映了这一点。理智对于方法和工具很挑剔，但对于目的和价值的选择却是盲目的。这种致命的盲目性从古至今一直延续着，以至于今天连累了整个一代。

我们犹太的祖先以及中国古代圣贤都指出：我们人类生活稳定的最重要因素是给人民编织一个理想，这个理想就是自由幸福的人类公社，这个公社要求人们把自己从罪恶的本能中解放出来。理智为这种努力提供最有力的辅助。理智和奋斗一起努力就给生活提供了内容和意义。

但是今天这个世界中的人们，都被原始的本能控制着，他们比以前任何时候都要残暴。和任何民族相比，我们犹太人都是很小的少数民族，我们没有办法用武力来保卫自己，比起世界上其他民族，我们经受了更大的灾难，几乎就要被完全灭绝。我们遭受残害的原因无非是我们高举了和平的理想，并且我们民族中最优秀人物用行动践行了这个理想。

关于脑力劳动者的组织

1944年5月底，美国召开了“全国战时会议”，这篇文章是爱因斯坦为这个会议准备的书面意见。

脑力劳动者自己建立起一个组织是很必要的，这可以保护他们自己的经济利益，并能在政治领域里产生某些影响。

就保护经济利益来说，我们应该学习工人阶级。工人在保卫他们经济地位方面已取得了一些成就。我们可以向他们学习怎样建立组织，怎样避免内部纠纷和分裂——这是最应该学习的。一旦内部发生分裂，各派开始互相不信任，那么就不可能统一行动了。

我们还能从工人的经验里学习到很多，比如，如果我们仅仅为经济目标斗争而扔下政治目的和政治工作，那么我们的利益还是得不到充分的保护。在这方面，我国的工人也才刚开始行动起来。生产不断集中迫使经济斗争同政治斗争越来越密切地交织在一起，其中政治因素的作用比以前更大了。与此同时，在面对专制和剥削势力时，脑力劳动者由于缺少组织，他们遭受的损失比其他任何职业团体都严重。

脑力劳动者团结起来不仅是为了他们自己的利益，也是为了全社会的利益。知识分子之间缺少组织就部分地说明了这个集团缺乏政治意识。可以说，过去左右政治决策的不是道义和以客观思考为根据的判断，几乎完全是政治野心和个人的欲望。

因此，脑力劳动者组织的出现将对整个社会产生极大的意义。比如，这种组织的一个任务是保卫学术自由，而学术自由是民主社会健康发展的一个重要方面。

目前这个时候，为了保护各个国家以应对侵略战争，脑力劳动者组织最重要的任务是呼吁建立一种超国家的政治力量。但我认为，我们最迫切的任务不是为国际政府着手草拟一个详细计划，如果人民有了建立国际组织的坚定决心，那么制订计划就不是一个太困难的事情。多数人所缺少的是一种建立超国家组织的信念。因此，这个历史性的时刻，我认为脑力劳动者组织最重要的工作，应该是传播有关这个问题的知识，让人们拥有这个信念，这是免除战争的唯一手段。脑力劳动者组织只有大力追求这些目标，才能增强内部力量并且影响舆论。

战争是赢得了，但和平却还没有

这篇讲稿是由爱因斯坦的朋友卡勒尔起草的，1945 年 12 月 10 日在纽约诺贝尔纪念宴会上，爱因斯坦读了这篇讲稿。

现在物理学家们的处境同当年阿尔弗雷德·诺贝尔的处境没有什么两样。当年，阿尔弗雷德·诺贝尔发明了威力无比的炸药——一种超级破坏工具。阿尔弗雷德·诺贝尔为了赎罪，也为了抚慰自己的良心，他设置了诺贝尔奖，借此来促进和平。今天，凡是参加过研制危险武器的物理学家都应感到良心上的不安。我们应该联合起来呼吁世界各国人民，尤其是他们的政府，改变彼此相处的态度并且对未来负起责任，否则，他们之间肯定会爆发严重的灾难。我们曾经帮助他们创造这种新武器是为了防止人类的敌人比我们先得到它；如果疯狂的纳粹抢先拥有它们，那就意味着难以想象的破坏，全世界人民都将被他们奴役。我们把这种武器交到美国和英国人民的手里，是因为我们相信他们，把他们看成是全人类的拯救者，是和平自由的战士。但到目前为止，我们既没有得到和平的保证，也没有看到《大西洋宪章》兑现它许诺的任何自由。[1] 战争结束了，但和平却还没有到来。战时团结一致的大国和平时期却分道扬镳了。《大西洋宪章》许诺人们有免于恐惧的自由，但事

[1] 1941 年 8 月 14 日，美国总统罗斯福和英国首相丘吉尔共同宣布了《大西洋宪章》。宪章内容充满了自由主义精神。

实上战争结束后人们更加觉得恐惧。世界被保证有消除贫困的自由，但世界上大部分地区却面临着饥饿，而另一部分人却生活无忧。各国人民被许诺获得和平，但是我们已经看到，地区的冲突仍在继续。老生常谈的领土问题和权力之争，仍然忽略了共同幸福和正义的基本要求。我讲一讲关于我自己的民族即犹太人的情况，它是目前世界普遍存在的情况之一。

当纳粹的暴行仅仅是迫害犹太人时，世界上其余的国家就不管不问，袖手旁观，有的甚至还公开同犯罪的第三帝国[1]政府签订互不侵犯条约。后来，德国准备进攻罗马尼亚和匈牙利的时候，盟军已经解放了马达内克和奥斯威辛[2]，并且全世界都知道了毒气室的杀人方法，但营救罗马尼亚[3]和匈牙利犹太人的努力还是落了空，原因是英国政府拒绝犹太移民去巴勒斯坦，而且没有一个国家愿意收容犹太人，这些犹太人像在被占领国里的兄弟姐妹一样遭到了杀害。

我们永远不会忘记斯堪的那维亚半岛各国、荷兰、瑞士这些小国的英勇行为，也永不忘记恐怖时期许多个人的英勇行为，他们竭尽全力保护犹太人的生命。我们忘不了苏联的人道主义态度，当德国向波兰进军的时候，苏联是唯一向几十万犹太人敞开大门的大国。但是战争结束后的今天又是怎么样的呢？在欧洲，领土正在被疯狂地分配，丝毫不考虑有关人民的愿望，只有战前五分之一人口的犹太人，仍旧不能进入巴勒斯坦，他们居无定所，饥寒交迫并继续遭到敌视。甚至直到今天，他们还没有一块地方来平安无虑地生活。很多犹太人仍旧被盟军拘留在条件恶劣的集中营里，这是可耻和令人绝望的事实。西方大国借口民主原则不准这些人进入巴勒斯坦，实际上只不过是屈从阿拉伯国家的威胁和外部压力。英国外交大臣一方面对可怜的欧洲犹太人说，你们应当留在欧

[1] 即纳粹德国。

[2] 马达内克和奥斯维辛是第二次世界大战期间纳粹在波兰设立的两个大规模的集中营。

[3] 当时罗马尼亚有11万名犹太人被纳粹逮捕。

洲，因为我们需要你们的才能，另一方面，他又劝告犹太人不要太出风头，以免惹起新的仇恨和迫害。这是十足的讽刺。唉！我怕犹太人他们自己也实在没有别的办法，他们同六百万死难同胞一起，大大“出了风头”，被推到队伍的前头，推到纳粹牺牲品的前头去了。

战后的世界不是光明的。

我们这些物理学家不是政客，绝不愿意干预政治。但我们知道一些政客不知道的事。我们有责任明确提醒那些政客：不要抱侥幸心理，我们必须马上勇敢地行动起来，形势要求我们彻底改变我们的整个态度，全部政治信念。但愿阿尔弗雷德·诺贝尔的担当精神，人与人之间的相互信任、宽容和友好的精神，能影响到那些政客。否则，人类文明将面临巨大威胁。

坚决反对美国准备进行预防性战争的阴谋

1948 年 6 月 5 日，在美国纽约召开了反对预防性战争的小型讨论会，这是爱因斯坦送给本次会议的书面发言。“预防性战争”实质上就是先发制人的侵略战争。

我不能亲自参加你们的重要讨论，我用这个简短的声明来表达我的观点。

你们之所以开这个会议，是因为最近事态的发展让我们备感焦虑。当我们的国家准备同苏联进行不必要但又是灾难性的冲突时，我们必须行动起来。

美国同苏联之间并没有什么根本性的矛盾，两国的冲突完全可以避免。即使由于某些自然界的原因，这两个国家被完全隔绝开来，但它们仍然能够友好地继续存在下去。它们应当通过和平协议消除误会。

我之前一直认为，苏联对于外国的干涉是造成当前国际紧张局势的主要原因。可是最近我的所见所闻改变了我这种看法，在最近几星期内，我们的政府两次粗暴地拒绝了苏联提出的希望两国之间能够谅解而进行直接谈判的建议。

我们政府的这种态度和我们目前的政策很可能会导致同苏联决裂，进而导致一场预防性战争，尽管这还没有发生。我们在第二次世界大战中对纳粹德国和日本的军事胜利，使得军人在我们的政治生活中产生了过分的影响，他们信奉的是铁腕政策。我们具有的暂时的军事优势更加重了这种危险。

可是美国人民普遍要求和平解决国际问题的民主传统仍然存在。我们应当及时使我们的人民对政治意志产生影响和效果。如何动员舆论关心和平这一最重要的政治问题，我希望你们的集会能找出一个切实可行的办法。

在哥白尼逝世 410 周年纪念会上的讲话

1953 年 12 月，爱因斯坦在纽约哥伦比亚大学举行的哥白尼纪念晚会上的讲话。

怀着愉快和感激的心情，我们今天来纪念他。他作出了巨大的贡献，特别是对于西方摆脱教权统治和学术统治枷锁的精神解放。

在古希腊时期，一些学者相信地球不是世界的中心，但是在古代，没人承认对宇宙的这种理解。当时的人都坚持地球中心的概念，例如亚里士多德和希腊天文学派，一直以来，几乎也没有谁对它有过任何怀疑。

但哥白尼怀疑，他提出了太阳才是中心的概念。要做到这个伟大的成就，必须通晓天文知识，具有思考的独立性的和罕见直觉。这在那个时代几乎不可想象，但哥白尼做到了。

哥白尼的观点帮助人们在宇宙观上发生了决定性的变革，铺平了通向近代天文学的道路。哥白尼通过自己的研究，告诉人们地球只是较小的行星之一，不是世界中心。这个观点替代了人类的中心是地球这一毫无根据的说法。哥白尼还以他伟大的人格教导人们要谦虚谨慎。

但哥白尼并没有因此而令国人为之骄傲。因为，民族骄傲完全是一件无聊的事，像哥白尼这样一位内心独立的人怎么会在乎这个呢。

罗素—爱因斯坦宣言

这个宣言是由罗素起草的，写于1955年4月，原名叫《科学家要求废止战争》。

现在这个时代，人类面临着极大的悲剧性，在这种情况下，我们认为科学家有必要集会，不仅要对这种由大规模毁灭性武器所引起的危险进行估计，还要遵循所附草案的精神进行一场讨论，以便能达成一个最后的决议。

此刻，我们不是代表不同的国家、大陆或者不同信仰的人来讲话，而是以人类成员的身份来讲话，因为现在，我们能否在这个星球上继续生存都已经成了一个不容忽视的问题。在共产主义同反共产主义之间的巨大矛盾和斗争面前，这个世界上的其他任何冲突都已经变得微不足道了。

几乎每个有政治思想的人，对于这些争端中的问题都有自己的想法，这种想法甚至是十分强烈的。但是，如果可能的话，请你们把这种感情暂时丢到一边，而只把你们自己当作是生物学上一个物种的一员，这个曾经有着惊人历史的物种正面临着绝迹的危险，这是我们任何人都不愿意看到的。

我们不要说那些让某些人高兴而让另一些人不愿意听的话。我们大家都处在同样的危险之中，我们必须意识到这个危险，然后用我们共同的力量去战胜它。

我们必须用新的方式来思考这个问题。我们必须清楚，我们需要思考的不应当是采取什么方法才能使我们所支持的一方取得军事上的胜利，要知道，这样的方法在如今的情况下是不存在的。我们应当做些什么来制止一场其结果对任何一方都必然是灾难的军事竞赛呢？这才是我们现在需要思考的问题。

一场使用核弹的战争究竟会造成多么可怕的后果，一般的民众甚至许多当权者都没有意识到。一般大众对此仍然停留在我们的城市会被毁灭这种想法上。然而，新的核弹比旧的核弹威力要大得多，一颗原子弹能毁灭广岛，而一颗氢弹能毁灭像伦敦、纽约和莫斯科那样巨大的城市。

在氢弹战争中，即使大城市也将被毁灭，这是毫无疑问的。但这还仅仅是不得不面临的一个较小的灾难。因为我们知道，即使伦敦、纽约、莫斯科这些城市都被完全毁灭了，世界在几个世纪内就能从这种打击中恢复过来。但是在比基尼[1]试验以后，我们知道核弹的威力远远超出了我们的预料，它能逐渐把破坏作用扩展到一个我们所预想不到的范围。

现在所能制造出的核弹，其威力要比炸毁广岛的大2500倍，这条信息是一位非常可靠的权威人士透露的。如果这种核弹在接近地面或者水下爆炸，就会向上部空气释放出带有放射性的粒子。这些放射性粒子会附着在尘埃和雨水上降落到地面，一个我们大家都知道的例子就是被污染的日本渔民和他们所捕到的鱼。

这种致命的放射性粒子会扩散多远，现在没有人知道，但来自最可靠的权威人士的意见是：氢弹战争将是人类的末日。如果使用了许多氢弹，结果将是普遍的死亡，然而更令人担忧的是只会有少数人立即死去，而大多数人则会受着疾病的缓慢折磨，最后痛苦不堪地死去。

科学界和军事学的权威曾多次发出警告。虽然他们说这些最坏的结果只是一种可能，但没有人能够肯定地说悲剧就一定不会发生。专家们的这些观点同他们的政治见解有什么关系迄今为止我们还不曾发现。我们的研究结果表明这些观点只同他们的知识水平有关。因此，知道得最多的人，也就是最为担心的人。

因此，我们无法回避这样一个问题，它是严峻而可怕的：是要让人类走向末日，还是人类该主动放弃战争？要废止战争是非常困难的，所以人们不敢正视这样的抉择。

对国家主权作出种种令人不愉快的限制，这是要废止战争的必要前提。理解这种情况最主要的障碍，恐怕还是人类这个名词使人感到模糊和抽象。人们几乎没有意识到，这种危险除了模糊不清的人类自己要面对，更主要的是涉及他们的子孙后代。他们不曾意识到他们每个人和他们所爱的亲人都处在生死存亡的危险之中，而这种危险现在就近

[1] 比基尼是太平洋中部马绍尔群岛中的一个小岛，1954年3月1日美国在这个小岛上试验氢弹爆炸，伤害了23个日本渔民，其中一人不久后即死去。

在眼前。在他们看来，战争可以继续存在，只要现代化武器被禁止就好了。

毫无疑问，这种想法是妄想。一旦战争爆发，即使存在和平时期达成的禁用氢弹的协议，战争期间这些苦心达成的协议也不再具有约束力了。从打响第一炮开始，参战双方会立刻着手制造氢弹，氢弹在战争中产生的巨大优势和支配作用，是一种巨大的诱惑，谁也不会甘心放弃它。

对此，禁用核武器的协议作为普遍裁军的一部分，显然对某些重要目的还是适合的，尽管它并不是解决问题的根本办法。

首先，任何东西方之间的协议，就消除紧张局势来说都是有益的。其次，如果双方都相信对方是有诚意去销毁核武器的，就会减轻对类似“偷袭珍珠港”的那种恐惧，目前正是这种恐惧心理使双方都保持着神经质般的不安状态。因此，即便这只是作为第一步，我们也应当欢迎达成这样一种协议。

显然，我们中的大多数人在感情上并不是中立的，但作为人类的一分子，无论你是共产主义者还是反共产主义者，无论你是亚洲人还是欧洲人或者美洲人，无论你是白种人还是黑种人，我们必须了解，如果东西方之间的争端能够有其他的解决方式，那么就绝对不要用战争的方式去解决它。这点我们都必须牢牢记住。

如果我们这样选择的话，我们人类的幸福、知识和智慧就可以不断增进。难道因为我们忘不了争吵和仇恨，就要抛弃这样的选择而去选择死亡吗？我们要向人类呼吁：记住你们的人性的部分而忘掉其他。如果能做到这点，摆在你们面前的将是人类美好的前程；否则，将堕入死亡的深渊。

决议

在这次会议上，全世界的科学家和一般民众签名支持下列决议：

鉴于未来任何世界大战必将使用核武器，并且核武器的使用将直接威胁整个人类的生存，我们敦促世界各国政府承诺绝对不会在世界大战中使用核武器，与此同时，我们也希望他们努力寻求和平的外交办法来解决一切争端。

第三篇

信　件

- EINSTEIN'S OWN WORDS -

给恺撒·科赫舅舅的信

这封信写于 1895 年，当时爱因斯坦只有 16 岁。

亲爱的舅舅：

虽然我们已经很久没有见面了，而且也有一段日子没有通信了，但您却一点儿也不怪罪我的懒惰，并仍对我的那些极不起眼的工作表示很关心，这令我非常高兴。

今天我给您寄去了我最近的一篇文章。之前，我总是犹豫着要不要寄给您，因为这篇文章的问题太专业了，而且显得有些幼稚，加上我认为还没有把它弄到最完善的地步。现在，我决定把它寄给您，即使您一个字也不愿意看，我也不会生气。不过，您必须赞成我的大胆尝试。我的父母是很少写信的，至少我克服了这个懒惰的习惯了……

我估计，您已经得知，我将要到苏黎世去上联邦工业大学了。可是这件事并不是马上就能实现的，因为我的年龄还小，至少还要再等两年。

情况到底怎么样，我会在下次写信的时候再告诉您。

代我向您的全家问好，包括亲爱的舅母，以及我那些聪明可爱的表弟表妹。

您的　阿尔伯特

致玛丽·温特勒的信（一），保丽娜·爱因斯坦附笔

1896 年，17 岁的爱因斯坦来到瑞士就读于阿尔劳中学，准备来年考瑞士联邦工业大学。当时，他寄宿在老师温特勒家里，玛丽·温特勒是老温特勒的女儿，与爱因斯坦曾发生过一段恋情。写这封信的时候，学校放假了，爱因斯坦在家度假。保丽娜·爱因斯坦是爱因斯坦的母亲。温特勒一家对爱因斯坦照顾非常周到，她为了表示感谢，附上了后面的话。

我的小宝贝。

收到你的来信，我非常高兴，你的信让人心醉。我亲爱的宝贝，它让我知道什么是幸福。我把这张信纸按在心口，心中荡起无比的幸福感。我可以想象到，将会有一双温柔可爱的眼睛含情脉脉地读着它，那双柔软白皙的小手将会不止一遍地抚摸它，那该是一种怎样的幸福呀！我的天使宝贝，直到现在，我才真正明白什么叫相思苦。思念固然是痛苦的，但是爱情带给人的欢乐完全掩盖了这种痛苦。我感觉，现在的你就是一轮火红的小太阳，已经成为我生活中必不可少的一部分。我妈妈虽然还不认识你，但是她已经在心中认定你了。你给我的那些幸福信件，我只给她看过两封。看过之后，她总是和我开玩笑，说我自从有了你之后，就对其他以前我曾喜欢过的小姑娘不再理睬了。你完全占据了我的整个身心，那些以往的所有小情人，太平凡、太不懂人情世故了，她们什么也不会……

亲爱的小天使，假如此刻你站在我的身边，我肯定会不顾一切地上前给你一个香甜的吻。这是你应该得到的吻，但同时，我还会笑你！你说，我要不要那么着急呢？你是那么可爱、那么淘气，像一个圣洁的小天使，除了吻你，还有别的选择吗？我的小宝贝看起来弱不禁风（以后我绝不这样说了），不管怎样，你永远是我的小天使。与自己的心上人在一起，即使演奏一支简单而甜美的曲子，也是无比幸福的。这与让我同帕维亚任何一个身材高挑、穿着华贵的太太们共同演奏一首难度很大的奏鸣曲，是完全不同的两个境界。与后者一起演出非常受拘束，即使克服种种困难并且演出非常成功，但还是需要想一个问题，那就是“一定不能出错”，还得一直想着“怎样从这种场合走出来才不失高雅呢”。这个城市的灵魂由下面两种东西组成：首先是不同种类的先生和太太小姐们玩弄的枪杆；其次，肮脏程度不分上下的墙壁和街道，给参观者留下了极深的印象。不过，只有那些斯文、让人喜欢的小孩子是这个城市唯一美好的东西。不过，到最后，这些唯一纯洁的事物估计都会被沾染上那些乌七八糟的东西从而变得枯燥乏味，这就是适应规律的作用。很幸运，我的父母和小妹还保持着十分可爱的一面。

我喜爱的小姑娘，再一次向你表达我最真切的爱恋，把我最衷心的祝福送给你，期待我们重逢的美好日子。[1]

你的　阿尔伯特

衷心地向你妈妈和玛瑞丝[2]问好。

这封信，我一个字也没有看过，在此向你表示我热忱的问候！

保丽娜·爱因斯坦

[1] 阿尔劳中学的假期是从4月8日开始到4月29日结束。

[2] 具体不详，估计是玛丽的姐妹。

致玛丽·温特勒（二）

这4封信分别写于1899年8月、1899年10月、1900年8月、1900年10月。

可心的人儿！

真是令人难以置信，尽管我不爱写信，这你是知道的，但没想到我的难以辨认的字体这么快就出现在你的面前了。

在“天堂”[1]这里，老母亲和妹妹陪伴着我，这种感觉真是太好了。我们过着一种惬意、舒适的生活，这和虔诚的基督徒所想象的天堂没有什么区别。为了你，也为了让自己开心，我学了很多亥姆霍兹关于大气运动的论文，我是多么地希望能和你一起把所有这些文章都浏览一遍啊！我觉得我对亥姆霍兹的敬佩之情简直与日俱增，原因是他那独创的自由的头脑。你这个可怜人，现在必须要全面地掌握那些灰色的理论[2]。我对你和你的冷静一向很清楚，而且我相信你能够做到这一切。此外，你待在家里，家人对你照顾周到，甚至娇惯你，一个小女孩就该得到这种待遇吧！你要是来到苏黎世，就是我们这个家庭的女主人，这个家也确实不错，而且还有很多有意思的家事！我第一次阅读亥姆

[1] 这是爱因斯坦居住的旅馆的名字。

[2] 玛丽正在准备10月初的毕业考试。

霍兹时，由于缺少你的陪伴，根本无法理解它，即便现在这种情况也没有得到改善。我觉得，我们俩在一起工作时很好，一点儿也不会感觉到乏味。

尽管我的母亲和妹妹令人尊敬和喜爱，但我不得不说的是，在她们身上存在着某些缺点，那就是她们心胸狭窄而且有些庸俗。在如今这个社会，生活方式的改变给我们带来了巨大的影响，从而导致最亲密的家庭成员之间的关系逐渐淡漠，沦落成一种习惯性的友谊，心灵之间缺乏必要的沟通，别人心里想些什么你完全无法了解。

你大度地赐给我的时间，正好能够使你辨认我的潦草的笔迹。你有时间再给我写信，如果实在没有时间，我能想到其中的原因。

向你和你的家庭致以亲切的问候。

你的　阿尔伯特

致玛丽·温特勒（三）

可心的人儿！

现在你在我的眼中就是一个阿芙洛狄忒！整整四天时间，你居然能够安安稳稳地坐在考场中，对不停喝咖啡的小伙伴和老实听话的男同事不置一词，这难道不是一个奇迹吗？我要熟读一篇令人战栗的训词，以便在下周一的早晨训斥你一顿。如果女仆告诉我你不在家，而我看见你的鞋摆在门口——这种情况经常发生——那么我也没有别的办法，只能再等一会儿或者做些别的事情。

星期天我要送妹妹去阿劳上学，还要到苏黎世去拜访房东太太，我曾非常冒失地用明信片询问她为何让我住到别的地方，她没有回答我的问题。如此一来，我就得把我的邮包放在其他预定的地点了。尽管我对你没有给我回信的做法有些生气，但一想到你正在努力工作，我就不会再生气了。可怜的人啊！你是如此的孤单，你的处境是多么的艰难啊！可是，不说了——我已经看到了你用微笑来回答我的殷勤的问候，而且你还认为，一个码头工人是不会受到这样的事情的影响的。想要什么，能够要什么，这些事情都清楚地装在她的脑子里，而且已经不止一次地得到了证实。

做家务是现在更加美好的事情，而且会变得更加令人愉快。我妈妈做的甜食非常好吃，我会带来一些，她还说要经常往我们这个家里寄东西，地址当然是普拉滕街五十号[1]。希望你那时一定要带来亥姆霍兹的电磁光学，我很早以前就希望能够读到它了。

我在这里涉猎广泛，读了很多书，学习温差电学基本定律需要考虑的事情也考虑得差不多了。我还想出了一个非常简单实用的方法，它能够判定金属中的潜热是重物质的运动还是电的运动造成的，换句话说，带电物体的比热容是否和不带电物体的比热容相同。这些问题与对温差电偶的分析密不可分。这些方法操作起来非常方便，只需要普通仪器就可以。

今天就先写到这里吧，不然，我又会被我的两位老人家取笑了，因为我的信从来都是有去无回。

衷心地问候你！

你的　阿尔伯特

[1] 这是玛丽寄宿的公寓的地址。

致玛丽·温特勒（四）

可心的人儿！

知道你已经回到你仁慈的老母亲身边，我感到十分欣慰。她一定又在把美食放进我的甜心的口中，小甜心很快就会胖得像面包一样，健康快乐地躺在始终钟爱她的我的怀里。虽然苏黎世那边没有什么消息传来，美好的饮食和无忧无虑的生活还是为我带来了愉快的心情，这种心情令我充满了信心。整整一个月的时间了，你没能给我一个甜蜜的吻，这让我更加思念你了。在这个旅馆里，尽管有太多的人，但却没有一个姑娘能像我的甜心那样有一双灵巧的手。我和你婆婆的关系有了很大的改善，这种无法避免的事情她也逐渐适应了，因此，她的心情比以前要好多了。我也给爸爸写了封信，向他讲明这件事，尽管他可能会有异议，但那根本就不重要。

我十分期待能够收到我深爱的甜心的信。我们为什么要分开那么久呢？难道是要考验我究竟爱你有多深吗？尽情地放纵你自己吧！那样你就会充满活力和魅力，我也会更加爱你。

梅尔希塔尔是一个由崇山峻岭形成的美丽的小河谷。我们的旅馆像喂养站一样喂养着很多娇生惯养、游手好闲的人，在他们中间，我总觉得很不舒服，特别是面对那些打扮齐整、终日无所事事的女人，这种感觉会越发强烈，每当这个时候，我就会想：约翰斯尔，你的甜心可与她们大不相同啊！这位布兰登贝格尔[1]和他的年轻貌美的未婚妻也都在这里，我很喜欢他们，因为他们身上有一种在爱河畅游的幸福感和甜蜜感，这真让我羡慕啊！

昨天我同玛雅一起去登山了，我们登上了一座很高的山，并在那里发现了很多高山火绒草。壮丽的美景让我们目不暇接，蒂特利斯山辽阔的雪原风光更是美景中的美景。

我们大概8月中旬到意大利的爸爸那里，为逗留在南方更远的一个地方做准备。在此之前，我还要到苏黎世去搞清楚我的职位情况。伊诺特那里没有给我带来任何消息。最近雨水很多，我抽空读了很多东西，基尔霍夫关于刚体运动的那些著名的研究是最主要的。这项伟大的工作令我赞叹不已。我的神经不再像以前那样焦躁不安了，因此我能够快乐地学习了。你最近怎么样了？

向你的亲人献上我的敬意！最真诚地吻你。

你的　阿尔伯特

致玛丽·温特勒（五）

可心的人儿！

现在我真的感到内疚了，因为这段时间没怎么给你写信，尽管我已经忘记了上一封信的时间。我不会再惹你生气了，为了你能够当面责备我，我们还是尽快见面吧，可我的脑子就是不开窍啊！

[1] 布兰登贝格尔是苏黎世大学自然科学系的学生。

你妹妹将要前来是一件值得高兴的事情。我们不能让思乡之情和忧郁情绪纠缠着她，这么重要的任务即使我不能用塞尔维亚语完成，那么乘雪橇滑行一定不会让我们失望的。闺房是最重要的，别的事情和它相比简直微不足道。

我可以在这里停留到星期天早晨，因为现在这里能够带给我开心和快乐。我的父母看到他们必定要失败，尽管心有不甘，但已经不再纠缠其中了。每当天气好的时候，他们就会很高兴，也不会找我继续辩论了。还没有收到赫尔威茨的信，但这也没有什么关系，因为我知道我不必为此担心。

我喜欢你这件事已经被米凯莱发觉了，虽然我从未在他面前提到过你，但当我提出要立即去苏黎世时，他这样说道："毫无疑问，你一定是到你的女同行那里去，除此之外，苏黎世再也没有什么能够引起你的兴趣了。"我只得告诉他你不在那里。我总是鼓励他，想让他成为大学讲师，但我觉得他是不会做这一行的。显而易见，他不愿意让他的父亲供养他和他的家庭。这真是一件有损他聪明才智的事情啊！

在物理化学方面，我已经具备了很多知识。最近三十年来人类在这个领域取得了很多伟大的成就，为此我感到十分高兴。当我们一起阅读的时候，我想你肯定不会失望的。这方面所用的物理研究方法也趣味十足，离子理论是最出色的，在很多不同的领域中，它都已经证明了它的价值。

我近期在苏黎世发现的那些有关毛细作用的结果是全新的理论，尽管看起来简单却毫不影响它的价值。到苏黎世后，我们要请克雷纳帮忙，无论如何也要搞到有关这个题目的经验材料。如果我们能够研究出一条自然规律，那么肯定会把它寄给威德曼的《物理学年报》。

在安娜家里有一位客人，他就是弗里茨·温特勒以前的未婚夫，他总是三句话不离本行，真是令人讨厌，据说他还要到达姆施塔特出任助教。

你不会再喜欢庸俗的生活了吧！谁要是尝到过自由的滋味，那他肯定不能再忍受被束缚的感觉。我觉得自己十分幸运，因为我找到了和自己情投意合的人，你就像我一样坚强和独立。只有和你在一起时我才会远离孤独。

向你献上热情的吻。

你的　阿尔伯特

课程介绍

这是爱因斯坦写给米列娃·马里奇的信，时间为 1898 年 2 月 16 日，米列娃·马里奇是爱因斯坦的苏黎世联邦工业大学的同学，也是他的第一任妻子。

尊敬的小姐：

这么久没有给你回信令我深感愧疚，这种愧疚使我更加不敢暴露在您批评的目光之下。现在，想要给您写信的兴致终于克服了这种愧疚，即使您有理由生我的气，但有一点我觉得自己做得很好，应该得到您的赞扬，那就是——我不再找各种理由来增加我的过失，而是直率地请求您的原谅，并期待着您尽快给我回复。

您决定在这里继续学习下去让我高兴不已。您的决定是明智的，尽快付诸实践吧！我坚信您能够用比较短的时间将我们学过的主要课程给补上来。如果让我把我们已学过的内容讲述给您，我一定会觉得非常尴尬。您只有在这里才能够明白教材是如此安排和阐释的。

赫尔威茨[1]讲过的课程有傅立叶级数、微分方程（不包括偏微分方程）、一点儿重积分和变分法。赫尔左克[2]教材料力学和动力学，材料力学讲得很好，而动力学就没有那么好了，就“大课”来讲，这是十分自然的。韦伯[3]讲授热学，包括热量、温度、热运动和气体动力学，当然，他讲得十分出色，这也让我更加期待他不断地给我们讲新课程。粗心草率的费德勒[4]正在讲射影几何，尽管他有这样那样的缺点，但他讲得总是很有意思。数论是除了上面几种课程之外唯一重要的，它会布置很多作业，但您抓紧时间自修就肯定能补上这门课程。

请允许我冒昧地向您提出一个忠告，那就是尽快来到这里，因为我已经把您所需要的一切全都简明扼要地记录在我的笔记本里，为您的到来做好了充分的准备。如果觉得这样决定有些草率的话，您还可以咨询一下赫尔威茨的意见。巴切赫尔德家还有最后一个房间没有出租，您又能够重新寄宿在那里了。可是，您必须要放弃您以前租的那间舒适的小房间，因为它已经被租出去了……这是您自找的，逃跑的小女孩！

我必须要继续努力才行。

向您致以恭敬的问候。

您的　阿尔伯特·爱因斯坦

[1] 爱因斯坦的老师。
[2] 爱因斯坦的老师。
[3] 爱因斯坦的老师。
[4] 爱因斯坦的老师。

写在安娜·丝柯密达的签名纪念册中的诗句

这首诗写于1899年8月，爱因斯坦曾在梅特门舍藤的一个旅馆住过，安娜·丝柯密达是这家旅馆主人的小姨子。

亲爱的姑娘
你是那么的伶俐和娇羞
我写什么样的句子才能够赞美你呢？
你让我浮想联翩
当然最想最想的是
亲吻你那可爱的小嘴。

如果这样做会令你生气
请不要立即落泪
报复我最好的手段是——
在我的脸上留下你的香吻。

这点致意为了
纪念你这个顽皮淘气的小朋友

阿尔伯特·爱因斯坦

玛丽的来信

玛丽 1901 年 7 月 31 日写给爱因斯坦的信。

我的小宝贝！

收到你亲切的来信让我激动不已，我能从中感觉到你也和我一样不是很愉快。我们是令人羡慕的美满幸福的一对，那可是最重要的事。难道你和你母亲发生争论了吗？我的小宝贝啊，为了我你要忍耐才行。我能回报给你的，只有我心中的爱情。不过你应该明白，它有多么的重要。我相信你们母女之间的关系很快就会和好如初的。如果她不与你和解，我就只能据此判断，她和你的关系除了奢望与自私就没有其他的了。至于每个母亲都应该具有的爱的天性，那就更不要提了。另外，他们对我存在着误解，这你应该能够想到吧，也许是我在某些方面没有做好吧。我觉得你们母女之间言归于好需要良好的愿望和更多的时间，尽管如此，我觉得你们必定能够和解，这是毫无疑问的。我甚至想出了好几种方法去解决这个问题，比方说，我通过巴结他们尊敬的人来使他们就范。这只是其中一招，除此之外，还有很多其他的招数。

可是，我的小宝贝，我必须得尽快给我的父母写信才行，因为他们要在我起程之前收到一封信，我把起程日期初步定在星期六。那封信你还是寄给我吧，我想知道你都写了什么。我的女朋友布伊克小姐将伴我同行，当然，我踏上这次行程的复杂心情只有我自己知道，她根本无从知晓。我只是先给我父亲写了一封简短的信，至于必要的消息和不愉快的事情，还是以后找机会再慢慢地告诉他吧。

如果你觉得米凯莱对待这件事情的态度是如此的话，那么你最好的选择就是什么都不对他说。他们总是纠缠在生活的琐事之中，好像已经失去了人类本该有的感情。不知道你看出来没有，你妹妹尽管偶尔犹豫不决，但她对待这些事的态度还是不同的。她没有像别人那样反对我，而是对我很好，这点着实让我高兴。

我会尽快把钱寄到米兰的，你还有别的东西要寄吗？或者在下次见面时我直接给你带去。有一趟开往楚格的火车经过梅特门舍藤，时间是早上七点五十六分，到楚格后还会返回来。我的小宝贝，不知道你是否愿意和我一起旅行？我是多么希望能够再一次拥有你啊，我的可爱的小宝贝！对我来说，最重要的就是你要知道我是多么爱你。现在，再见吧我的爱人，你不要过分悲伤。多想想你的小家伙吧。

热烈地拥抱你并吻你。

你的可心人儿

温特勒教授有没有推荐你去弗劳恩费尔德[1]？我们那里的风俗是毛遂自荐，或许你应该把自己推荐给那里的权威人士。

---

[1] 爱因斯坦曾请温特勒先生帮助他申请弗劳恩费尔德一所学校的教师职位。

给爱尔莎的信

致爱尔莎（一）

这封信写于1912年4月30日，爱尔莎·洛文塔尔是爱因斯坦的表姐，她后来嫁给了爱因斯坦，陪伴爱因斯坦走完了后半生。

亲爱的爱尔莎！

因为您受到严密监视的缘故，上次我离开您时，马上就想到我无法再给您写信了。今天收到了您的信，并得知您已经想出办法使我们保持联系，这一切让我激动不已。您真是太亲切了，用这种方式和我通信我感到很开心。我都不知道该如何向您诉说了，这几天您已经深深地俘虏了我的心。我很快（我估计在这个季度末）就会去看望您，当然，前提是您同意我这么做。我们没能住在同一个城镇，这是一件多么让人遗憾的事情啊！非常不幸，我在柏林很难找到工作，这是我不得不承认的事实。但也许某一天您能够得到自主选择居住地的自由，并且……尽管我受到了您亲切可爱的取笑，但这丝毫不影响我对您的喜爱之情。当我回想起我们的瓦瑞斯[1]之行时，幸福的感觉真是难以言表。如果能够再次

[1] 德国西南一个森林密布的湖区。

到那个地方游玩，无论付出什么样的代价我都在所不惜。

我对保拉的行为十分气愤。我居然会想请她帮忙，这真是太让人难以置信了。但这其实并不难理解。她年轻而且十分友善。这就足够了，其余的都是谎话，说一些愿意帮忙的假话又有什么意义呢？那些没有尝过这种谎言滋味的人不知道死后为何升天。有一件事我不得不向您坦白，我母亲与奥本海姆[1]住在一起是我的建议。她和一些体面的人生活在一起，不会受到欺负。完全受制于亲属关系是一件极其危险的事情。总而言之，整个事情都无法让我相信。正所谓“一失足成千古恨”。奥本海姆先生去世后，我母亲将由我来照顾。

当然，她做过的丑事被我知道我会讳莫如深的。像她这种年纪的人，除了让她感到羞耻外，还能有什么好处呢？忍受巨大的痛苦这种事我早就习惯了，因为我无法真正爱她。我妻子和迈亚或我母亲之间的关系很不好，每当我想到这里就会对她们三人产生一种厌恶之情。这真是一件不幸的事情！但为了生活，我必须选择一个人去爱，而您就是最合适的人选。现在您还不能在这件事情上发挥作用，因为我还没有向您提出请求。我想象的阴间世界的绝对主宰就是我自己，或者至少没人能控制我的想象力。

关于您说我怕老婆这件事，我想我不能承认。我是怜悯她，对，就是怜悯她才会选择忍让的。但请千万不要把我看成那个样子。这样我在您心目中的形象就大打折扣了。我十分肯定地向您保证，我是一个完完全全成熟的男子汉。我想我会有机会向您证明这一点的。

吻您。

您的　阿尔伯特

[1] 爱因斯坦的母亲曾与奥本海姆住在一起。

致爱尔莎（二）

这封信是爱因斯坦1912年5月21日在布拉格写的。爱尔莎是爱因斯坦的表姐，后来成了爱因斯坦的第二个妻子。

亲爱的爱尔莎：

我这么久没有给你写信，主要是因为担心我们的交往会造成不好的影响。我有一种预感，如果我们的关系比现在更亲密的话，那么无论是对我们俩还是对别人，都会造成不好的影响。所以，以后我就不再给你写信了。我们都认命吧。我说的这番话，并不代表我是个铁石心肠的人，也不能说明我对你没有感情。你知道的，我其实跟你一样，我们身上都背负着十字架[1]。

尽管如此，我还是希望你能对我心存善意。对于你的热忱，我也同样会充满感激。万一你将来有什么困难；或是心情不好，需要找个人倾诉，一定要记得你还有我这个表弟。无论你遇到什么问题，我都会理解和支持你。我一到苏黎世上任，就会把我的通信地址告诉你。

你的　阿尔伯特

致爱尔莎（三）

这封信写于1913年12月21日。

亲爱的爱尔莎！

我愚蠢的诅咒使我懊悔不已，你和解的回信令我感到很高兴。所以

[1] 爱因斯坦意指他现在的妻子米列娃已经成了他身上背负的沉重十字架。

说，我这个无药可救的粗鄙俗人要干净地亲吻你的玉手。我们要多为对方考虑，使对方能够快乐地生活，远离悲伤的纠缠，这样做好吗？

我的妻子总是在我面前不停地抱怨柏林，还说那边的亲友令她感到害怕。她总有一种受到迫害的感觉，担心三月底是她的最后期限。她说得也不无道理。我的母亲性格一向很好，但她是一位不折不扣的恶婆婆。她和我们住在一起时，气氛必定会十分紧张。阿契和米列娃的脾气尤为不好，估计没有比她们更坏的了。每当我脑中出现她和你在一起的画面，我总是胆战心惊。不管怎么说，在我家里见面是极其不明智的选择，最好是到外面或者去你那里见面。我感到很无奈，我在家时总感到浑身不自在，即使你在场也无法消除我的这种感觉。但是，我的妻子其实是受害者。她不知道，这阴森森的气氛就是她一手造成的。她的头脑总是不停地在想如何让自己免受你的干扰迫害。在我母亲身上又发生了一件不体面的事，眼泪和愤怒都接踵而至。现在我的母亲只给我一个人写信，但是她却让迈亚给孩子们送圣诞礼物。米列娃仿佛受到了奇耻大辱，一怒之下就把礼物给退了回去。她还写了一封信，说她和孩子们要与我的母亲断绝关系。我原本打算大闹一番，结果却选择了忍气吞声。我之所以作出那样的选择，完全是出于慎重考虑。我心里十分清楚，出现这种局面，她们双方都脱不开干系。仇恨会让人做出不理智的事情，我母亲就在仇恨烈焰的包围下做出了不仁不义的事情。也许这就是我对科学的爱会这样执着旺盛的原因吧，因为这种爱能够让我脱离苦海，进入宁静的世界。

好了，先写到这里吧，我现在必须要写稿子了。深情地献上我的吻。

你的　阿尔伯特

房子的事情我一点儿也不关心。让她随意去找她认为合适的房子吧。如果你要帮助她，那么你一定会后悔莫及。我的地址不是“技术大学”，而是“物理大楼”。

致爱尔莎（四）

这封信写于1913年和1914年之交，当时他的妻子米列娃已经到柏林去找他了。

亲爱的爱尔莎：

我以前好像告诉过你，我这儿都快乱套[1]了。这一次和上次那场恶劣的争吵一样，我也是无辜的。当这些可怜的人们在相互争斗时，我只好极其冷静地在旁边看着。米列娃生性多疑且为人冷漠；要是别人用她对待别人的态度来对待她，她就会觉得别人欺负她。在此以前，她只跟我这个可怜的人交过手；这一次，我成了一个袖手旁观的人。因为，即使你善意地对她，她也不会信任你。她给你回信的内容我是不知道的，但是，我猜她应该不会接受你的帮助。

米列娃在处理她和我母亲的关系方面，是没有什么错的。我母亲会单独和我通信，她也不反对米列娃的做法。因为，要是米列娃直接宣布和我母亲断绝关系，那么我母亲也应该这么做。两个人不想联系在一起的最好办法，就是避免接触。这么一来，就不会有一起时所产生的不愉快了。我想，母亲必然很高兴能够单独和我打交道，这样她也不会失去什么。我的家庭带给我的只有无限的烦恼。所以，我的私事，我是从来不让米列娃插手的；她的事我也不干预。我发现只要米列娃不在跟前，我就很快乐。就像你说的那样，我只有在不受婚姻的阴影笼罩时才会快乐。

你和你的前夫已经离婚四年了。如果你现在还对他仍有感情，就说明你是一个善良的人。现在，这么一个善良的人就紧密地和我联系在一起，

[1] 米列娃在柏林探亲访友时，和亲友们产生了摩擦。

我真是太走运了。现在，我那“被剥夺的权利”又重新回来了。我已经知道人际关系影响到找房子的事了，我对此很奇怪。不过，就算米列娃对你不友好，你也不会怪罪我的。我希望，你跟我在一起不会受苦受累。

你的　阿尔伯特

儿子的来信

1915 年，爱因斯坦的私生活变得更加糟糕，妻子带着两个儿子去了苏黎世，他的第一次婚姻眼看就要崩溃了。与此同时，他的强大的竞争对手也在全力研究广义相对论。此外，爱因斯坦的胃病也因“一战”带来的食物短缺而恶化。在此期间，一直是他的表姐米列娃在照顾他。同年 4 月初，他的大儿子汉斯·阿尔伯特（小名 Adu）给他写了这两封信，一封请他去苏黎世跟自己和弟弟去过春假；另一封则充满了悲伤，让他产生了强烈的负罪感。爱因斯坦肯定这两封信是米列娃指使孩子写的，就决定和自己的新欢米列娃一起过春假。

第一封

亲爱的爸爸：

Tete[1] 说他已经会做乘法和除法了，我也会做几何了。这些你能想象得

[1] 爱因斯坦的小儿子 Eduard。

到吗？我们俩都有一个小册子，用来写妈妈给我们布置的作业。不过，要是你能陪我们一起做题，那就最好了。你最近为什么不再写信给我们了呢？我想让你来我们这儿过复活节，要是这样的话，我和 Tete 就又有爸爸了。

爱你的 Adu

第二封

亲爱的爸爸：

今天，我和 Tete 都向对方说了自己做的梦。Tete 说他梦见爸爸回来了，我也希望你跟我们在一起，这样就太好了！现在，我已经可以弹钢琴了，虽然只是“叮叮当当”地响，却比以前弹得好多了。就在不久之前，我还弹了海顿和莫扎特的奏鸣曲，又弹了其他几首小奏鸣曲。反正我已经可以陪你弹琴了。期末考试快到了，跟着就是复活节了。上个复活节，你就没有和我们一起过。这个复活节，你还让我们自个儿过吗？如果这个复活节你能和我们一起过，那就是我们最好的复活节礼物了！我希望你能写信告诉我们这个消息。我们现在过得挺好的。但是，万一哪天妈妈生病了，那我们身边就只有保姆了，到时我们该怎么办呢？所以，你还是回来跟我们一起生活吧。

爱你的 Adu

我的未来计划

这是爱因斯坦在阿尔劳中学毕业考试时写的作文，时间是 1896 年 9 月 18 日，当时爱因斯坦年仅 17 岁。

一个人如果总是被幸福快乐包围着，那他就会满足于现状，失去进取的决心，更不会过多地考虑未来的事情。年轻人则完全不同，他们时刻充满着创业的激情，总是大胆地为他们的未来努力。此外，一个希望有一番作为的年轻人，一定会为自己设立一个明确合理的目标。

我如果能够顺利地通过各科考试，就会到苏黎世读联邦技术大学。我将在那里花上四年时间，好好地学习物理和数学。至于选修课程，我将会选择这些科学的理论部分，以便我能够完成当一名自然科学某个分支教师的愿望。

我作出这项计划，最主要的原因是我天生喜欢抽象的和数学的思维，我的想象力不足，而且还缺乏实干能力。当然，我作出这样的决定，很大程度上受到了我的愿望的启发。人们总是喜欢做他们擅长的事情，这是无可厚非的。何况，任何科学职业都带有一定的独立性，这正与我的志向不谋而合。

写给母亲的道歉信

这封信写于1897年5月，保丽娜·温特勒是爱因斯坦女友玛丽·温特勒的母亲，爱因斯坦在阿尔劳上中学时寄宿在她家，得到了他们夫妇的悉心照料，为此，爱因斯坦称他们为“第二父母”。

亲爱的母亲！

我现在给您写信，是要告诉您一件事情，尽管作出这样的决定让我的内心无比痛苦，但我却不得不告诉您，我不能在圣灵降临节期间去看望您了！我的过失给玛丽带来了很多痛苦，如果我为了得到几天的快乐而给她带来新的痛苦，那我的良心会更加不安。我的不解风情已经引起了玛丽的痛苦，这种痛苦的滋味也该轮到我去品尝了，这是我应得的下场。对自然界的观察冥想和竭尽全力的精神劳动，就像天使一样，将要引导我通过生命中的忧患。他们赐给我力量，却又对我冷酷无情。如果能够为这个好孩子带去一点这样的东西，我将会多么开心啊！可是，熬过生命当中的暴风雨，所运用的方式是多么的奇特——在神志清醒时，我发现自己总是以自欺欺人的方式逃避危险。一个人为自己创造的小小的天地，又怎么能和真实存在的永远变化无常的广袤相比呢？这个人还自以为了不起，仿佛这个世界离不开他似的——然而，又有什么理由去贬低自己呢，这件事一定会得到妥善处理的，现在就不再多说了。

您的信、铃兰和小诗，像您小屋的每一样东西一样，都带给我无边的快乐。我由衷地感激您带给我的一切。我在这里生活得很无聊，有趣的事情很少发生。但精神上的生活倒是很丰富，星期六的晚上，我在别人家里演奏乐曲，有几个人与我在一起，一周之中最快乐的时光应该就在那时。此外，有人为我朗读几段剧本，在读“翰奈尔的升天”的时候，我总是激动不已。这是一部伟大的作品，您也应该抽时间读一下。

谨向您和您的亲人恭敬地问安。

你的　阿尔伯特

诉说近况

这封信写于1897年6月7日。

亲爱的母亲！

您的礼物让我开心不已，同时也给了我一个再次给您写信的借口。假日的安静与悠闲，为和您闲谈创造了十分惬意的气氛，这种感觉就像我们一起坐在那间红色的房间里，在窗外阳光的照拂下，观察马铃薯渐渐变色一样。一想到这个房间，各种各样的记忆就会呈现在我的面前，快乐的和悲伤的，以前的和最近的，它们交织在一起，构成了一幅令人心醉的画面。好多古怪的哲学推论，穿着带窟窿的宽大的睡袍，悠然地在那里散步，接着，很多甜蜜的令人心醉的词儿，在咯咯地笑——它们数量庞大，有时候，正当我为某个问题苦苦思索，它们会突然出现，而且还抓住我的鼻子亲切地逗我玩。后来，我认为一边欢笑一边流泪是一个极其愚蠢的事情——最后，钢琴响了起来，我的平静的或癫狂的心情都顺着琴声流露出来。即便我心情不好时，那些愉快的时刻还是会出现在我的脑中，当然，还有红色的小脚凳和与那里有关的一切事物。

圣灵降临节为我提供了享受音乐的大好时机，那段时间我始终沉浸在音乐的欢乐之中，上帝通过神圣天使中的一个把这些欢乐赐给了我。这位天使是一位太太，是一位奶奶，虽然厄运总是不断地困扰她，但她坚强地挺住了，而且心灵中始终保持着朝气，十分令人钦佩，此外，她依然保持着女性的观点。简单说来，幸亏我没有足够的时间，让大脑装满这些甜蜜的思想，现在情况怎么样了，如果……不然……，如果不……等等，人们做这种事情的方法一定不会瞒过您的。

我没有能够送给拜兰[1]玫瑰花，这是一件令人遗憾的事情，但这也没有办法，因为他已经到楞茨堡去了。我曾请求他前来拜访您，我想他会做到的。这其中的原因真让我费解，但我从这件事中得到了一种虚幻的补偿。我觉得自己始终牵挂着他——我知道对很多事情我们持有相似的见解。真是一件滑稽的事情，好像这些眼光要完成一项重要的使命——正因为这样，我才决定不去拜访您。现在我只有嘲笑自己的份了。

向您致以一千次的问安和亲吻！

您的　阿尔伯特

生活和工作的感受

1935年夏天，爱因斯坦给妹妹写了一封信，当时他的妹妹在意大利的佛罗伦萨。

人人都说我不喜欢写信，这话说得不错。我写信很随意，而且许多信不是我亲自写的。有时候，我写信也是被杜卡斯小姐[2]逼的，她经常拿着便笺本进来逼着我口述，然后她记下来。要是她不在的话，在这个国家，我就会获得人人羡慕的自由了。在康涅狄格河上驾驶游艇是我最大的愉

[1] 拜兰是爱因斯坦中学时期的同学。
[2] 就是海伦•杜卡斯，曾担任爱因斯坦的私人秘书。爱因斯坦逝世后，她是遗产继承人。

快，那是一个大海湾，沿岸风景秀丽。这里有荒无人烟、未受污染的自然环境，欧洲那里人口众多，很难找到这样的地方了。夏季就快过完了，普林斯顿的学术气氛也开始越来越浓厚了。我现在在这里有自己的房子，这是一个充满希望的开头。不过，我的工作很令我伤脑筋，进展得也很缓慢。

我们尝试着对物理学基础方面的研究进行探索，我们抱着很大希望去尝试，但谁都不相信。在我们没有研究出什么结果的时候，一直都处在紧张状态。现在，我做的主要工作已被公认为科学的主要组成部分，这令我很是欣慰。

现在的时代是令人沮丧的，巨大的政治动乱经常出现。这让人感到，在他自己的一代中是完全孤立的。人们好像永远在走下坡路，前人以空前的牺牲所取得的成就，人们也不再称颂，看起来好像失去了追求正义和尊严的热情。有时候，虚假的成功掩盖了理智的努力。道德是人类一切价值的基础，摩西伟大就是因为他在原始时代就看到了这一点。跟摩西相比，现在的人是什么样子呢！

罚款通知书

爱因斯坦曾向苏黎世有关部门提交过能证明其身份的有效证件，但后来证件失效，导致爱因斯坦遭到了有关部门的处罚。

罚款处分（第6619号）

（苏黎世，1897年4月23/28日）

经查证，1879年出生在符腾堡乌尔姆的数学学生阿尔伯特·爱因斯坦，居住在V区联合街4号亨莱特·海吉家，自1897年1月28日起至今，一直停留在苏黎世，但却没有提交任何有效的身份证明文件，这种做法违反了市议会1894年5月30日关于呈交证件和实施居民管制的第四条规定，为此特做出决定，对阿尔伯特·爱因斯坦处以十法郎的罚款。

此处分一旦下发后不得提出上诉。如果受罚者对此持有异议，可以自本决定通知之日起十天内上报法庭，要求法庭裁决此事，那样只需要在处分的背面签上姓名和日期即可。如果选择沉默，就表示愿意接受该项处罚。受处罚人员必须将罚款尽快缴纳到中央监察署会计处。缴纳罚款期限为十四天，如果在这段时间内没有付款，那么中央监察署就会向法院提起诉讼，根据苏黎世刑事审判法的规定，罚款可能改为监禁。如果此后十天内仍没有把任何有效的身份证明文件交付保管，那么警察随时会将其驱逐出境。

中央监察署

城市公民资格申请表

这是爱因斯坦为申请苏黎世户籍而填写的一份申请表。

苏黎世市（大市议会）公民权申请者调查表

（1900年10月11—26日）

1. 姓名：阿尔伯特·爱因斯坦。

2. 现在居住地（行政区、街道和门牌号码）：苏黎世树冠街十七号。

3. 以前在瑞士的居住地、居留时间（起止时间）：阿劳，1895年10

月—1896 年 10 月。

4. 宗教信仰：与任何教派都没有关系。

5. 通过学习得到的职业：数学和物理专业教师。

6. 目前职业：在得到永久性职位以前曾给私人补习数学。

7. 独立劳动还是雇佣职员[1]：

8. 来到瑞士之后工作经历（起止时间）：1895 年 10 月—1896 年 10 月在阿劳（阿尔高）州立中学上学并从那里毕业。1900 年夏天在苏黎世联邦技术大学上学并毕业。

9. 是否加入保险：否。

10. 您的家庭医生是哪位：我还没有机会请家庭医生。

11. 是否服过兵役：否。

12. 是不是义务消防队员：不是。

阿尔伯特・爱因斯坦

致瑞士专利局

爱因斯坦在瑞士联合公报上看到了招聘二级工程师的启事，便在别人的鼓励下提出了申请。这封申请书写于 1901 年 12 月 18 日。

我阿尔伯特・爱因斯坦在此冒昧地向瑞士专利局申请二级工程师的职务。1896 年秋至 1900 年，我就读于苏黎世联邦技术大学数学—物理

[1] 这一栏爱因斯坦没有填写。

方向专业教师学院，在此期间学到了电技术和物理领域的专业知识，还获得了专业教师联邦证书；1900 年秋至 1901 年春，我居住在苏黎世，一直做私人教师，在此期间，我的物理训练有了显著的提高，还撰写了第一篇科学论文；1901 年 5 月 15 日至 7 月 15 日，我在温特图尔技术学校代课；1901 年 9 月 15 日至今，我在沙夫豪森做家庭教师，前两个月里，我撰写了我的博士学位论文，内容是分子运动论。我已经在一个月之前将其递交给了苏黎世大学哲学系第二教研室。

我的父母都是德国人，但我从十六岁起就一直居住在苏黎世。我取得了苏黎世公民资格。那些能够证明我的经历的文件目前在苏黎世大学，希望它能尽快转寄到你们手中。

致以我最崇高的敬意。

阿尔伯特·爱因斯坦

火车站街[1]，沙夫豪森

致马塞尔·格罗斯曼

马塞尔·格罗斯曼是爱因斯坦一生中第一位真正的朋友和对他帮助最大的人。这封信写于 1908 年 1 月 3 日。

亲爱的马塞尔！

尽管我曾受过你的奚落，当然，你做得很有礼貌，然而，我今天还

[1] 当时爱因斯坦住在火车站街 102 号。

是要冒着风险向你请教一个实际问题。我的一个在温特图尔技术学校任教的熟人告诉我，那所学校的一个教师职位很快就会空出来，我打算到那里碰碰运气。

不要错误地认为我被狂妄自大或别的有问题的热情冲昏了头脑，我仅仅希望不要有什么不利条件影响我，以便继续我的科学研究，对于这一点，我想你是能够理解的。

也许你会觉得工作有很多，疑惑我非要得到这份工作的目的。理由很简单：首先是我曾在那里代过两个月的课，其次是我在那里有一个熟人。

所以我需要你为我提供一些意见，我是否应该找个人来证明我的品格？这个人会是谁呢？我有没有给他留下过不好的印象（指我的国籍和容貌）？此外，随便夸奖几句是否有利于我的科研工作？

你在费德勒的工作怎么样？现在综合性工业大学的学生们坐在教室里一定会很舒服，我在那里完成我的技术制图的日子简直没法和他们相比啊！伊诺特的圣诞节是和我们一起度过的，大家都很开心。

谨向你的家人致以最良好的问候，并祝你们新年快乐。

你的老朋友　阿尔伯特·爱因斯坦

我的妻子也向你们问好！

致苏黎世州教育委员会

这是爱因斯坦为申请苏黎世市数学和画法几何教师而写的信，时间是1908年1月20日。

得知贵处招聘数学和画法几何教师，在此我提出申请，但还有一点我要补充说明，那就是如果让我教物理，我也会十分乐意。

我 1879 年出生，小学和中学都是在慕尼黑上的。1895 年秋至 1896 年秋，我就读于阿尔高州立中学，并在 1896 年顺利通过了该校的毕业考试。之后，我就读于联邦技术大学，通过四年时间的学习，1900 年获得了该校的教师证书。同年我还获得了苏黎世市市民的资格。在此后的一年半时间里，我一直担任私人教师。在此期间，我曾有两个月在温特图尔技术学校教数学和画法几何。从 1902 年夏天开始，我在伯尔尼担任联邦专利局的技术专家。1905 年，我的学位论文《分子大小的新测定法》使我获得了苏黎世大学博士学位。

随后附上截至目前我已经发表的所有其他的科学著作。

此致敬礼

阿尔伯特·爱因斯坦博士

伯尔尼市埃格尔滕斯特 53 号

附件：

1. 联邦技术大学毕业证书及文凭

2. 温特图尔技术学校校长办公室证明

3. 科学论文

4. 博士论文

致保罗·格鲁纳

这封信写于1908年2月11日。爱因斯坦曾透露过想当编外讲师的意向，1907年他遇到了一些困难，打算放弃这种想法，与这位先生的谈话和对苏黎世大学一个职位的期盼，又促使他改变了主意。

敬爱的教授先生！

您在市图书馆的谆谆教诲和朋友们的劝告，使得我改变了原来的计划，并最终决定去申请伯尔尼大学的教师职位。为此，我已经向系主任提交了一篇申请教师职位的论文。

有几次讲课的经历对我很重要——如果我有这样的机会的话，我想讲一堂学生们感兴趣同时又符合他们教育水平的课。如果我的这堂课（两小时）能够成为您讲的课的一种有益的补充的话，那我的目的也就达到了。因此，如果能和您约定一个时间，我们当面探讨这些事情，那我将感激不尽。

敬重您的　阿尔伯特·爱因斯坦博士

致伯尔尼州教育局

这封信写于1909年8月3日。

尊敬的联邦委员会委员：

苏黎世大学已经将我聘为副教授，这是我求之不得的事情。下个学期我的工作地点将变成苏黎世，所以不能继续留在伯尔尼大学了，恭敬地请求您取消我编外讲师的资格。

谨献上我的敬意。

阿尔伯特·爱因斯坦博士

学生挽留爱因斯坦留在苏黎世大学的请愿书

1910年4月，布拉格德文大学哲学系主任，将该系一致通过的对爱因斯坦的聘任推荐信寄到了维也纳，爱因斯坦的学生们不舍得让他离去，就写了这封请愿书，希望能够留住爱因斯坦。

我们得到消息说，爱因斯坦教授不久后将担任布拉格大学的理论物理学教授。这些在此签名的人，都是爱因斯坦教授的听众，我们非常希望你们能够尽力让爱因斯坦教授留在我们学校。

我们这些理论物理学的学生在这所大学中所占的比例小之又小，我们对政府为我们设置理论物理学副教授这个职位非常感激，但是，与其他人相比，爱因斯坦教授更适合这个专业，也更能为我们这个新设置的专业带来更大的名声。为此，我们觉得提出这项要求是我们义不容辞的责任。

爱因斯坦教授的能力十分突出，即使是最难理解的理论物理学问题，他都能够讲得明白，这也是我们喜欢听他的课的原因。此外，他还很擅长与人交流和沟通。他的种种优点让我们深刻地认识到，他是一位非常出色的教师，他的教学活动一定会给我们学校带来巨大的利益。

致海因利希·赞格尔

这封信写于1911年4月7日，海因利希·赞格尔是爱因斯坦的朋友。

亲爱的赞格尔先生！

目前我们已经顺利地搬进了这间公寓[1]。一个大衣箱和一辆婴儿车就是我们仅有的家具。这里的人形形色色，有的穷要面子，有的傲慢，有的低三下四，还有很多人有些儒雅。他们都是烹饪的高手。这里的房屋

[1] 当时爱因斯坦一家已经搬到了布拉格市。

好像有很长的历史了，都显得脏乱不堪、摇摇欲坠。捷克人和德国人似乎充满了敌意。这样的例子很多，有一次，我想买羊毛毯，但不知道该到哪里去买，于是就向我们研究所的门房打听，他给我推荐了一家捷克人开的商店，我的前任利皮希先生知道这件事后，立刻派他的女仆到我这里，要我去光顾一家德国人开的商店。

您还没有忘记索洛文先生，这真是太好了。如果您能前去拜访他，他一定会受宠若惊的。

您是否将在那儿高就呢，我很想知道这个情况。请一定要写信把情况告诉我！真可惜，我肩上多了这里研究所的重任。我想，是我进行冒险的时候了。“天将降大任于是人也……”我从这个格言中得到了很大的勇气。

我从同事口中得知，这里的学生不大喜欢科学。但我相信，这个领域也是一个有付出必有回报的领域。我从来都不会轻易放弃梦想。我和一个很有教养的年轻同事相处得很好，他是一位从维也纳来的年轻的物理学家，有一个充满希望的名字。目前他的工作是澄清艾森哈特的结果。在一些问题上，我能够给他提供帮助。

我在慕尼黑结识了有一张快乐的、孩子似的脸的德彼，他肯定会成为我的继任者的。他让我感到很满意，也让我相信这份工作会由一个有才能的人来掌管。我用我满腔的热情把他推荐给您。星期天晚上，我和他还有索末菲一起漫步在慕尼黑街头，我享受了一个愉快的令人难忘的夜晚。我的前任是一个十分友善的人，他经常在研究所里陪伴着我。现在应该说说奇帆了，契尔德又一次实施诡计陷害他，如果没人制止，奇帆这位唯一正直且能干的人一定会遭到他们解雇的。我要代表奇帆给范纳尼尔写信。

谨献上衷心的问候。

您的　爱因斯坦

致米歇尔·贝索

这封信写于1911年8月，米格尔·贝索是爱因斯坦在专利局的同事，他被爱因斯坦称为“我的理论在欧洲最好的宣传者”。

亲爱的米歇尔！

这些衣领和小册子是给韦罗的。或许从那些小册子上面，你已经能够看出我完全变成一名教书匠了。最近，我还在争分夺秒地赶关于玻尔兹曼原理的文章。看来，完全可以把熵理解成某种状态区域的属性。但令人遗憾的是，能从我们口中说出的熵，只是按原则讲在热力学上可以实现的那些状态的熵。因此，设计出一种半渗透膜的类似物就成为很有必要的事情了，但这很难实现。将在特定范围内保存某个子系统的热能的“屏壁”是我们没有办法设计出来的。正由于此，热函区的熵也就无法确定了。所以说，我们无法精确地计算出温度的涨落。这对一个周期性振荡系统的能量也有着很大的影响。为此，我们应该找出方法，以便把热力学的熵的概念扩大。

韦罗的假期没有多久了，我希望你能抓住剩余的时间，去外面好好玩一下。你们全家都很开心而且身体健康，这让我感到十分高兴。瓦诺尼孩子的住处不太好，我们总想给他找个更好的地方，大费周章后还是把他带到了我们这里。不久后他会去看望他的祖母。我们还没有用你的礼物，关于它的更详细的情况，以后我将会写信告诉你的。

谨向你和你的家人致以衷心的问候。

你的　阿尔伯特

致斯特恩夫妇

阿尔弗雷德·斯特恩是苏黎世地区有名的历史学教授，他给了爱因斯坦“慈父般的友谊和帮助”。爱因斯坦曾这样说过：“我不止一次带着难过或者痛苦的心情到您那里去，而每次都会在您那里找回欢乐和内心的平衡。”

亲爱的斯特恩教授先生、斯特恩夫人！

收到您二位的信我十分开心。能够重过苏黎世的舒适生活是件多么快乐的事情啊！这一点恐怕布拉格大学[1]的人根本无法理解。瑞士在他们眼里就是年轻学者的考场，也就是说，年轻的编外讲师总能够得到很多机会。只要帝国和皇家教育部希望请他们回来工作，那么他们就会回来。所以，我回瑞士的举动被他们看成是忘恩负义，甚至是十分愚蠢的行为[2]。但他们最好的光彩只有对他们忘恩时才会显现出来。这样教育部和系必定会开心不已，因为这有助于提高他们美好的名声。

我们自己的事没什么值得说的。我们的小熊[3]是我们快乐的源泉，

[1] 指布拉格德文大学。

[2] 前教育部长、现总理大臣曾极力挽留爱因斯坦，如果爱因斯坦留在布拉格，他将会得到额外的报酬。

[3] 指爱因斯坦的两个儿子。

我们总会感到无比的快乐，而我的大儿子正在向一头真正的熊的目标迈进，并在一定程度上取得了成功。比如他已经开始学钢琴了，并对此投以最大的热忱。我正在竭尽全力研究引力问题，因此很久没有写信，希望您二位能够原谅我。

我衷心地希望您二位的母亲已经完好如初，这样负担就会减轻不少，又可以在安乐的家中无忧无虑地生活了。

这个冬天，我母亲和我的一个中学同学来看过我，我真正了解布拉格的建筑之美也就是在这个时候。不管是为了游乐还是其他原因，在布拉格稍稍停留都是一件很值当的事情。如果打算长住于此，那恐怕就有麻烦了。因为这里存在着很多问题，比如说没有适合饮用的水、阶级偏见、缺乏真正的教育，等等。我的大儿子必须参加天主教的布道并按规定去教堂。当我去研究所时，一个酒气熏天的仆人谦恭地自称“您最谦逊的仆人”。在这里，类似人格尊严的事令人吃惊，学生也同样如此。可以肯定的是，他们被帝国和皇家的中学教师彻底地毁了。尽管如此，在我的学生中仍然有几个杰出的人才，这让我十分欣慰。

致以我最真诚的祝愿，祝您二位健康快乐。

你们的　爱因斯坦

致玛丽·居里

这封信大致写于1913年4月3日。据说，爱因斯坦是极其看不起女人的，他认为女人无才无能。但是，他对居里夫人却相当尊重。

极其尊敬的居里夫人：

在巴黎的那段时间[1]虽然非常短暂，我却经历了许多美好的事物。到现在，已经过去好几天了。当时，由于经历了太多的事情，我的精神已经高度混乱了。不过，有一件事我却记得清清楚楚，那就是我得到了您和您的朋友们的热情款待，并参与了你们的日常生活。我为此向你们表示深深的感谢！

我没有想到的是，你们之间那美好的友谊，竟然被我亲眼看见、亲身体验到了。现在最令我兴奋的，莫过于这件事情了。跟您相处的每一幕场景，都是那么的简单、自然，就像是一件出色艺术品的组成部分。这种感觉，虽然不是我那浅薄的法语知识能够清楚地表达出来的，但我心里却真真切切地感受到了它的美好。

您为我们[2]花了很长时间，为此，我要衷心地感谢您。还有，如果我曾经说过什么让您不舒服的话，那也是我的无心之言，请原谅我的粗鲁。

最重要的是，祝您和孩子们身体健康！至于徒步游览格劳宾登州山地一事，等到学期快结束时再说吧。到时，我会再麻烦您的。现在，我要向您致以最诚挚的祝愿，并再次衷心地感谢您！

你的　阿尔伯特

[1] 1913年3月27日，爱因斯坦在巴黎给物理学会作了一场关于“光化学当量规律”的演讲。

[2] 爱因斯坦曾经带着他的妻子去过巴黎，受过居里夫人的款待。

普鲁士科学院来信

普鲁士科学院1913年7月推选爱因斯坦为院士，这封信就是通知爱因斯坦这个消息的。

尊敬的先生！

我代表皇家科学院，在此十分荣幸地通知您，科学院物理数学部将接受您为该院的正式院士，皇帝陛下在今年11月12日下达最高命令批准了此事。我请求您做出声明，是否接受此项推选。

如果您要迁到柏林，您的搬迁费用将会得到宗教和教育事务部的报销。报销的数额以实际花费为准，但不能比法律规定的第四级公务人员搬迁费用标准高。搬迁费用列表连同发票必须呈交给宗教和教育事务部长。

您的固定年薪是九百马克，科学院还将特批一万两千马克作为您的特别个人年薪。您到达柏林后的第一个月就能领到这两份薪水。

此外，科学院代教育事务部部长通知您，在有需要的条件下，根据现有大学教授遗属条例，遗孀和孤儿将从科学院得到一笔抚恤金。另外有工作岗位并已享有抚恤金者不得享受这条规定。

主任秘书

1913年11月22日

致赞格尔

这封信写于1915年7月。赞格尔是苏黎世的一位医学教授，当时一直在做爱因斯坦夫妇的思想工作，爱因斯坦希望他帮助调节他们夫妇的矛盾。

我亲爱的老朋友赞格尔：

这几年来，由于米列娃的挑唆，我的孩子渐渐疏远了我。米列娃向来狡猾而且喜欢报复，她总能轻易欺骗别人，特别是男人。这些年来，我跟她经历了太多的事情。你要是知道了这些事情，也一定会怪我为什么不早点儿离开她。小Adu会给我写信，即使不是受她指使的，也一定是被她煽动的。因为，他从来没有给我写过回信。这样的话，如果我按照原定计划在7月去苏黎世，我就见不到我的孩子了。所以，在我去哥廷根市做广义相对论演讲之前，我会一直待在赛林，跟我的表姐爱尔莎和她的孩子们住在她们租的房子里。

你的　阿尔伯特

为反战斗争给罗曼·罗兰的信

这封信写于1915年3月22日，一周后，罗曼·罗兰写了一封热情的回信。半年以后（1915年9月16日），两人在瑞士的斐维相见。

通过阅读报纸和同“新祖国同盟”[1]的联系，我得知，您为消除法德两国人民之间的隔阂作出了很大的贡献。在这里，我热诚地向您表达我最深切的敬佩之意。但愿您的崇高行为会激励别的人放弃那些无谓的妄想，很多人都抱有这种妄想，包括那些在很多方面聪明、能干但敏锐的人。

如果战争继续，我们的后代子孙会认为，三个世纪的文化成就只不过是从宗教的狂热到民族主义的疯狂罢了。交战双方、甚至包括一些学者，这些人的所作所为都好像没头没脑一样。如果在我的能力范围内能给您什么帮助的话，尽管吩咐。你不能离开德国。

[1] “新祖国同盟”是一个反战团体，爱因斯坦是发起人之一。

索末菲给爱因斯坦的信

索末菲，德国物理学家。1920 年 8 月，德国的小部分纳粹分子和排犹主义分子搞起一个组织，专门反对爱因斯坦和他的相对论。8 月 24 日，他们还组织了一次公开演讲，反对爱因斯坦。当时，爱因斯坦还亲自去当了一回听众。8 月 27 日，爱因斯坦在《柏林日报》上发表一篇声明，开始与他们作斗争。9 月 3 日，索末菲给爱因斯坦写了这份信。9 月 6 日，索末菲收到了一封回信。

对于柏林对您的迫害，作为物理学会主席，我感到非常愤怒，并且密切关注着事态的发展。我知道，海德堡大学的沃尔夫已经插手这件事了，再怎么劝说也没有用了。完全如他所说，他的名字是被别人滥用的。我估计，勒那德的情况也差不多。只有韦兰—盖尔克这样的人，才是真正想迫害你的人。

今天，我已经同普朗克商量过了，科学家协会必须采取一定的行动了。我们要向该协会的主席冯·米勒先生提出强烈的抗议，呼吁科学界不能存在不良的煽动行为，并要求他们公开向您道歉。我们这么做，绝对不只是一种形式，而是出于科学家的良知和良心。

我们请求您千万不要离开德国！因为德国（以及荷兰）是您工作的全部，您的科学之根就在这里。我想，不管哪个国家都不能像德国这样重视您。现在的德国，各方面都显得很不正常，在这个时候，您更不能离开了。另外，现在正处于战争时期，您的观点，即使在法国、英国和美国，都会被禁止的。

如果我没有弄错，您是为了反对协约国和它的造谣机构，才说了那些话的。

您必须为自己辩护，应该直面那些说您剽窃别人文章的人，那些人还说您不愿接受批评，他们这么说，完全是对一切正义和理性的污蔑。

《南德意志月刊》社向您约稿，因为他们很想知道您是怎么看待这件事的。如果您不介意，我完全可以为您转交。《南德意志月刊》很受读者的欢迎，而且覆盖面很广。为了能让大家知道这件事的真相，我们期待您能早点儿完成这篇稿子。您完全可以在文章里声明您的态度，对那些"蛀虫"嗤之以鼻。我听说，您已经在《柏林日报》上发表了一篇声明，我现在还没有看到，但据我了解，大家认为水平很一般，也就是说那是一篇不成功的声明。我个人认为，《柏林日报》的立场本来就不十分鲜明，他们对于反犹太的呼声很多时候是漠然的。《南德意志月刊》是一个很不错的刊物，如果您能在上面发表文章，我认为是最合适不过了。

我衷心地希望您能在最艰难的时候，仍然保持您的明智选择，在德国处处伤痛的时候，您千万不要离开她。

给A. 索末菲的回信

对于那些攻击我的人和事，我的确看得过重了。我之所以会这样认为，是因为我觉得肯定有很多物理学家都参与了此事。的确，对于您说的我"想离开"这样的事情，我着实考虑了两天。后来，我突然觉得，如果我离开这里，抛弃我的那些诚挚的朋友，那么我的选择就是错误的。或许，我确实不该写那篇东西，但是我也不能对那些非难和指责置若罔闻，如果我缄默，他们就会认为我是同意了。我也没想到，我的每次发言都被记者们利用了，反而让他们有了可以炒作的材料。如果我当时什么也不说，就不会被他们利用了。

至于《南德意志月刊》的约稿之事，对不起，恕难从命。现在只要能让我不再写信，我已经很高兴了。像瑙海姆[1]那样的声明，虽然动机是纯洁的，但只适用于国外。近些日子来，我已经完全恢复了往日的欢乐和满足，因此完全没有必要发表什么声明来宽慰我。所有报刊、杂志上发表的关于我的东西，除了那些客观的，其他的我一概不关心。

我估计，过不了多久，《物理学期刊》就会将戈雷贝[2]的照片公布出来。他的论文还是可以相信的，因为他们是敢于驳斥位移效应不存在的第一人。但位移问题究竟是怎样的，还需要做许多根本性的工作。瑙海姆确实是个好地方，我也想待在那里。

反对一切战争的理由

这是 1929 年 9 月 24 日爱因斯坦给 J. S. 阿达马的信，在信中爱因斯坦表明了自己决心不参加任何战争的态度。后来他改变了这一态度。

[1] 德国西部的城市。

[2] 戈雷贝等曾在柏林的《物理学期刊》上发表过一篇名为《太阳引力场中的爱因斯坦位移》的论文。

很高兴收到您的来信，您对欧洲问题的高度关注让我深受感动。回您的信，我有些犹豫，因为谈到人类事务时我容易感情用事。可是，我还是要说几点：

我说的第一点是：正在备战的欧洲各国无视一个没实际作为的国际联盟。每个国家的人民都认为他们的国家是被侵略的受害者，一个完全的受害者。……诱导一个国家去从事战争，而同时又教育它的人民把战争看作可耻的罪行——这是不可能的。

我的第二点是：我承认一个不进行自卫的国家承担着巨大的风险，但这种风险是必要的，没有牺牲，也就绝不可能有真正的进步。

第三，这种风险不是致命的。经历了四年消耗战的德国并没有垮掉，没有经历战争的欧洲国家，只能比德国遭受的损害更小。

第四，由于备战，各个国家之间的恐惧、互不信任和自私自利的野心会再次导致战争。

第五，贪图权力的欲望会使各个国家的统治阶级坚定地维护他们国家的主权。

第六，杰出人物能有效地反对战争。

第七，战争杀害平民百姓，草菅人命。……任何人都会拒绝做这种悲惨的事。我相信您不会当政府的伪证，但比起作伪证来，杀戮无辜者要更坏得多。

我主要是依据最后这个论据，人类的福利必高于一切！

关于黄金问题

这是爱因斯坦在1931年11月19日给贝索的信。

很高兴我们能在很多方面达成一致，除了在国家或自由贸易区的内部货币这方面。我认为，只有根据稳定的平均物价标准来调整货币和信贷量，才能避免不必要的摇摆和震动。集中金融管理体制地区的人们根本不需要黄金。

正常条件下，在自由进出口贸易地区，黄金对于货物的交换有好处。在这些地方，黄金因为其容易运输而又能保值的商品属性，可以让交易变得方便。

一个国家的商品输出不能抵偿它的商品输入就会导致黄金匮乏，然后导致外国信贷的崩溃。一个富有国家不能充分生产外国所需要的商品也会导致黄金匮乏。自然，赔款也会导致负债国的黄金匮乏。这些负债国家的破产最后也会蔓延到债权国。

人为囤积黄金使黄金失去了它的稳定性，所以，国际商品流通最好以一个指数单位为基础，而不是以黄金为基础。在目前条件下，以黄金为基础来支付赔款行不通。

经济问题与和平问题

这是爱因斯坦在 1931 年 9 月 30 日给美国缅因州一个人的信。

我认为战争不完全是由资本家制造出来的。消除现存的经济上的不公平比和平主义问题更为重要，但是我深信，后一问题的解决不能依赖于前一问题的解决，所以，现在是创立一个废战组织的时候了[1]。

失去了的天堂

这封信收录在 1933 年出版的文集《反战斗争》中，最初发表在 1930 年 9 月 14 日的《纽约时报》上。这是爱因斯坦给美籍匈牙利作家埃米耳・伦吉耳的信。

十七世纪之前，整个欧洲的学者和艺术家非常团结，因为他们有共

[1] 1928 年签订的《凯洛格 - 白里安公约》和将在 1932 年召开的日内瓦裁军会议，让爱因斯坦对时局充满了希望，但不久他的希望全部破灭了。

同的理想，政治事件也不能影响他们的合作。那时普遍使用的是拉丁语，这更进一步增强了他们的团结。

那美好的时代就像是在天堂，这个天堂现在没了。现在民族主义情绪已经瓦解了知识分子的团结，拉丁语也已经死亡。学者仅仅代表他们自己的民族传统，而忘记了知识分子的含义。

这样一种令人震惊的事实摆在我们面前：国际联盟由务实的政治家而不是科学家创立，他们成为国际主义思想的倡导者。

不废除兵役和军队，和平解决国际冲突和加强国际合作就不可能实现。有名望的人阻止青年人服兵役，就是为人类作出贡献。我希望人们庄严宣誓，绝不参与任何直接的或间接的军事活动。

商业利益和战争

这封信大概写于1932年，是爱因斯坦写给和平运动朋友的一封回信。

你在信中讲得很对：军火工业确实是人类的最大威胁。它是目前嚣张的国家主义背后潜在的邪恶势力。

国有化有其优势，但很难定义国有化这个概念。航空工业该不该包括在内？冶金工业和化学工业又该包括进多少？

国际联盟曾想控制军火工业产品和战争物资的出口，忙了多年，没有收到什么成效。我去年问一个著名的美国外交家：为什么不用贸易抵制的办法迫使日本停止对中国的武装侵略？他的回答是："这有损我们的商业利益。"对于这些人的说法，我们能有什么办法呢？

你想让我出来讲几句话，你认为这有用吗？这是幻想！在我不妨碍人们时，他们欢迎我。但当我做他们所不喜欢的事情时，他们会为了自己的利益，立刻变一副面孔来攻击打压我。那些袖手旁观的人都是胆小鬼！你有没有考虑过你们同胞的政治勇气？大家信守的是“莫管闲事，莫说闲话”。我将尽我所能做各种工作，但是请你不要对我抱多大的期望。

不回德国的声明

这个声明最初发表在1933年3月11日的《纽约世界电讯》上。1933年3月10日，爱因斯坦在美国西部帕萨迪纳公开发表声明，抗议希特勒于1933年1月间在德国发动的政变。

如果我能选择，我只想生活在自由、宽容、法律面前公民一律平等的国家里。公民自由意味着人们可以自由表达其政治信念；宽容意味着尊重别人的信念。目前德国不具备这些条件。杰出人士包括第一流的艺术家正在那里受到迫害。

国家像人一样，面临严重的难题时也同样会害病。不过，国家患病通常还能继续存在下去。我希望德国不久会得到恢复。我也希望像康德和歌德那样的伟大人物，不仅时常会被人纪念，而且永远活在人民的心里，永远受到世人尊敬。

给普鲁士科学院的信

1933年4月间爱因斯坦给普鲁士科学院写了两封信，抗议科学院对他的污蔑。当时爱因斯坦隐居在比利时奥斯坦德附近的勒·柯克海滨。第一封信写于4月5日，第二封信写于4月12日。

一

科学院在一个官方声明中说："阿尔伯特·爱因斯坦和美国、法国勾结在一起，恶意诽谤政府。"

为此我声明：我从来没有参加过什么诽谤宣传活动，而且我在任何地方都没有看见过这种诽谤活动。一般说，人们只是重复和评论德国政府的官方声明和命令，包括灭绝德国犹太人的计划。

我向报界声明过我打算辞去科学院中的职位，并且放弃普鲁士公民权；我采取这些措施是因为我不愿生活在专权的国家里。

此外，我还说到德国处于一种不正常状态，而且还讲到了形成的一些原因。

我曾写了一篇东西，支持"国际反排犹主义同盟"，在那篇文章里，我也呼吁一切文明人士尽最大力量来防止群众精神变态进一步蔓延，这种精神变态在今天的德国已经登峰造极。

科学院在发表那份声明以前，本来是很容易找到我言论的正确文本，不幸的是，德国的报纸已经被钳制，转载的我的言论，都是故意歪曲原意的。

我对我所发表过的每一个字负责。我希望科学院的各位院士都知道我这份声明，也让德国的公众知道，我受到了极大的污蔑，科学院本身就是帮凶。

二

我按事实讲话：你们对我的评价只不过是你们那篇早已发表了的声明的另一种形式，在那篇声明里，你们谴责我反对德国人民。在前一封信里我已讲明，这是对我的污蔑。

你们让我替“德国人民”讲几句“好话”，说这可以在国外产生巨大影响。这是完全不可能的，我那样做，就等于完全放弃我终生的信守。这样做不仅不是为德国人民讲好话；恰恰相反，它只会有利于一些损害德国的人。目前讲出这样的话就是在败坏道德和毁灭文化价值。

我正是为了这个理由才退出科学院的，而你们的信证明了我的做法是多么的正确。

科学家对政治问题不应当明哲保身
——1933 年 5 月 26 日给冯·劳尔的信

这是爱因斯坦写给麦克斯·冯·劳尔的信，当时爱因斯坦在英国牛津。冯·劳尔是爱因斯坦的挚友，他写信劝爱因斯坦对政治问题要保持克制。劳尔虽然没有像爱因斯坦那样在政治上雷厉风行，但他始终在学术上旗帜鲜明地抵制纳粹的暴行。他反对普鲁士科学院辞退爱因斯坦，并公开为相对论辩护。

您认为科学家对政治问题应保持沉默，这一点我不同意。德国的情况表明这种克制会导致政权轻而易举地被那些坏人攫取。这种克制难道不是缺乏责任心的表现？如果乔尔达诺·布鲁诺、斯宾诺莎、伏尔泰和洪堡都这样想、这样做，那么我们的处境会怎样呢？我无怨无悔，而且相信我的行动是在为人类服务。我不后悔离开你们的国家，即使他们让我过着富足的生活。但是，我很珍惜和您以及另外几位德国朋友的情谊，希望我们在一个比较愉快的时候再见面。

要依靠武装力量来保卫自己

——1933年7月20日

给A. 纳翁的信

纳翁是法国反战青年，当时他在比利时，他曾请求爱因斯坦出面支持两个因拒服兵役而坐牢的比利时人。

我要告诉您一件震惊的事情。直到现在，我们欧洲人还认为个人反战可以阻挡军国主义。我们今天面临的情况完全不同。欧洲的心脏德国正不惜一切推进战争，这给拉丁国家，尤其是比利时和法国造成了严重的威胁，迫使它们不得不抵抗。比利时是那么小的一个国家，无论如何也不想陷入战争；可是它现在需要武装起来。如果比利时今天被德国占领了，事情会比 1914 年糟糕得多，尽管那个时候已经是够糟的了。因此我对您说：如果我是比利时人，在目前情况下，我不会拒绝服兵役，相反地，我会满腔沸腾地去参军，因为我相信，这样做就是在拯救欧洲的文明。

我没有放弃我以前坚持的原则。我还是希望在不远的将来，拒服兵役成为一个现实。

希望您的朋友们，尤其是目前在监狱里的那两位看到我这封信。

知识分子和政治问题
——1936 年 4 月 20 日给一个加拿大青年的信

爱因斯坦在 1935 年 9 月 14 日给这个加拿大青年写过一封信。

罗兰这本书[1]我读了不少，但对这些书没有多大的兴趣。书的作者不可理喻。在他看来，文学似乎比生活本身更有意义。当然，我很赞成他书中所说的许多话，但让我奇怪的是，这样一个老练的人竟如此自信，相信自己的宣言能影响事变的进程。

你对知识分子的批评是有道理的。由于他们整天沉溺在抽象的问题中，大多数对人类最迫切的需要视而不见。于是他们一碰到政治问题，就变得胆小懦弱，退回他们所专心从事的专业里面去。我深刻体会到，

[1] 指通信者送给爱因斯坦的那本罗曼·罗兰的《通过革命的和平》。

既要从事艰苦的脑力劳动，又要保持着做一个完整的人，那是不容易的事情。尽管如此，科学家还是做到了，他们勤恳地劳动，在消除偏见方面所作的贡献比起政治领袖来毫不逊色。我们应当记住，卡尔·马克思和列宁都出身于知识分子家庭，他们不愧于知识分子。……

给五千年后子孙的信

1938年，有人向美国总统罗斯福建议，让爱因斯坦给五千年后的人们写一封信。罗斯福亲自打电话给爱因斯坦，请他写一封信，他说希望“五千年后的人了解我们这个时代的思想和感情”。于是爱因斯坦写了这封信。1938年10月，这封信被装在牢固的容器里，深埋在纽约世界博览会地下，等五千年后的人们把它掘出来打开。

我们这个时代出了许多杰出人物，他们的发明让我们的生活更加方便。我们可以利用工具的力量横渡海洋，并且人类可以利用机械的力量节省大量体力。我们会像鸟一样飞行，我们可以利用电磁波和地球另一个角落的人们互通信息。

但是，商品的生产和分配却是无序的。人人都生活在焦虑当中，害怕失业，遭受贫困的压迫。而且，不同国家里的人民还不时互相残杀。所以所有的人一想到将来，都不免提心吊胆和极端忧虑。所有这一切都是由无比低下的群众的才智和品格造成的。

我相信你们会带着自豪和无比兴奋的心情来读这封信。

他们为什么要仇视犹太人？

1938年11月26日纽约出版的《柯里尔杂志》最初发表了这篇文章。

我先给大家讲一个古代寓言，这个寓言被我稍微改动了一下，通过这个寓言我们可以明白政治上排犹主义的动机：

有一天，一个牧童对一匹马说："你是陆地上最高贵的走兽，你本应该过着无忧无虑的幸福生活；但是因为那奸诈的雄鹿，你的幸福就不是完满的。雄鹿从小就把腿锻炼得比你还敏捷，它跑得比你快，所以能比你先跑到水坑，它和它的同类把水喝光了，而你和你的小驹落得无水解渴。现在跟我住在一起吧！我能让你过上幸福的生活。"

出于对雄鹿的嫉妒和憎恨，马就盲目地顺从了牧童。牧童把笼头套在马的头上。从此马就失去了自由，完完全全成了牧童的奴隶。

在这个寓言里，马就代表人民，牧童代表企图迷惑人民的统治阶级或帮派，雄鹿代表犹太人。

你们会说："这哪里是什么寓言！没有一种动物会愚蠢得像你寓言中的那匹马一样。"但你们再想想，马口渴难忍，而又跑不过雄鹿，它的内心就会被刺痛。你们没有身处其境，也许难以理解憎恨和盲目性会让马这样做。马确实会成为这种诱惑下的牺牲者，因为以前它受的苦难为它犯这样的错误准备了条件。下面的格言更能说明问题：对别人作公正和明智的忠告是容易的，但要使自己去公正而明智地行动却很困难。我可以负责任地告诉你们：我们大家常常在扮演着像马这样的悲剧角色，而且也有受到诱骗的危险。

这个寓言所讲的情况在人类生活中经常出现。概括地说，它是这样的一种做法：转移视线，把对某个人或某群人的憎恶和仇恨转移到弱势群体身上。但是为什么犹太人要扮演寓言中雄鹿这个角色呢？为什么犹太人会经常引起群众的仇恨呢？主要是因为几乎所有国家里都有犹太人，但他们分散得太稀疏，力量薄弱，无法防御猛烈的攻击。

历史上的几个例子可以证明这一点：十九世纪末，俄国政府的暴政激怒了它的人民，外交上的失利又进一步激起了人们的愤慨，国内局势几乎就要达到爆发革命的程度。就在这千钧一发之际，俄国的统治者为了转移视线，煽动群众对犹太人进行迫害。结果，俄国政府把危险的1905年革命镇压了下来，这之后，这种策略就被反复运用，这种奸诈的手段帮助俄国政权维持到世界大战即将结束。

当德国人在第一次世界大战中失败了以后，政府就立即责备犹太人，说他们导致了战争，然后又造成战争失败。这个特殊时候让这种企图得逞了。对犹太人的仇视，不仅保护了统治阶级，而且使得德国人民陷入完全麻木的状态之中。

在历史进程中，出于各种目的，犹太人一直被陷害。有时捏造他们在井里投毒。有时造谣说他们为了宗教仪式屠杀儿童。有时恶意指控他们计划在经济上统治和剥削全人类。伪科学的书籍污蔑犹太人是低劣的、危险的种族，说他们为了自私的目的而煽起暴乱，他们既是危险的改革者，又是险恶的敌人。犹太人经常被控告在同化的伪装下侵略别国的民族文化。同时，还污蔑他们顽固愚钝，不可能适应任何社会生活。

强加给他们的罪名都是不成立的，罪名的捏造者自己都明白，但他们却继续欺骗着群众。在不稳定和混乱的时期，群众容易走向仇恨和残暴；而在和平时期，人性的这些特征只是被暂时遮掩了起来。

直到这里，我所讲的还只是犹太人遭受的暴行和压迫，而没有说到排犹主义本身，排犹主义这种心理现象在没有发生反对犹太人的环境中也是存在着的。这种意义上的排犹主义可以叫作潜在的排犹主义。它的基础是什么呢？我认为，它是民族生活中的一种正常表现。

一个集团中成员间的联系比他们同其他居民之间的联系更紧密些。因此，只要集团之间仍然有差别，国家内部就不免有摩擦。做到全体人民的兴趣完全一致是不可能的。共同的信念和宗旨，相同的兴趣形成了社会里的集团，每一集团都是作为一个整体而存在的。这些集团之间总会有摩擦，就像个人之间也存在着冲突一样。

在政治领域里，这种集团形成了政治党派。要是没有党派，公民就会丧失政治兴趣，也就不会有自由交换意见的机会，个人也不可能表明他的信念。而且，只有通过党派内部人的相互鼓励和相互批评，政治信念才能成熟起来，政治同我们文化生活的其他方面没有什么两样。比如，大家都知道，宗教时代会产生不同的教派，教派的竞争促进了宗教生活的成长。另一方面，大家也都清楚，专制即消灭独立的集团，会导致科学和艺术上片面性和僵化，因为这种专制禁止了不同意见和研究方向的交流。

犹太人到底是什么样的人呢？

集团让人类的一切领域都散发着勃勃生机，这主要是由于不同的集团间的斗争所产生的。犹太人以自己的明确特征形成了一个集团，而扰犹主义也无非是犹太人集团的对立。这是一种正常的社会反应。这样一个专门的称呼源于政治上的辱骂。

犹太人集团的特征是什么？犹太人又是什么样的人？对于这个问题，我没有一个合适的答案。最明显的答案是：犹太人是具有犹太人信仰的人。这种答案是非常肤浅的，就像我们问：蜗牛是什么？回答说：蜗牛就是栖息在蜗牛壳里的动物。这个答案显然不是完全正确的；当然是不完备的；因为蜗牛壳恰巧只是蜗牛身上的器官。同样，犹太人的信仰也只是犹太共同体的一个特征。此外，大家都知道，去掉蜗牛的壳蜗牛仍旧是蜗牛。放弃了信仰的犹太人，情况也是一样，他依旧是一个犹太人。

试图解释一个集团的本质特征总是很困难的。

几千年来，犹太人联结在一起的纽带是社会正义和民主理想，以及一切人中间的互助和宽容。在犹太人最古老的宗教经文里，就有了这些社会理想，这些理想对基督教和伊斯兰教产生了强烈的影响，并且对人类的社会结构产生了良好的影响。比如他们发明的每星期休息一天的规定，这对全人类来说具有深远的意义。像摩西、斯宾诺莎和卡尔·马克思这样一些人物，尽管他们各不相同，但他们都为社会造福；引导他们走上这条坎坷道路的，正是他们祖先的传统。犹太人热心关注慈善事业也是由于这个传统。

犹太传统的第二个特征是他们尊重各种形式的追求和努力。出于对理智的高度尊重，犹太人对知识进步作出了巨大贡献。正是由于他们人数较少，而且在前进道路上经常遇到外界的许多阻碍，他们所作的贡献更应该受到一切正直的人的赞扬。我深信的这个特征不是什么先天优势，而是由于犹太人对知识成就的尊重形成了一种气氛，这种气氛特别有利于发展各种才干。同时，他们还有一种深刻的批判精神，能防止人间的任何盲目服从。

这里，我只举出上面这两个我认为是最根本的传统特征。犹太人做的事情,不论大小,都体现出这些标准和理想。这种传统由父母传给子女，也存在于朋友之间的谈话和判断，在宗教的经典里随处可见，并且是这个集团的公共特征。我认为犹太人性格的本质就是拥有这些独特的理想。这个集团不能完全体现这些理想，这是很自然的事。可是，对集团的理想进行描述是对一个集团的根本特征进行介绍的最好办法。

我把犹太人设想为一个具有共同传统的集团，无论朋友和敌人都不同意我的这个说法，他们常断言：犹太人是一个种族，他们具有特有的行为，这些行为是由遗传基因造成的。这种见解是建立在几千年来犹太人内部通婚这一事实上的。这样一种习俗确实可以保护一个种族的纯一性；但如果原来就是一个种族上的混合体，它就不能保证这个种族的纯一性。然而犹太人无疑是一个混杂的种族，正像我们文明国家里其他的集团一样。人类学家会同意我这一点。

犹太人集团之所以兴旺，不只是靠着它的传统，更是由于它在世界上老是受着压迫和敌视。这是它能继续生存好几千年的一个主要原因。

犹太人集团约有一千六百万人，这个数目占不到全人类总数的百分之一，大约是今天波兰人口的一半。作为政治因素，他们的意义是无足轻重的。他们散布在全世界各个角落，却没有组织成为一个整体，这意味着他们在任何方面都不可能有统一行动。

根据犹太人的敌人所勾画的犹太人的形象，你们会得出这样的结论：犹太人代表着一种世界势力。初看起来，这似乎是无稽之谈；但我认为，这里面却有一定的意义。犹太人作为一个集团，也许没有什么力量，但他们各个成员的成就却处处可见，即使这些成就是在克服种种阻碍之下才取得的。这一集团里的精神激发了个人的力量，使得各个人积极从事自我牺牲的工作。

因此，那些有野心专权的人就会仇恨犹太人。他们害怕世人理智上的独立，这种害怕比害怕世界上其他任何东西都要厉害。这是今天德国猖狂地对犹太人残害的根本原因。在纳粹这个集团看来，犹太人不仅是用来转移人民对他们不满的一种工具；他们还认为犹太人是一种不能同化的元素，不能强使它屈服，只要犹太人还存在着，纳粹的权威就会受到威胁，因为犹太人坚持对人民群众进行启蒙。纳粹篡夺政权后不久就上演了隆重的焚书仪式，这件事足以令人信服我上述的看法已触碰到了问题的核心。

人们对政治学和社会科学领域里漫无边际的概括产生了一种不信任感。这种概括对思想控制太大的时候，特殊因果关系的解释就容易出现错误，对事件的复杂性就会作出不公正的判断。可是另一方面，放弃概括就意味着完全放弃了解。为了这个理由，我相信人们还是应该去进行概括，只要我们对概括的不确定性保持清醒的头脑。正由于此，我才愿意谨慎地表述我对排犹主义的看法，这种看法是从一个带概括性的观点来考虑的。

政治生活中有两种相反的倾向在起着作用，相互斗争。第一种是乐观的倾向，它认为个人和集团的自由扩展能形成一个令人满意的社会状态。这种倾向认识到需要一个在个人和集团之上的中央权力，但要求这种权力只起着组织和调节的作用。第二种是悲观的倾向，它认为个人和集团会破坏社会，因为持这种倾向的人企图把社会的基础完全放在权威和盲目服从之上。实际上后一种倾向只是相对的悲观，因为他们的想法对于那些掌握权力和权威的人以及有这样野心的人来说是乐观的。第二种倾向的信徒是自由的敌人，也是独立的敌人。他们造成了政治上的排犹主义。

在美国，大家在口头上都支持第一种乐观倾向。不过，第二种倾向还是存在的，它隐蔽在社会各处。在美国，这种倾向通过控制生产手段的迂回道路，一步步在政治上和精神上统治人民，它的倡导者已在试图利用排犹主义以及敌视他人这一武器，但由于人民有健全的政治本能，到目前为止，所有这些企图还没有得逞。

这种情况将一直持续下去，但只要我们坚持这样一条准则：洁身自好，尤其是当他们来宣传仇恨的时候，他们就只能永远失败！

为建议研制原子弹给罗斯福总统的信

这是爱因斯坦与匈牙利物理学家西拉德共同完成的一封信。1946 年 12 月“原子科学家非常委员会”出版的小册子《宗旨》最初发表了这封信的全文。

尊敬的阁下：

费米和西拉德最近工作的成果将使铀元素变成一种重要的新能源。政府需要密切注意这一情况，如有必要，还应迅速采取行动。因此，我认为我有责任请您注意下列事实和建议。

法国约里奥以及美国费米和西拉德通过四个月工作，已经使在铀中建立起原子核的链式反应成为可能，这样的反应会产生出巨大的能量和大量放射元素。现在看来，这种可能很快就能变成现实。

这种新现象能制造炸弹，一种极有威力的新型炸弹。如果这样一个类型的炸弹在港口爆炸，整个港口连同它周围的一部分地区都会被毁掉。这种炸弹不适合空中运送，它很可能会太重。

美国的铀矿很少而且品位很低。加拿大和以前的捷克斯洛伐克都有很好的铀矿，而最重要的铀资源则是在比利时属地刚果。

鉴于这种情况，我认为政府应该同这批物理学家保持密切联系。政府要做到这一点，一个可行的办法是，把这项任务委托给一个您信得过的人，这个人以非官方的资格来担任这项工作。他要做的是：

a）经常向政府各部汇报实验的情况，并且为政府行动提出建议，特别是铀矿供应的建议。

b）增加预算，改善实验条件，设法加快实验进度。

德国已经停止出售由它接管的捷克斯洛伐克铀矿出产的铀。他们在采取先发制人的行动，德国外交部副部长的儿子冯·魏茨泽克参加柏林威廉皇帝研究所工作的事实，也许就说明他们已经行动了起来。

您的最诚实的A. 爱因斯坦

1939年8月2日

客观世界的完备定律
——1944 年 9 月 7 日给 M. 玻恩的信

1944 年 7 月 15 日，爱因斯坦收到 M. 玻恩的一封信，信中说：“德国科学家（包括海森伯）大多数同纳粹合作，为这些恶棍工作——只有像 V. 劳尔和哈恩等人例外。”

看到你给我写的信，我很愉快，并发觉自己从来没有像这次一样急于回信。

大约二十五年前吧，不知道有一件事你还记得吗？那时，我们一起乘电车，赶往国会大厦。我们深信能够有效地帮助那里的人们，转变他们的思想，使他们成为忠实的民主主义者。现在想来，那时已经 40 岁的我们是多么天真啊，以至于我现在想起这件事还会不禁发笑。我们两人那时还不明白，脊髓和脑髓相比，前者对人的支配力量要大得多。

为了避免自己再犯那些日子里悲剧性的错误，我现在不得不回忆这件事。下面的事，我们实在不应当感到惊奇：对这条规律，绝大多数的科学家并不例外；由于个人气质的不同，像劳尔那样的例外是有的。劳尔在强烈的正义感的驱使下，一步一步地，同那些好战者们决裂。在伦理规范方面，医务人员毫无建树，而那些具有机械的和特殊思想方法的纯科学家们和医务人员一样，绝对不会试图改变这样的状态。你打算让尼耳斯·玻尔[1]任合适的圣职，这个想法是对的。这样做后，希望会出现这样的情况：玻尔会从物理学把他的教士的那一方面分离出来，以别的方式来实现它。玻尔先不管它，单就你准备做的这件事来说，还是别指望能取得什么效果。对于已经成为事实的事情，我们该做些什么又不该做什么呢，我觉得奇迹是不可能发生的了。在风言风语的社会中，个人所能做的就是坚定地高举伦理的信念，做出好榜样。我取得的不同程度的成绩就是长期以来以此律己的结果。

“我觉得太老了……”你在信中这样说，我自己也有这种感觉。有时候我的脑海里也会出现这样的念头，但很快就会平息下去。所以，我并不会认真地对待你所说的“老了”。如果大自然允许的话，我们就平静地接受自然的安排，慢慢地化为尘土吧。

你反对黑格尔主义的讲话，我也读了，对此我很感兴趣，里面表现出堂吉诃德式的特色，是不是引诱我们对当局的做法表示不满并表示反对？哪里的顽固的反对派占统治地位，这种坏事就在哪里出现。因此，我深信“犹太人的物理学”[2]是杀不绝的。看了你信里的一段话后，我不禁想起了这句格言：“青年妓女——老年固执”，尤其是当我想起了你的时候，脑子里更是一直想着这句格言。

你说你已经完全地、老老实实地奋斗出一条通向后一范畴的道路，但对此，我不能真的相信。

我们在科学期望中已成为对立的两极。我信仰客观存在的世界中的完备定律和秩序，你却信仰掷骰子的上帝。我正试图用天马行空的思辨方式去把握这个世界。我坚定地相信，我认为：一定有人比我强，会发现一种更加合乎实在论的办法，往小了说，就是会发现一种更加明确的

[1] 玻恩在信中说：必须成立一个科学界应该遵循的“国际性伦理规范”；“为建立合理的世界秩序，我们科学家应该团结起来”。他愿为此事尽力，并要找尼耳斯·玻尔参与此事。

[2] 这是第一次世界大战结束后，德国科学界中，以勒那德和斯塔克为首的法西斯分子攻击爱因斯坦，称他的理论为“犹太人的物理学”。

基础，这一点是我坚信的。量子理论开头取得了伟大成就，但那种基本的骰子游戏，我还是不相信，我的这种看法，假如被我年轻的同事们听到，他们会说：“爱因斯坦老了！”虽然现在还不知道结局，但历史会对我们的话进行验证，到时候谁对谁错，立见分晓。

哲学家和政治
——1944年6月7日给B.克罗齐的信

1944年，意大利巴里出版的意大利文《克罗齐通信集》上最初发表了这封信。B.克罗齐是意大利哲学家、历史学家、文学评论家和政治活动家，他的哲学观点主要是新黑格尔主义，墨索里尼上台后，他积极参与反法西斯运动。

很遗憾，我托一位美国士兵给你带的那封信，你没有收到。想到您正在为一些重大的问题而忙碌，我感到很欣慰。我深信您将满怀希望地看到您美丽的祖国不久将解放出来。在这个普遍混乱时期，作为无党派人士之一，您将为您的祖国作出贡献，因为您是人民群众信任的人。我们敬爱的柏拉图会很高兴看到您这样做，因为在他死后的许多世纪中，开明哲学家来管理国家的情况很少出现。他无疑会得意地看到，他关于政治制度循环出现的预言被验证了。

理性和哲学虽然不大可能成为人们的向导，但它们一直是出类拔萃的少数人的最爱。这少数人组成了真正的精神贵族集团，这个集团既不压迫人，也不会引起人的妒忌；事实上，除了属于这一集团的人以外，一般人甚至还不知道有这样一个贤人集团。在别的集团里，今人同古人之间没有多大的联系。但在这个集团里，古人对他们来说永远像朋友一样亲切，这些古人的著作永远不会失去它们的魅力，这些古人永远具有通情达理的品质。别人可以消灭掉真正属于这个贤人集团里的人，但永远无法触怒他！

美国科学家应当拒绝政府的不义要求
——给拟议中的美国“全国科学家会议”的信

这个会议实际上并未开成，爱因斯坦的这封信也没有邮出。

很不幸，因为身体原因，我不能出席你们的会议。

大多数科学家能够意识到自己作为学者和世界公民的责任，对此我感到非常欣慰：他们并没有成为强权的牺牲品。

我们希望科学工作的发表和传播具有自由。人为限制科学自由对于社会文化的发展非常有害。当受到军国主义和帝国主义毒害的威胁时，美国没有坚持自己应有的政治态度，这一点，实在令人不寒而栗。

谁是美国的潜在敌人呢？谁迫使美国增加军备？答案是苏联。然而到目前为止，苏联一直在寻求国际安全，并且是国际联盟的最忠实的支持者。

不是美国人民的情绪造成了这种局面，确切地说，不过是少数政客运用其经济力量控制了政治策略。这一小撮人害怕的不是苏联的实际军事行动，他们所害怕的其实是苏联强大的道义影响，这种力量会间接地从根本上破坏他们的政治制度。

如果政府执意要继续走这条致命的政治路线，那么我们科学家就应当拒绝听从它的指挥，即使它是合法的政权。良心上的法律比任何在华盛顿制定出来的法案都更加有束缚力。当然，我们还有两件最后的武器：不合作和罢工。

我们应该谴责德国知识分子，因为他们无条件地屈从了那个邪恶的政府。因此，他们都是罪人，给他们惩罚，那是应该的，即使他们争辩说自己是被强迫的。我们这些知识分子应避免重蹈覆辙。对此，我是充满信心的，因为到现在为止，他们所采取的态度都是正义的。

给联合国大会的公开信

这封信最初发表在 1947 年 10 月号的《联合国世界》和 1947 年 9 月 23 日的《纽约时报》上。

我们现在的处境是：我们的世界被不安全的氛围笼罩，每个公民都没有安全感，技术发展的进步并没有改变这种状况。由于我们没有能力解决国际组织问题，助长了各种危险，这些危险威胁着和平，也威胁着人类的生存。

第二届联合国大会中的五十五个国家的政府代表都会认识到这样的事实：战胜轴心国[1]以来的两年，无论在防止战争上面还是在控制原子能上面，我们都没有取得显著进展。

我们不能怪罪于联合国。事实上，联合国是一个极为重要的国际组织，全世界的人民和政府都要明白它不过是一个过渡性的组织，它的最

[1] 指德国、意大利、日本三个法西斯国家。

终目标是建立一个超国家的权力，从而以足够的立法权和行政权来维护世界和平。目前的困境在于没有一个真正的超国家的权力。因此，现在各国政府都出于普遍的恐惧和不信任而备战，这种做法又反过来增加了相互的猜疑，并且最终会使最后的灾难加速来临。再强的军备也创造不出军事安全，保卫不了和平。

除非国家主权这一传统概念被重新定义，否则，绝不可能得到关于原子能的国际控制和管理的全面协议，或者关于普遍裁军的全面协议。因为，既然原子能和军备还被认为是国家安全的要害，那么一个国家无论如何也不会拿出比国际谈判的空话更实在的东西来。安全无法分割，安全只有在普遍得到法律上和执行中的必要保证时才能实现，如此一来，军事安全也就不再是任何一个单独国家的问题了。对于任何国家，只有两种选择，要么准备战争，要么准备建立一个以法律和秩序为基础的世界，舍此别无他途。

每个公民必须保持清醒。如果考虑到了战争的可能性，那我们就只好准备像奥地利和朝鲜那样，保留军队并将其开到希腊和保加利亚去，想尽办法积累铀的储备，全民化的军事训练，逐步限制公民自由。尤其是当我们必须面对我们这个时代最严重的灾难之一，也是文明进步的最大障碍之一——不透明的军事活动。

相反，只有当人们都认识到，在原子时代，超国家政府的不断发展是安全与和平的唯一保证，那么他就会尽一切力量来加强联合国的作用。我以为，世界上每一个有责任心的公民，都知道该怎么办。

然而，目前整个世界都因为一个恶性循环而变得无所适从，联合国中的各个大国很难在一个问题上达成共识。不论是东方还是西方集团，都企图增强他们各自的实力、地位。军事力量普遍存在世界各地，东欧有苏联军队驻扎，美国控制着太平洋上的各个岛屿，荷兰、英国和法国都有自己的殖民地，人们早已熟知，保守原子秘密和军事秘密都是为争夺地位而进行的欺诈。

目前，联合国必须果断采取措施加强它的威信。首先，必须扩大联合国大会的权力，安全理事会以及联合国的其他一切机构都服从于它。在联合国大会同安全理事会之间还存在着权力冲突的情况下，整个制度的落实无论如何都要受到损害。

其次，应当修改联合国代表产生办法。目前，各国代表都是由政府委派产生，被委派者没有任何真正的自由。而且，由政府选派代表的办法，无法让人们相信代表的产生是公平的合理的。如果直接由人民选举代表，联合国在道义上的威信就会大大增强。如果代表们能够对每个选民负责，那么他们就履行了自己的职责，对得起自己的良心。这样的代表应该是政治家多一些、外交家少一些。

最后，即使在危难时刻联合国也应当一如既往地开会。这样，持续不断的大会就能执行两项重大任务：首先，这样做能够取得建立超国家秩序的主动权；其次，还能够及时在和平受到威胁时（比如希腊边境）采取迅速而有效的措施。

鉴于这些任务的重要性，当这个机构因内部意见达不成一致而瘫痪的时候，大会也不应当把它的权力托付给安全理事会。联合国作为一个唯一能够勇敢而坚决地实施主动权的机构，应当尽快地行动起来，为创建一个真正的世界政府打好基础，为国际安全创造必要的条件。

当然，也会有人提出反对的意见。但是，如果真正可靠的公平提案确实提出来了，世界政府这一观念的主要反对者——苏联，就并不一定会继续反对。即便苏联现在反对世界政府这一观念，一旦世界政府真的建立了起来，它自然就会改变态度。那样一来，苏联只会要求保证法律面前的平等，这是为了防止出现它在安理会中长期不利的地位。

不过，我们还应当考虑到：虽已尽了一切努力，苏联及其盟国仍然不想进入这样的世界政府内。如果这种情况发生——为取得苏联及其盟国的合作而尽了最大的诚意和一切努力，但仍无法成功——别的国家应当单独行动起来。至关重要的是，这个局部性的世界政府要想足够强大，它至少得包括全世界三分之二的工业和经济地区。这个局部性世界政府本身足够强大，才有可能避免军事冲突和战争。

这个局部性的世界政府在一开始就必须表明：它的大门是向任何非成员国——特别是苏联——始终敞开着的，它们可以在完全平等的基础上参与进来。我认为，在一切会议和制宪会议中，局部性世界政府都应当欢迎非成员国政府的观察员列席。

世界政府的最后目的是形成一个联合的世界，而不是两个敌对的世界，这就要求这个局部性世界政府不反对其他联盟。走向世界政府的唯一关键步骤就在于世界政府本身。

世界政府里的国家不会因为意识形态的差别而产生严重的后果。我深信，意识形态的差别不是美国同苏联对抗的主要原因，尽管这些意识形态的差别加重了紧张的局势。但我坚信，美国和苏联即便都是资本主义国家，或者都是共产主义国家，或君主制国家，两者之间的竞争和敌对同样会造成紧张局势，如同今天这两个国家之间所存在的紧张局势那样。

保证全人类的和平和幸福，是现在的联合国和将来世界政府的最终目的。

七十岁生日时的心情

1949 年 3 月 28 日，爱因斯坦写给 M. 索洛文的信。

你的来信让我非常感动，这段时间，我收到许多来信。但只有你的信，和他们的完全不一样。你看到这里，是不是在想，我现在正以满意的心情来回顾我一生的成就。但细想一下，根本不是你想的那样。我感到在我的工作中，任何一个概念，都不能很牢靠地站得住脚，都有待补充或证明。我甚至不能肯定，我所走的道路是不是正确的。有些人，把我看成一个反动派、一个邪教徒，也许那时候我就已经死了，留下的只是一副躯壳和一个继续完善理论的大脑。这些只是说说而已，不过，我的内心确实有一种不满足的情绪。作为一个诚实的、有批判精神的人，有这种感觉其实也是很正常的。生活中，不妨多一些幽默感和谦虚，这能使我们受到外界的影响后保持一种心理平衡。

你在信中写的关于人际交往的经验之谈，我也深有同感。如果两个人做的是同一件事，且这事是正确的，那他们两个人就不会有矛盾。每每看到发生的大规模社会事件都令我极为痛苦。一些人的行动完全是受盲目和冲动支配。不谈这些令人讨厌的社会事件了，抛开它们，社会依然前进。

世间最美好的东西莫过于友谊。如果一个人能有几个相互了解的正直朋友，就像你和我一样，那将是多么幸运的事啊！

你上次的来信中还提到了赫拉克利特。这个固执而晦涩的巨人使我感到好奇，可惜的是，我们只能透过一层浓雾去观察他。

读《伽利略在狱中》后的感想

这是1949年7月4日爱因斯坦给麦克斯·布罗德的信。

《伽利略在狱中》这本书，我已经读了三分之一。有些人物的活动就是历史的体现，这本书写得如此深切入微，令我感到很是惊奇。书里写的是一个遥远的历史事件，读起来好像会觉得没有什么意义。

但我对伽利略本人确实很钦佩。他和他那一时期的许多人不同，他渴望认识真理。为了真理，他顶着“全世界”的反对，希望人民能接受被他发现的真理。作为一个成熟的人，他的作为真是令人难以置信。他晚年的全部时间都耗在了这件事上，这件事真的这么重要吗？最后，在宗教法庭上，被逼无奈之下，他宣布放弃他的主张。实际上，他放不放弃那时已不重要，伽利略证明那些真理的论据已经有人知道了，还会被加以利用。但还有人认为，年迈的、有着理智的独立性的伽利略应该继续坚持真理，冒着生命危险去同罗马的神父和政客去争吵。但不到万不得已的时候，我不赞成他这样做。我不禁想到了我的相对论，假如我与伽利略遇到的情况一样，我会像他保卫真理那样去保卫我的相对论吗？真理比个人要强大得多，它虽然历经波折，但最后胜利的总是它。不过，我不会用性命去保卫相对论，因为它的出现就已经是胜利了。

看得出来，写这本书你一定付出了巨大的努力。当时的知识很匮乏，你却能以一种生动和令人信服的方式来重现当时人们的活动。此外，小说的背景描述也给我留下了深刻的印象。

科学家的道义责任

——1950 年 10 月给“意大利科学促进会”的贺信

1950 年 10 月第 42 次“意大利科学促进会”在卢加举行，爱因斯坦写了这封贺信。

首先，我很遗憾因为身体原因不能参加这次会议，对你们的盛情邀请，我在这里表达我最诚挚的感谢。要是健康允许的话，我是乐意前往的。情况既然如此，我就只好远隔重洋从家里给你们写这样一封简短的贺信。我不准备表达什么高深的观点。可是我要说，我们生活在一个躁动不安的时代，它的特征就是缺乏明确的目标，因此，仅仅表达一下我们的信念也会是有益的，尽管这些信念也像一切价值判断一样，都是经不起推敲的。

现在出现了这样的问题：追求真理是不是应该成为我们工作的唯一目标？或者说，追求真理是不是应该服从别的某些目标，比如服从一些“实用上的”考虑？这个问题不能根据逻辑来作出决定。可是，不管我们作出怎样的决定，只要它是发自内心的，它就会对我们思想和道义上的判断产生很大的影响。那么就让我来表达一下：我认为，追求真理的目标是众多目标之一，要是没有这个目标，一个有思想的人也会丧失对待生活积极自觉的态度。

我们追求真理的本质就在于：人一方面企图掌握众多人类的经验；而另一方面，他又总是在追求设想中的简单和经济。鉴于我们的科学知识处于原始状态，相信这两个目标能够并列存在，那只是一个属于信仰的问题。要是没有这种信仰，我就不能对知识的独立价值有如此强烈和坚定的信念。

科学家的这种态度，在某种意义上来说是一种类似于宗教的态度，这种态度对他们的整个人格也有一定的影响。因为，科学家只相信从积累的经验和逻辑的规律所获得的知识。这就导致了个人的自相矛盾的情况，他尽自己一切力量去研究客观的事物，但从社会的观点来看，他是一个极端个人主义者，至少在原则上，科学家除了相信他自己的判断以外，什么也不相信。因此我们可以作出这样的判断：个人主义与对科学知识的追求，在历史上是同时出现的，而且直到现在仍然形影不离。

也许有人会认为，这样个人主义的科学家，只不过是一种“经济人”[1]，这种人在这个世界上实际上是不存在的。可是，照我看来，如果

[1] 即只追求经济利益，没有人性的人。

历史上没有这样的科学家，那么，我们今天所知道的这种科学，就既不可能出现，也不可能保持其蓬勃的生气。

当然，并不是每一个看起来像“科学的”工具和方法的人，在我的心目中都算是科学家。我讲的科学家，只是指那些科学精神生气勃勃的人。

那么，今天的科学家对当前社会的态度又是怎样的呢？显然，使他感到自豪的是自己的工作，他们的工作淘汰了手工劳动，帮助人类彻底改变了经济生活。但另一方面，科学家又感到苦恼，因为他的工作已经落到那些当政者的手里，他的科学劳动成果也变成对人类生存的一种威胁。他又意识到，因他的工作而形成的技术方法，已经使经济权力甚至政治权力集中在少数人手里，这些人终于完全支配了群众的生活。更严重的是，经济和政治权力集中到愈来愈少的人手里，不仅使科学家在经济上依附于人，而且他们精神上的独立性也在丧失；政治对科学家在精神上施加的影响阻碍了科学家独立人格的发展。

因此，正如我们耳闻目睹的，科学家现在的命运很悲惨。他们在追求科学真理和内心独立时，付出了超乎常人的努力，但结果却制造出了那些不仅会奴役他，而且还会从内心上毁灭他的工具，由于那些专权的人的压制，他不得不委曲求全。他就像一名士兵一样，要被迫去牺牲自己的生命和消灭别人的生命，尽管他知道这种牺牲是荒谬愚蠢的。他十分明白：战争不可避免，因为历史的发展已经导致经济、政治和军事的全部权力都集中到国家政权手里。他也认识到，只有创立一个以法律为根据的超国家制度人类才能得救。可是科学家却没有这样做，他们已经堕落到这个地步：把国家政权强加给他的奴役当作不可避免的命运接受下来，心甘情愿成为毁灭人类的工具。

难道科学家真的无法逃脱这种命运吗？难道他真的必须承受这一切吗？科学家通过努力所唤醒的那个自由的时代难道真的就一去不复返了吗？当他工作时，他难道忘记了作为一个科学家的责任和尊严吗？我的回答是：一个有尊严的人，可以被消灭，但绝不可能被奴役。

如果今天的科学家能够理智地面对自己的处境和任务，并且勇敢地行动起来，那么，和平解决目前危险的国际局势的可能性就会大大增加。

用什么保证人类的未来

这是爱因斯坦为加拿大1952年的“教育周”(3月2—8日)所写的贺信。

原子核链式反应虽然不是很危险，也不会造成人类的毁灭，但是我们必须对它严加防范。技术发展到现在这个阶段，只有一个力量强大的超国家组织才能为人类提供保护。我们只有认识到这一事实，才会乐于为人类的未来作出必要的牺牲。对于这个目标的实现，我们每个人都应当有责任，最大的危险莫过于每个人都形同路人，不闻不问。

世人都看到了科学在目前所取得的巨大成就，随便看一下科学在工业上的应用，就会有这种感觉。但是科学中没有解决的基本问题，让我们不能太乐观。这正像我们坐在火车里远行一样，要是我们只低头观察靠近轨道的东西，那么我们似乎是在急速地向前奔驰，但当我们注视远处的山脉时，景色就变得完全不同了，那里似乎变化得非常慢。科学的基本问题也正是这样。

我认为我们谈论“我们的生活方式”，或苏联的生活方式，都没有什么意思。在这两种谈论中，我们说的都只是一堆传统的习惯，而它们都不是一个有机的整体。无疑，比较好的做法是提出这样的问题：哪一种制度和传统更先进，对人更有利？哪一种制度让生活更幸福，而哪一种制度增加生活的忧患？在这种选择中，我们应当尽力采用最好的一种，不管它目前是在我们这里实行的，还是在世界别处实行的。

现在谈谈教师工资问题。在健康的社会里，任何对人类有益的活动都应当得到相应的报酬，这种报酬必须确保人能过上一种像样的生活。从事任何有价值的社会活动的人，内心都是满足的，但是内心的满足不能当饭吃。教师不能用他内心的满足来让他的家庭和子女不挨饿。

消除战争的根源才是解决问题的根本

——因为原子弹问题给日本《改造》杂志的声明

1952 年 9 月 15 日，日本《改造》杂志的主编给爱因斯坦寄了一封信，在信中他提出了四个问题：

“一、当您看到一些反映原子弹的毁灭性后果的照片时，您是怎样想的？二、原子弹有着巨大的威力，您对此是怎么看的？三、许多科学家都预言，下一次的世界大战肯定是一场原子弹战争。这将造成全人类的毁灭，是吗？四、既然您对原子弹如此灾难性的破坏后果是清楚的，那您为什么还要参与原子弹的制造呢？”

在原子弹的制造过程中，我自始至终仅参与了一件事情，就是我写了一封信给罗斯福总统。在那封信中，我强调的确有必要进行多次试验从而实现原子弹的制造。

我非常清楚，如果这些实验成功了，的确会给我们人类造成可怕的结果。不过，我也知道采取这一步骤是必要的，因为从当时的情况看，德国人也在进行着原子弹的研究工作。

尽管我是一个爱好和平的人，但那时我只能那样做，没有其他任何的办法。

我认为，在战争中杀人无异于平常的谋杀，但是只要我们有共同的决心，用行动来消除战争，并且有法律为根据，通过和平谈判的方式来寻求解决争端和利益的办法，那么他们就会认为战争没必要了。各国由于害怕别人在军备竞赛中抢先一步，就会想尽办法制造哪怕是最可恶的武器。这样一条途径只能导致战争行为，而今天的战争无异于人类的自我毁灭。

因此，反对制造原子弹并不是最好的方法，解决问题的唯一途径是消除战争和战争的威胁。这也是我们为之努力的最终目标。我们需要有足够的决心来抵抗一切违反这个目标的行为。这对于我们任何一个意识到自己是社会的一分子的个体来说，是一个严峻的要求。我认为，通过我们的努力完全可以做到。

我们这个时代最伟大的天才和骄傲——甘地，他已经给我们指明了前进的方向。甘地证明，人类为了找到正确的途径，能作出巨大的牺牲。甘地为印度的解放所做的工作证明了这样的事实：毅力是由坚强不屈的信念支撑起来的，这种毅力比那些物质力量更胜一筹。

西方科学的基础与古代中国无缘

这是 1953 年 4 月 23 日，爱因斯坦写给 J.S. 斯威策的信。

在欧几里得几何学中，希腊哲学家发现形式逻辑体系；在文艺复兴时期，发现通过系统的实验能找出因果关系。这两个伟大的成就就是西方科学发展的基础。

不过，中国的贤哲没有走这两步倒不令人惊奇。我惊奇于这一发现。

法律和良心，谁更权威

美国宾夕法尼亚州费拉得尔斐亚市一个人写信给爱因斯坦，说美国最高法院的法官道格拉斯发表了一个声明，反对爱因斯坦经常强调的一个观点：人的良心比现行法律有更高的权威性。这个人搞不清楚，于是问爱因斯坦。这是爱因斯坦于 1955 年 2 月 21 日写给这个人的回信。

由于无法对所有公民作出具有普遍约束力的决定，所以关于人的道德方面的问题，“正规的学校教育”所起的作用是不会很大的。

我以为道格拉斯法官（最高法院法官）的观点是，政府只能迫使本国公民来遵守本国的法律，对那些境外的居民却无能为力，这也是其他法官的立场所决定的。

但对我而言，我则从作为个人的立场来作出选择，我相信那些有良知的人是根据自己的良心行事的，在他们义无反顾的行动中，他们甚至不会考虑他们的行动会触犯法律甚至被判刑。

我对上面这一道德观还是比较赞同的，而且我个人以为，对那些我们个人所认定的不道德的国家法律的盲从，也在一定程度上阻碍了我们为改变这一法律所进行的斗争。

为什么建议制造原子弹

——1955 年 3 月 19 日给冯·劳尔的信

这是爱因斯坦再次重申开展原子爆炸研究的动机，并进一步阐明原子弹实际起的作用。

由于之前考虑到希特勒很有可能会首先拥有原子弹，所以我才在由西拉德起草的给罗斯福总统的信上签了字。倘若之前我知道自己是多虑了，我也会同西拉德一样，不会碰这潘多拉盒子[1]。我不只是对德国政府不信任，对其他国家也同样不信任。

对于自己没有参加反对向日本使用原子弹的活动，我感到很遗憾。詹姆斯·弗朗克[2]曾经参与了这一活动，他是应该享受这一荣誉的，遗憾的是国家没有采纳他们预见性的建议。

[1] 指罪恶的来源。

[2] 詹姆斯·弗朗克（1882—1964），德国物理学家，犹太人，希特勒上台后流亡到美国，坚决反对向日本投放原子弹。

第四篇

悼念科学界的朋友

- EINSTEIN'S OWN WORDS -

悼念恩斯特·马赫

1916年3月14日，为了悼念去世不久的马赫，爱因斯坦写下这篇文章。恩斯特·马赫，奥地利物理学家、心理学家和哲学家。

前不久，恩斯特·马赫去世了。他是一个奇特的人，具有罕见的独立判断力。在认识论上，他对当代自然科学家的倾向有着极大的影响。他是如此强烈地喜爱观察和理解事物，以至于他在年老的时候，没有什么别的要求，只愿以孩子般好奇的眼睛继续窥视着这个世界，他能从中得到乐趣。

然而他明明是一位才华横溢的自然科学家，为什么会关心认识论呢？在他自己的专业领域里，难道没有有价值的工作可做吗？这样的议论，我经常听到，我的一些同行就说过。其实，有许多人一定也抱有同样的想法。但是，我不同意这种看法。在我教书的时候，我见过一些很有才能的学生，他们不仅有独立的判断能力，而且对问题的反应也很快。我可以肯定的是，这些人乐于进行关于科学的目的和方法的讨论，他们对认识论都是极为关心的。这个课题对他们来说极为重要，这一点，在他们为自己的观点作辩护时就能清楚地看出来。

如果你是这门学科的新手，你一定会问这样的问题：我现在所献身的这门学科，一般的研究结果究竟在多大程度上是真的？它的哪些东西是本质的，哪些则只是发展中的偶然的东西？我们为什么要研究这门学科，以及这门学科能给我们带来什么？

我们在评价马赫的功绩时不应该提出这样的问题。对一些普遍性问题的想法，马赫所想到的都是前人没有想到过的。性格坚强的人，总是一次又一次带着我们走向这种真理，而且他发现的真理总是适合当前社会的需要，给人类带来了方便。如果没有像他这样的一类人，真理就会被我们遗忘，我们整天都活在愚昧之中。因此，要回答下面这样不是十分重要的问题是很困难的："和其他学科相比，以一般的认识论观点而言，马赫同斯图亚特·弥耳[1]、基尔霍夫[2]、赫兹[3]、亥姆霍兹[4]等人的主要区别在哪里？""马赫教了我们什么，哪些是培根和休谟根本没有过的新东西？"事实上，我们这一代自然科学家都受到马赫的巨大的影响。在他的批判著作中，他注意各门学科的成长，以深切的感情追踪这些领域中起开创作用的研究工作者。我敢打赌，反对马赫的那些人自己都不知道自己在用马赫的方式思考。

依马赫的观点来看，科学就是观点和方法，是我们逐步摸索出来的，它把我们感觉的内容加以比较和排列。因此，按照这个理论，物理学同心理学的区别，在于把材料排列和联系起来的观点不同，而不在于它们的对象不同。摆在马赫面前的是这样一个重要课题：这种排列是怎样逐一完成的？答案需要他来解答。通过对这个课题的研究，就产生了抽象的概念和联系这些概念的规律，概念和规律被确定后，一起构成一个排列的纲目。在这个纲目中，可以把需要排列的东西清楚地排列起来。按以上所说，可以知道，只有在概念同这些事物对应起来的观点能够显示

[1] 英国哲学家和经济学家，代表作品有《推理的和归纳的逻辑体系》、《论自由》。

[2] 18世纪德国物理学家。他发现了"基尔霍夫定律"、"基尔霍夫第一电路定律"和"基尔霍夫第二电路定律"，被称为"电路求解大师"。除此以外，他在化学和光学方面也有巨大的贡献。

[3] 德国物理学家，他的主要贡献是证明了电磁波的存在，为了纪念他发现电磁波，将频率的单位命名为赫兹。现在的国际单位仍在沿用。

[4] 德国物理学家、生理学家。他是赫兹的老师，他的主要贡献是发现了"能量守恒定律"，电磁学的奠基人之一。

出来的时候，概念才有其意义。

马赫的贡献极大，他的研究满足了当时哲学的某种需要。但一些积习很深的专业科学家认为，这种需要是多余的、完全不必要的。在排列事物时，这种被证明是有用的概念很容易使我们忘记了它们的世俗来源，给我们造成一种权威性，而把它们当作某种既定的、一成不变的东西。如果是这样的话，我们的思维就被禁锢了。在很长一段时间内，在科学前进的道路上，我们常常因为这种错误而走弯路。因此，那些流行已久的概念是值得分析证明的，它们是怎样从经验所给予的东西中产生出来的，它们的正确性和适用性都依据什么条件，这绝不是什么穷极无聊的游戏，这样做可以戳穿它们过大的权威性。如果证明它们是不合理的，它们就将被抛弃；如果能建立一个新的优越的体系，那么就用别的概念代替它们；如果它们同所给定的东西之间对应得过于不严谨，它们就将被修改。

在那些过分专注于具体事物的专业科学家看来，这样一种分析是可笑的、多余的、言过其实的。但当一门科学的发展需要用一个更加严格的概念来代替一个惯用的概念时，他们就不觉得好笑了。那些从未认真对待过这些概念的人，会抱怨说这是对最神圣遗产的威胁，严词发出抗议。甚至一些哲学家也会做出这样的抗议，他们认为，经常用的这个概念是不可替代的，并宣称这个概念是不可改变的。

我这么说，读者一定能猜到，空间和时间学说以及力学中的某些被相对论修改了的概念。那些认识论的理论家们，为相对论的发展铺平了道路，这一点没人能够否认。认识论对我也有极大的影响，特别是从休谟和马赫那里，我直接或间接地受到很大的启发。请读者打开马赫的著作《力学及其发展的批判历史概论》的第二章，看看第 6 节（牛顿关于时间、空间和运动的观点）和第 7 节（牛顿观点的概括性批判）中所陈述的论断。那些当时还没有成为物理学家的公共财富的思想，当时的马赫就成功地表达出来了。这些部分因为和引证牛顿的地方连在一起而格外引人入胜，下面选了牛顿的一段对话：

牛顿："由于绝对的、真正的和数学的时间的本性，它均匀地同任何一种外界事物无关地流逝着。这种时间又称为'期间'。"

"期间的一种可感觉的、外部的、精确的，或者是变化着的量度就是相对的、感观的和通常的时间，人们通常用小时、日、月、年等量度来代替真正的这种时间。"

马赫："……如果有一事物 A 随时间在变化，那么只能说事物 A 的状态与另一事物 B 的状态有一定关联。假设钟摆的运行与地球所处的方位和地点相关，那么它的振动情况肯定和时间密不可分。在观察钟摆的时候，我们用不着去考虑它同地球位置的相依关系，但可以拿任何别的事物同它做比较……这样的话，就会得出这样一个结论……事物随时间所发生的变化是我们无法度量的。也可以这样说，时间是一种抽象，是我们从事物的变化中所得到的。不过，我们没有必要只依靠一种确定的量度，因为一切都是互相联系着的。"

牛顿："绝对空间永远是等同的和不动的，这是由它的本性以及它同外界事物无关决定的。

"相对空间是前者的一种量度，也可以说是其可动的部分，通过它对其他物体的位置，它被我们的感觉指示出来，通常我们是把它当作不动的空间。"

接着，是同它们相应的"相对运动"和"绝对运动"等概念的定义。比如：

"背离运动轴的离心力是把绝对运动和相对运动区别开来的有效原因，这样的力在单纯的、相对的圆周运动中是不存在的。然而，这种力在真实的、绝对的圆周运动中是存在的。这种力究竟是大还是小，那就要看（绝对的）运动量的情况。"

接下去有个实验应当作为上述论断的直观依据，那就是著名的水桶实验。

对这观点的批判，马赫是很有意思的。从这些批判的话中，我选了一些特别精辟的片段："假如有一个物体K，它只能由另一物体K′的作用而改变它的方向和速度，那么，其他物体A，B，C……是用以判断物体K的运动的，当它们都不存在的时候，我们根本得不到这样的认识。实际上，我们认识到的只是物体K同A，B，C……的一种关系。如果我们现在要谈论物体K在绝对空间中的行为，突然忽略A，B，C……那么，我们就会犯双重错误。第一，物体K将怎样行动，在A，B，C……不存在的情况下，我们是不知道的；第二，因此，我们没有任何方法可以判断物体K的行为，更无法验证我们的论断。所以，这样的论断就没有任何自然科学的意义。

"只有在相对于别的物体A，B，C……时，一个物体K的运动才能被加以判断。我们总是有一些位置变化得很慢，或者数目上足够多而彼此相对静止的物体可供使用，所以，在这里，我们能够有时忽略这一物体，有时忽略那一物体，而不一定要去指定一个特定的物体。如果是这样的话，你也许会有这个想法：这些物体都是一样的。

"牛顿用转动的水桶所做的实验告诉我们：一只桶里有水沿着桶壁转动，相对的转动并没有引起显著的离心力，而水对地球的质量和其他天体的相对转动却产生了离心力。如果把桶壁不停地加重、加厚……当到达几千米厚的时候，那这实验会得出什么样的结果，就没有人能说出来了……"

从这些摘录的话中可以看出，当时的马赫清楚地看到了古典力学的缺点和不足，而且他的观点很接近广义相对论，但他的观点在半个世纪之前就出现了！假如在马赫的青年时代，精力充沛的他也许会发现相对论，这并不是不可能的，可惜的是，光速不变的重要性在当时还不重要。在没有麦克斯韦—洛伦兹电动力学的刺激下和马赫的批判要求下，给那些发生在不同地点的事件的同时性下个定义还不那么必要。

他的思想同普遍意义的相对性（加速度的相对性）要求很接近，这个从他对牛顿实验的看法就可以知道。在这里，他还没有充分意识到一个物体的惯性质量同引力质量是相等的，这就要求，我们的研究要进入更广泛意义上的相对性假设。因为，一个物体相对于一个坐标系的降落，我们还不能用实验来判断它究竟应当归因于坐标系的加速状态还是引力场的存在。

从马赫的思想发展来看，他是一位勤奋的、有着多方面兴趣的自然科学家，而不是一位把自然科学选作他的思辨对象的哲学家。对于他来说，人们普遍不注意的、焦点之外的细节问题是他的研究对象，他研究那些东西时感到愉快。关于这一点，许多人和在他身上发生的许多事都可以证明。在他的一些实验研究中，人们最熟悉的还是关于子弹所产生的那些声波的研究。这些研究显示出他非凡的实验才能。在这项研究中，他根本没用什么新的思想，所用的都是一些基本思想。子弹在超声速运动的时候，它周围的空气密度是如何分布的，他的一些照片就是围绕这个问题而拍摄的，从而揭示出通过声音传播过程来引起光漫射的一种现象，这是前人所不知道的。对于任何一个能从物理事物中取得乐趣的人来说，对马赫在这方面的通俗解释都会感到亲切愉快。

马赫的哲学研究仅仅是从一种愿望出发，把毕生所从事的各个不同科学部门理解为一种统一的事业。他认为，一种把作为元素的单个经验排列起来的事业就是科学，他称这种作为元素的单个经验为“感觉”。马赫是一位有素养的、慎重的思想家，那些并未仔细研究过他的著作的人，因为他使用了“感觉”这个词，常常把他看作一个哲学上的唯心论者和唯我论者。

人们在读马赫的著作时会很舒畅，那些精辟的、恰如其分的话语被马赫自然而轻松地写下，读者明显能感觉到他是快乐地写下这些句子的。在他的著作里，谈到人的一般的问题时，字里行间总是闪烁着一种善良的、慈爱的、怀着希望的喜悦的精神；再加上他美好的风格给人以理智上的满足和愉快，所以，他的作品才吸引人反复阅读。当时的民族狂热病很疯狂，他的这种精神使他不受当时时代病的影响。在他的通俗文章《关于飞行抛射体的现象》的最后一段里，他表达了各个民族能相互交流、相互了解的愿望。

悼念卡尔·施瓦兹希耳德

这是爱因斯坦在普鲁士科学院作的会议报告。卡尔·施瓦兹希耳德，德国天文学家和物理学家。

今年5月11日，年仅42岁的卡尔·施瓦兹希耳德逝世了。他是一位才华横溢、学识高深的科学家，他的不幸离世是我们科学院、天文学界、物理学界以及所有朋友们的巨大损失。

在理论工作中，施瓦兹希耳德对数学研究方法的运用特别使人感到惊讶，他很有把握地用这种方法便捷地理解天文学问题或物理学问题。他把深刻的数学知识和那种思维的灵活性以及正确的想法相结合，这是很少有人能做到的。正是有了这些优势，在他研究的那些数学领域中，他才能够完成一些重要的理论工作，而这些工作是别的研究工作者不敢做的，因为他们被其中的数学难题吓住了。他的创作动机，不是为了认识自然界中尚未被发现的关系，而是兴趣——发现数学概念之间精美的联系后的喜悦之情。他的最初理论工作属于天体力学，和任何其他精密科学部门的基础相比，在更大程度上，这个知识部门的基础被认为是已经完全建立起来的。我在下面会提到他的这两篇论文里的内容，一篇是关于三体问题周期解的论文，另一篇是关于彭加勒的转动液体平衡理论的论文。

关于星体统计学的研究是施瓦兹希耳德最重要的天文学论文的一部分。星体统计学是一门通过对恒星（包括太阳在内）的亮度、速度和光谱类型的观测整理出资料进行统计，看看有什么规律性，进而确定这些巨大的天体构造的科学。冯·凯普泰因曾在这个领域新发现一种规律，这个规律也靠施瓦兹希耳德来进一步深化和发展。

施瓦兹希耳德在理论物理学方面有着深刻的知识，用这些知识，他很好地研究了太阳理论。他的研究得到了科学家们的赞扬，特别是关于太阳大气的力学平衡和太阳光辐射的测定过程的研究。他还有一篇优美的论文，是关于光给小球体的压力的，这篇论文也为阿雷纽斯研究彗星尾部的理论打下了基础。这项理论研究表明，施瓦兹希耳德感兴趣的不仅仅只有天文学的问题，也包括纯物理学的问题。除此之外，对电动力学基础，他也做了有价值的研究，我们应当赞扬他为此作出的贡献。在他生命的最后一段时间里，他还提出了新的引力理论，这个理论第一个做到了精确地计算引力场。尽管在他生命最后几个月里，病魔一直折磨着他，对量子论方面，他还是成功地实现了研究。

在施瓦兹希耳德的巨大理论工作中，关于几何光学的研究也占有一席之地，在几何光学的研究中，他改进了天文学上应用的重要光学仪器的误差理论。仅这一点，就可以使天文学的基本器械得到改进，这也说明，对这门科学，他作出了巨大的贡献。

理论工作和实践是分不开的，施瓦兹希耳德在这方面更是如此，他经常进行天文实践活动。他从 24 岁开始就一直在天文台工作：1896—1899 年，他在维也纳任助教；1901—1909 年，在哥廷根天文台任台长；1909 年，出任波茨坦天文研究所所长。他身为观测者，自身也是天文观测的领导人，在观测的一些天文活动的同时，也写下了一系列的论文，对这门学科的研究作出了极大的贡献。更重要的是，他还发现了新的观测方法。在这些方法中，处处都体现出他朝气蓬勃的精神。他发现了照相底片变黑的定律，借助这个定律，能够利用照相的方法来达到测量光度的目的。为对他表示纪念，这个定律就以他的名字来命名。值得一提的是，这个定律对实验物理学也有极大的用处。利用焦外像照相法来测量星体的亮度，这样的天才思想他也想到了，星体照相光度学因为这一思想，首次获得了同肉眼测光并列的资格。

这位谦虚的人，在 1912 年成了科学院院士。在科学院有限的时间里，他写出不少出色的论文，极大地丰富了科学院的《报告》。他离开了我们，但他为这门科学带来的硕果和著作会永远留在科学界。

悼念 T.A. 爱迪生

托马斯•阿耳瓦•爱迪生，美国人，著名发明家，他发明了白炽电灯泡、留声机、电影等。爱迪生生于 1847 年 2 月 11 日，卒于 1931 年 10 月 18 日。

爱迪生同我们永别了。

爱迪生是一位伟大的发明家，他的发明创造让我们的物质生活更加丰富多彩，我们应该感激他。他的那种创造发明的精神使他自己的一生，也使我们的全部生活充满了明亮无比的光辉。他留给我们的遗产，不仅是一份天才的馈赠，也是交给我们的一项使命。这个使命便是寻找正确使用这份礼物的途径，这是我们这一代人的任务。我们只有解决了这一任务，才有资格继承他的遗产，这样的继承会让我们的生活更幸福。

悼念保耳·朗之万

保耳·朗之万（1872—1946），法国物理学家和进步社会活动家。第二次世界大战期间，因参加抗德斗争被捕入狱。

保耳·朗之万去世了，在这个充满沮丧的不幸年头里，每天都有许多不幸的事发生，但这件事对我的打击最大。他受到大家的尊敬，因为他对知识问题有着敏锐的眼光。他受到人民的爱戴，因为他对高尚事业的热忱，对一切人都有宽阔的胸怀。他这长寿的一生和他充满丰硕的创造性成果是成正比的。每个人都会死，但有的人死的时候，能让人像记住艺术品一样记住他。人们一看到他就想到这个人曾经“展现出了什么样的艺术”，从这一点来看，我们还是不用太过悲伤，毕竟他留下了自己的“艺术品”。

保耳·朗之万的去世给了我十分孤独和凄凉的感觉，也让我极为伤感。无论在哪个时代，他这种人都是很少见的。带着强烈的感情和从事斗争行动的能力，他有为真正的人道而挑战的决心，对事物的本性，他有着明晰的眼光。这样一个人的逝世让残生者怎么来填补他所留下的空隙？

朗之万具有非凡的明确性和敏捷性，特别是在科学思考方面；而对于关键问题，他同时又有一种可靠的直觉眼力。对好几代的法国理论物理学家来说，这些品质使得朗之万的讲课对他们产生了决定性的影响。

关于实验技术，朗之万也知道得很多，他的批评和建设性的建议总能引导着研究者们走向成功。在磁学和离子理论的领域里，他独创性的研究工作也决定性地影响了科学的发展。由于他的任务多（他总是自愿承担任务），限制了他自己的研究工作，这使得在别的科学家的著作中，出现他的劳动成果要比在他自己的著作中还要多。

我认为，要不是我已经发展了狭义相对论，那毫无疑问，他一定会把它发展起来的。因为，狭义相对论的本质已经被他掌握。德布罗意的观念经过薛定愕的发展，成了波动力学的方法，但这个方法还没有成为统一的理论，令人可佩的是，这些观念的意义，他那时就已估计到了。我还记得，他满怀着喜悦和兴奋，把这件事告诉了我。当时的我带着犹豫和怀疑，听取了他的意见。

朗之万的一生是痛苦的，因为他看到我们的社会制度和经济制度是不平等的，是有缺陷的，但他还是坚信知识和理性的力量。他心地纯洁，为了理性和正义的光辉，他随时准备自我牺牲。理性带给他光明和解放，理性就是他的信念。促进全人类的幸福生活，是他一直以来的愿望；这个愿望，也许比他为纯粹知识启蒙的愿望还要强烈。在知识启蒙方面，他花了很多的时间和精力。一个有社会良心的人求助于他，他从来不会让人空手而回。也正因如此，许多比较无聊的知识分子，对他这种道义上的伟大有着刻骨的仇视。由于他的好心肠，他从不怀恨任何人，完全谅解了他们。

我为自己能认识这样一位纯净洁白、光明正大的人物感到由衷地高兴。

悼念麦克斯·普朗克

麦克斯·普朗克，德国物理学家，1948年4月逝世，这是爱因斯坦在他的追悼会上宣读的悼念词。

他的伟大在于他用创造性的观念造福于世人。就算后人不赞扬他，他的成就本身也已经给了他最好的报答。

从世界各地来了许多追求真理和知识的代表，今天，他们聚集到这里。这是有必要的，这是一件好事。在这个政治狂热和充满暴力的时代，人民时刻在忍受着恐惧和痛苦。即使是在这样的时代，大家能来到这里，就说明我们依然在追求着真正的理想。这种理想像一条纽带，永远联结着一切时代和一切地方的科学家。这种理想，在麦克斯·普朗克身上体现得非常完美。

物质的原子论性的本质最早由希腊人提出；十九世纪，关于这个概念的近真性，科学家又把它提到了很高的程度。但是，普朗克的辐射定律，第一次准确地测定了原子的绝对大小。除此之外，他还准确地指出：还有一种能量的原子论性结构，它受普适常数 h 支配，它在物质的原子论性结构以外，普朗克引进了这个常数。

整个二十世纪物理学研究的基础，就是普朗克的这一发现。假如没有这一发现，那分子、原子以及支配它们变化的能量过程的有用的理论就不会成立。因此这个发现完全决定了物理学的发展。这一发现打破了古典力学和电动力学的整个框架，并给物理学提出了一个新问题：全部物理学概念的基础是什么，尽管对这个问题已经取得了一些进展，但离彻底解决这个问题还有很长的路要走。

为了纪念这个人为纯粹知识所作的自由研究，并向他表示敬意，美国科学院希望，以后这样的人将不会受到阻碍和迫害。

悼念贝索

1955 年 3 月 21 日，爱因斯坦给 M. 贝索的儿子和妹妹的信。

感谢你们对我的好意，收到你们的信，我知道了米凯耳这些沉重的日子是怎么过的。他一生的生活是和谐的，一般很少有人能同时拥有和谐生活的天赋和敏锐的才智，但他却兼而有之。多年来，他能够做到同妻子过着安静的生活，而且始终协调一致，这是令我最佩服的，我结了两次婚，可惜的是，两次我都没有做到这一点。

在苏黎世求学的年代，我们认识并成为朋友，那时在音乐晚会上，我们经常见面。他年纪比我们大一点，常常鼓励我们。他见闻广博，兴趣极为广泛，没有什么是他不想知道的。不过，他对批判的哲学最感兴趣。

后来，我们一起在专利局工作。我们一起下班，途中的谈话海阔天空，引人入胜，外面的世界好像和我们无关。后来，我们不在一起了，便通信联系，但信件远远表达不了我们的感情。有时候，看他的信总感觉好像漏了什么，因为他的笔跟不上他天马行空的思想，写着写着就转移了话题。

现在，他先我一步离开了这个离奇的世界。生老病死，这没有什么可说的。过去、现在和未来之间的分别，对于我们有信仰的物理学家来说，只不过是一种顽强的幻觉意义而已。

第五篇

发表的文章

- EINSTEIN'S OWN WORDS -

我对反相对论公司的答复

这是1920年8月27日，发表于《柏林日报》的声明。这是爱因斯坦针对一个反对自己的演讲所做出的回击。

我首先要指出的是，得出相对论基于的那些事实都是无可争辩的。我至今还没听说过有哪位科学家怀疑相对论是遵循逻辑建立起来的。当然了，我指的这些科学家是指在理论物理学中作出过贡献或者取得过成就的人。他们都是当代最伟大的物理学家，其中有H.A.洛伦兹、M.普朗克、索末菲、劳尔、玻恩、拉摩、爱丁顿、德比杰、朗之万、勒维—契维塔等。就我所指，这些人都是相对论的坚定支持者，同时他们也对这一理论的建立贡献了自己的力量。要说有影响的人物中有谁反对相对论，我只知道勒那德。尽管我很钦佩这位伟大的物理学家，但是我必须要说他只是在实验物理学方面精通而已，对于理论物理学他几乎一窍不通，也从没取得过什么成绩，就连他反对广义相对论的那些问题也十分幼稚，我甚至觉得没有必要给他作答复。

我不喜欢为相对论大吹大擂，甚至有些厌恶。但没想到我的这种沉默居然也被人当成是反对相对论的理由。凭良心说，我在生活中注重的是遵循客观的规律和事实。我厌恶夸夸其谈，无论是关于相对论还是关于我自己。不过，当作一种玩笑来说还是可以的。我就时常开这种玩笑来嘲笑我自己。现在，我想给那些反对相对论的大人们提供一个机会。

……

后来我注意到了，在我提出建议之后，在瑙海姆举办的科学家集会[1]的组织者就安排了一个关于相对论的讨论。无论是谁，都可以去那里提出自己对相对论的反对意见，把这些意见在一个科学家的集会上展示给大家。[2]

什么是相对论？
——“时间、空间和万有引力”

这篇文章最早见于伦敦的《泰晤士报》1919年11月28日版，原题为“我的理论”。1919年5月29日，地球上发生了一次日食。当时，英国皇家天文协会的两支观测队分别在巴西的索布拉尔和西班牙的圭那亚海岸附近的普林西比岛，观测到太阳附近的恒星发生了位移。这当然是不可能的，唯一的解释就是恒星发出的光在到达地球前发生了偏转，这种偏转正是太阳的引力引起的。这个发现给了爱因斯坦的广义相对论一个得以证明的机会。

我非常高兴《泰晤士报》能给我这样一个机会，让我写一点我的相对论。我已经有很长时间都跟学术界的人士断绝联系了，现在有这样一个机会，这令我很感动，借此机会，我要对英国天文学家和物理学家表示感激。

[1] 这个集会是在哥廷根附近举办的。1920年9月，在这里举行了“德国自然科学家和医生协会”的年会。勒那德在年会上，毫不掩饰自己反犹太人的情绪，对爱因斯坦进行了恶毒的攻击。爱因斯坦当即给予了反驳。

[2] 爱因斯坦这一举动引起了很多朋友的关注和震惊，有人写信责备他，比如他的挚友保耳·埃伦菲斯特。也有人表示支持。例如，在1920年8月25日，冯·劳尔、能斯特和鲁本斯就联名在柏林各大报纸上刊登了一个声明，公开表示对爱因斯坦的支持。

战争时期，你们国家的一些著名科学家为了验证一个在敌国完成并发表的理论，甘愿耗费很多的时间和精力，而且你们国家的科学事业单位还会付诸大量金钱支持，这完全是由你们国家的科学工作方面伟大而光荣的传统决定的。虽然太阳引起光线的弯曲是一件客观存在的事实，但对我的英国同行们，我还是要表示我最衷心的感谢。因为如果不是他们进行了那次探测工作，我估计在我在世的时间里，我是很难看到我的理论中最重要的部分得以证明。物理学的理论分为很多种，其中最多的就是构造性。这种构造性从最简单的形式体系开始，为比较复杂的现象描绘一幅图像。分子运动论就是最好的例证，它认为机械的、热的和扩散的过程都是因为分子运动的结果。当我们认为，我们已经成功把一大堆自然过程了解得很清楚了，那么我们也就是在说：已经建立了概括这些过程的构造性理论。

另外，还有一类重要的理论，这就是“原理理论”。这种理论不使用综合法，而采用分析法。它们是从经验中发现自己的基础和出发点的，没有采用假说构造。它们是一类原理，也是自然过程的普遍特征。这些原理还必须依据数学形式，才能给出各个过程或者它们的理论表述方式。热力学正是做了这项工作，它利用分析方法，从不能存在的永动机出发，导出了满足各个事件成为可能的必然条件。

构造性理论和原理理论各有特点。前者在解释事件时，完备、适应性强而且明确；而后者逻辑完整，基础扎实。相对论正是属于原理理论范畴。

要了解相对论的本性，首先必须要弄清楚它所根据的原理是什么。在我具体讲相对论之前，我必须先告诉大家，相对论具有相反的两大块儿，有点像一座两层的建筑，即狭义相对论和广义相对论。狭义相对论是广义相对论的基础，几乎适用于一切物理现象，但要把引力排除在外；而广义相对论则正好拓展了狭义相对论，提出了一种引力定律，还指出了它与自然界其他力的关系。

从古希腊时代起，我们就知道：要描述一个物体的运动，不能单独地描述它，必须得借助一个参照物，这就需要我们找到适合做参照物的另外一个物体。描述一辆车的运动状况，需要以地面做参照物；而描述一颗行星的运动，那就需要以所有可见恒星为参照。在物理学中，能在空间上为一个事件做参照的事物就是坐标系。如果没有坐标系，伽利略和牛顿的力学定律是没有办法用公式表示出来的。

为了使力学定律有效，对坐标系的选择必须慎重，即要求它必须没有转动和加速度。在力学中，一般把这种坐标系叫“惯性系”。力学认为，自然界不是惯性系的运动状态唯一的决定因素。我们还需要知道这样一条定理：如果一个坐标系对一个惯性系做匀速直线运动，那么这个坐标系也一定是一个惯性系。“狭义相对性原理”正是推广了这个定理，把所有的自然界事件都包含在内了，也就是说：自然界的那些普遍规律，只要对坐标系C适用，那么对相对于C作匀速平移运动的坐标系C’来说，同样适用。

除此之外，狭义相对论还有另外一条原理：“真空中光速不变原理。”这条原理认为：在真空状态下，光的传播速度是恒定不变的，也就是说，在真空中，光速不受观测者的位置和光源的运动状态影响。物理学家都认为这条原理是正确的，因为麦克斯韦和洛伦兹的电动力学已经取得了很大的成就。

尽管有很多强有力的事实和经验为其做后盾，但从逻辑学上看，这两者似乎又是互相矛盾的。狭义相对论正好解决了这个矛盾，把两者在逻辑上做了很好的调和，因为它把经典运动学做了一定的修改，即（从物理学的观点）论述时空规律的学说。比如，除非指明两个事件是对某一坐标系而说，否则就不能说这两件事件是同时发生的；同样，描述一个东西的形状或说时钟运行得快或者慢，都必须把它们相对应的坐标系的运动状态考虑在内。

但旧的经典物理学，包括伽利略和牛顿的运动定律在内，不能解释这样的相对论运动。假如上述两条原理完全适用，那么在相对论运动学中适用的普遍数学条件，与自然规律不能相违背。这些条件在物理学必须是适应的。比如，科学家发现了飞速运动着的质点的新运动定律，这个定律已经被带电粒子的运动情况证实了。狭义相对论中有一个最重要的思想，就是物质体系的惯性质量是怎样确定的：一个体系的惯性质量与它所包含的能量有关。紧接着，我们又得出这样的结论：惯性质量越多，潜在的能量也越多。就这样，质量守恒原理在这里失去了原有的作用，而能量守恒原理在这里突显出来了。

狭义相对论其实在很大程度上是发展了麦克斯韦和洛伦兹电动力学的内容，把他们的理论更加系统地表现出来了，但结果又超出了它的范围，接下来就产生了一系列疑问：难道只有坐标系的相互匀速平移运动才适用“物理定律同坐标系运动状态无关”这条定理吗？我们的坐标系及其运动状态同自然界之间的关系到底是怎样的？在我们描述自然界的时候，如果必须引入一个随机抽取的坐标系，那么在选取时，它的运动状态就不能有什么限制条件，也就是：定律就是定律，不受选取的限制（广义相对性原理）。

下面，我来介绍一个早已被认可的经验事实，这样可以帮助我们理解这条广义相对性原理。这个经验就是：同一常数同时对物体的质量和惯性起作用（惯性质量与引力质量相等）。假设有一个坐标系对另一个牛顿惯性系做匀速转动，那么按照牛顿的观点，这个坐标系中产生的离心力就是惯性效应的结果。但事实并不是这样的，因为这些离心力像重力一样与物体的质量成正比。在这种情况下，完全可以认为这个坐标系是静止的，而离心力就是万有引力。但这一观点是经典力学所不容的。

通过以上简略的叙述，我们就明白了，要解释广义相对论，必须提出引力定律。这个想法已经被很多人做了很多工作，我们看到了希望。

不过，这条道路并不是一马平川的，仍然存在很多意想不到的困难，因为它要求我们必须把欧几里得几何放到一边。也就是说，欧几里得几何给出的物体的空间定律，对于固体在空间里的可能用到的定律并不完全适合，这就是“空间曲率”。在这种情况下，“直线”“平面”都失去了它们原来的含义。

在广义相对论中，运动学，也就是空间和时间的学说，将会与物理学的其他部分产生密切的关系。物体的几何性状和时钟的运行快慢都会受引力场的作用，而物质本身又影响着引力场。

从原理上来看，新的引力场理论同牛顿的经典理论有很大的不同，但它们的实际结果是很相近的，靠以往的经验想找到它们的区别还是有难度的。截至目前，只有以下几种情况存在依据：

（1）行星绕太阳旋转的轨道是椭圆的（有水星为例，并得到了证实）。

（2）在引力场中，光线会发生弯曲（英国人已在日食中观察到了）。

（3）大质量的星球向地球发出的光线，波长将会红移[1]（还没有事实可以证明）。

当然，如果证明了这个理论是错的，就要马上抛弃它，不能只对它进行小修小补而不从根子上做出改变。

大家要知道，牛顿的伟大工作和理论是整个近代物理学的概念基础，而且没有什么理论能够轻易动摇它，包括我的理论，他的理论在很大层面和时段内都将保有独特的意义。

科学家和爱国主义

最初发表在由伦茨和法比安编的和平主义手册《和平运动》上。

战争是国际合作和文化发展最可怕的障碍。战争让知识分子无法正常工作，年轻力壮的人疯狂地参与战争，年纪大的人变得仇恨和失望。而且，

[1] 1924年，阿达姆兹通过对天狼星伴星的观察，证明了红移现象。

战争导致国家贫困，所以，珍惜文化价值的人都应该成为和平主义者。

科学同和平主义是什么关系呢？显然，纯粹科学对于和平主义思想影响非常小。历史科学中的大多数代表人物对于和平主义事业没出过什么力。甚至有许多历史学家在大战期间奉行粗暴的军国主义和沙文主义。

自然科学与以上的历史学家不同。自然科学家和经济学家一样，容易接受和平主义，因为他们的工作必须依靠国际合作。他们知道，一旦发生战争，经济必然会遭到毁灭性的破坏。

我们最感兴趣的是科学的物质作用，而不在于它对人们思想的作用。科学技术的发展，使全世界的经济不再独立：每一次战争都能对全世界产生重大影响。如果我们对没有战争期间的这种发展的重大意义了解很深，就会要求创立一个组织，把战争遏制在萌芽阶段。

对上海的印象

这是一篇报道稿。爱因斯坦1922年底应邀到日本讲学，途中两次经过上海，受到我国文化界的热烈欢迎。

一

中国人给人最深的印象就是他们勤劳，对生活要求非常低。与印度人相比，中国人更乐观、更天真。大多数中国人肩负着沉重的负担：不管男人还是女人，每天都在辛苦劳碌着，只为了能挣到五分钱。他们没有意识到他们命运的可怕。但这对于我来说，实在是悲惨。

二

上海的访问使爱因斯坦对中国人民的生活有了一种看法。在这个城市里，欧洲人高高在上，是统治阶级，中国人则是他们的奴仆，这种差别刺激了近年来革命事件[1]的爆发。这个国家有着伟大的文明，但这个国家的人是麻木不开化的。在欧洲人眼里他们是淳朴的劳动者，但更是智力非常低劣的人群。这个劳动着、呻吟着但是顽强的民族，让爱因斯坦的社会同情心再度被唤醒了。他认为这是地球上最贫困的民族，他们苟延残喘，所受的待遇还不如牛马。

科学的国际主义

此文大概写于 1922 年，最初发表在《我的世界观》中。

欧战时，民族主义和政治狂热达到了顶点，埃米耳·费歇[2]在科学院[3]的一次会上郑重地讲道："先生们，不管你们愿不愿意承认，科学永远是国际的。"

伟大的科学家即使在国际冲突的年代也没有改变这个观点。欧战时，

[1] 指中国的五四运动。

[2] 埃米耳·费歇是德国著名的有机化学家。

[3] 指普鲁士科学院。

每个国家的大多数代表背叛了他们神圣的职责。“国际科学院协会”被解散就是一个例子。直到今天，国际的一些学术会议还不允许敌国的学者参加。政治考虑使纯粹客观性不可能存在，而没有客观性，就不可能获得伟大成就。

对于恢复知识界的健康，好心人能做些什么呢？首先要心怀道义，只要知识分子心怀怨恨，就不可能安排一次真正有意义的国际会议。心胸开朗的人还要与反对恢复科学工作者国际组织的心理作斗争。

明智的人士可以通过同志同道合的人保持密切的接触，坚定地保卫国际主义事业，为复活国际组织作出重要贡献。成功的道路是曲折的，但前途是光明的。我一直对英国同事们怀有敬意，在困难的年代中，他们始终不渝地保卫着知识分子。

无论在什么地方，个别公民的态度总是比官方的声明好得多。我希望人们记住下面这句话：元老院议员是好人，但元老院像是野兽。

我对国际组织的进展抱着极大的希望，因为经济发展非常依赖科学家的工作，甚至也包括反动科学家的工作，所以，就连这些人也会帮助建立一个国际组织。

宗教和科学

本文译自《思想和见解》，最初发表于1930年11月9日的《纽约时报杂志》。

人类的一切所作所为和脑子中所想的无非就是满足自己的需要或者

缓解痛苦。这也是了解人类精神发展不可忽视的一点。这些迫切得到满足和缓解痛苦的愿望，同时也是一股动力，推动人类向前发展。无论他人表现在我们面前的努力是怎样高大或者微小，他们背后的动力都是一样的。既然如此，那将我们引向宗教信仰的动力又是什么呢？这个问题并不是很难回答，我们只需对各种宗教稍稍了解便可以得出答案。是各式各样的情感在引导人们信仰各自的神明。比如说，在原始社会中，真正让人们全身心投入信仰的是一种恐惧大自然的情感。当时的人们不懂科学技术，对任何不了解的事情都会感到恐惧。比如大自然中的野兽，突如其来的疾病与死亡，等等。人们无法解释这些他们眼中的怪事，就虚构出了一些鬼神。这些鬼神大致模样与人差不多，只是太过邪恶，一切让人们恐惧的事情都是出自这些鬼神之手。人们自知无法对抗他，便把他供奉起来祭拜，以求能得到原谅，甚至是赏赐。由此可见，人们对这种鬼神是敬畏的，害怕的。这种惧怕代代相传，后人不仅惧怕他们，更希望他们能降福于自己。总之，这种建立在惧怕基础上的宗教，被称为惧怕宗教。这种宗教没有创教人，是自发形成的。随着信仰的加深，有一个特殊的阶层逐渐形成，他们就是僧侣阶层。僧侣们给自己的定位很独特，他们称自己能连接上天和凡间，把人们的疾苦告诉神明。这对人们来说是一个好消息，于是都纷纷供奉他们。随着时间越来越长，僧侣们管的事越来越多，并最终称霸。这时，无论是部落首领还是贵族阶级，他们为了稳定自己的统治和保障自己的特权，纷纷担任一些僧侣的职责，也可以说为了建立起一个霸权，统治者与僧侣阶层同流合污。

宗教的成因中除了恐惧还有一点，那就是社会冲动。我们的领袖，也可以说是负责人，小到父母双亲，大到国家首领，他们肯定也会犯错误。他们犯了错误之后便希望得到上天的原谅、帮助和安慰。时间一长，这种恳求得到宽恕和指引的愿望便形成了人们头脑中的上帝。这个上帝也确实如人们所想的，以宽恕人、规劝人、庇护人、惩罚人为己任。起初上帝的爱并不是平等无私的，这完全取决于信仰者的虔诚程度。在人们失望和失落的情况下他会安慰你；当人们逝去的时候，他又能保护死者的灵魂。上帝的概念和职责范围就这么逐渐固定下来。

犹太民族流传下来许多经典著作，从中可以清楚地看到宗教由原始的惧怕宗教发展到后期的道德宗教。后来，《新约全书》中也记载了许多这样的事情，并且这些事情还在继续发展。文明社会的宗教都是道德宗教，东方人便是一个很好的例子。民族进步与否的一个重要表现就是信仰是否已经由原始的惧怕宗教发展到了道德宗教。不过，说到这里很多人可能会有一种误解，那就是原始社会的信仰就全是惧怕宗教，而文明社会的信仰则全是道德宗教。这种认识是不对的，无论哪一种都不是纯粹的，都是两种模式的混合。区别在于所占的比例不同，原始社会宗教中惧怕性占的比例大，道德性占的比例小；文明社会中，道德性占的比例大，惧怕性占的比例小。这种比例的大小是随着社会文明的发展不断变化的。

无论是哪种类型的宗教信仰，它们都有一个共同的特点，那就是信奉的上帝都是在人的基础上发展而来的，都能在这些上帝的身上找到一些人类的特征。这些上帝不过是一些智慧非凡、品德高尚的人罢了。在我的认识中，宗教发展除了前面的两个阶段，还有第三个阶段。这个阶段的形势很纯粹，并且它里面的上帝不好用人来描述和形容，所以很难向一般人讲明白。我将这个阶段的宗教称为宇宙宗教感情。

自古至今，都有人感觉到人类很渺小，人类那种处心积虑想要得到某样东西的动机是那样无聊，方法是那样笨拙，完全没有逻辑和秩序可言。但是大自然或者说整个世界，却无时不透露出不可撼动的庄严和无比精密的思维。于是便有人觉得人类的生活很无趣，真正伟大的是宇宙。这些人中有人会将宇宙当作一个整体来研究。在很早的时期，宇宙宗教情感就出现了。比如在著名的《诗篇》中就有所反映。最强烈的体现这种感情的还要数佛教，叔本华在著作中很详细地描述了这一点。

这种宇宙宗教情感还影响了很多在宗教领域悟性很好的天才。他们学习和掌握这种宗教情感，他们也因此变得超凡出众。这种宗教情感不同于任何宗教，它没有什么教条，也不是以人为原型塑造出一个上帝。因此，任何一门宗教都无法将它作为本门的教义。它影响到每门每派，但是没有一门一派愿意承认它。这也就造成了许多精通此道的人有时会被认为是宗教天才，也有时会被当作是无神论者。如果用这个标准来衡量的话，德谟克里特、方济各[1]以及斯宾诺莎都是这类人。

有一个问题不可回避，那就是这种宇宙宗教情感没有明确的教义，也没有以人为原型塑造出来的上帝，那它是怎样一代代地传下来的呢？在我看来，传播这种宗教情感不是靠言传身教，而是给它创造出一个适合生长的环境和氛围。这样一来，它们自然就会在某些适合的土壤中生根发芽，茁壮成长。这也正是艺术和科学的魅力所在。

经过上面的描述，我们得到了一个关于科学与宗教关系的概念。不过这个概念同我们通常的理解有所不同。从历史发展中我们可以看出，人们坚信科学和宗教是势不两立的，理由也非常明显。一个人只要他深信事物发展中的因果逻辑，那他就不会相信有神。当然了，这种人必须是那种坚决遵循逻辑的人。这种人不需要任何形式的宗教，无论是惧怕宗教还是道德宗教。想让这种人相信主宰世界的是上帝，那是绝对不可能的，理由也不复杂：一个人的所作所为和命运轨迹是由内在的与外部的因素共同决定的，它是必然的，上帝根本就插不上手。并且上帝是人们想象中的神，他就像一根木头、一块砖那样不可能影响别人的思维和命运，甚至连自己的命运都无法掌握。有人因为科学与宗教势不两立，就说科学有损于道德，我不能接受这个观点，这种说法不公正。道德的基础是对他人的同情，对教育的关心，以及考虑到社会的需要，这里面并不包含宗教。一个人在生活中不断要求自己，约束自己只是为了死后

[1] 方济各（1182—1226），意大利人，方济各教派创始人。

能入天堂享福，或者不下地狱受罪，那也不算是有道德。

这样你就能一下子明白，为什么教会害怕科学，阻挠科学，甚至处死那些科学家。在我看来，这些科学研究背后的巨大动力便是宇宙宗教情感。这种动机并不是所有人都了解的，只有那些呕心沥血钻研科学的人，和对科学付出了极大热情的人才能了解到这股力量。由于不被大众了解，所以这股力量推动科学家做出的研究看上去远离现实生活。宇宙合理性不过是世界上理性的一点微弱反映，就是为了让人类的认知前进这么一小步，开普勒和牛顿花费了多年的时间，忍受了多年的寂寞。他们一边迫切地希望了解它，同时又对它持有坚定的信念。有些人只从是否取得了成果来看待科学研究，他们不了解真正的科学和科学家。真正的科学家忍受着来自周围的非议，但还是坚定不移地提出了自己的观点。这些观点影响到了分散在世界各地，甚至几百年后的其他科学家。只有志同道合的人，才知道迫使这些科学家忘我研究背后的动力，这个动力让他们无所顾忌越挫越勇，直至取得自己想要的东西或者让认识前进一小步。这个动力就是宇宙宗教情感。当代有位伟人说过这样一句话，我很赞同：我们所处的这个时代是唯物主义时代，这样一个时代里真正投身于宗教的便是那些伟大的科学家。

善与恶

1934 年出版的文集《我的世界观》中最初发表了这篇文章，具体写作时间不详。

对人类生活提高作出巨大贡献的人最应该受到人们的爱戴，他们拥有正确的原则。很难回答这些人是谁。为人民服务的最好方式是提高人们的思想境界，同时提高自己的思想境界。这样的标准非常适用于大艺术家，科学家当然也适用。当然，只有对真理的热情、创新思维或者独特的领悟性才能提高并且丰富一个人的思想境界，科学实验的成果是不可以的。因此，《犹太教法典》[1] 的价值不在于其知识成果。

关于财富

1934 年出版的文集《我的世界观》中最初发表了这篇文章，具体写作时间不详。

我深信，不论谁掌握财富，世界上的财富都不能帮助人类进步。引导我们具有高尚思想和行为的只有杰出人物的榜样。金钱招致种种弊端包括唤起自私自利之心。

摩西、耶稣或者甘地还揣着卡内基 [2] 的钱包，这有谁能想象？

[1] 《犹太教法典》是一部汇编了犹太教的各种教义和律法文献的法典。
[2] 卡内基（1835—1919），美国钢铁大王，垄断着美国的钢铁工业。

社会和个人

1934年出版的文集《我的世界观》中最初发表了这篇文章，具体写作时间不详。

我们的生活和工作都同别人的存在密切联系在一起。我们像群居的动物一样自然地生活。我们吃的粮食、穿的衣服、住的房子都是别人提供的。别人传授给我们大部分的知识和信仰。语言使我们的智力高于高等动物，因此，我们应当承认，生活在人类社会中的事实，才使我们胜过野兽。生下来就离群独居的人，他的思想和感情中保留着巨大的原始性和兽性，这种原始性是我们难以想象的。社会决定个人之所以成为个人，以及他的生存的意义。

一个人对人类利益有多大的贡献决定他对社会的价值。但完全以社会品质评价一个人的价值，这样的一种态度还是错误的。社会的一切价值——物质、精神和道德方面的价值和成就，比如交通设施、栽培食用植物、通信设施、科技发明等，都是过去无数世代中许多有创造才能的个人所取得的。

人才的思考不仅能为社会创造新价值，还能为人类建立起新的道德标准。就像要是没有肥沃的土壤，植物就不可能正常生长一样，要是没有能独立思考和独立判断的个人，社会的发展就不可想象。

因此，社会的前进取决于个人的独立和个人与社会密切的结合。有人这样说过：个人的突出造就了希腊—欧洲—美洲文化，尤其是意大利文艺复兴时的百花盛开。这是正确的！

我们这个时代是怎样的一种情况呢？个人怎么样？欧洲今天的人口大约是一百年前的三倍，文明国家的人口比以前稠密得多，但人群中优秀人物的数目却不可思议地减少了。因为创造性的贡献为群众所知的个人很少，取而代之的是组织，这在技术领域和科学领域里表现得特别突出。在艺术界出色人物更是惊人的缺少。绘画和音乐失去了对群众的吸引力。政治上缺乏领袖，而且公民的独立精神和正义感也大大衰退了。建立在这种独立性上的民主议会制度，在很多地方已动摇了；独裁制度已经兴起，并且被容忍了下来。任何国家的报纸能在两个星期内把麻木的群众煽动到一种癫狂的状态：人们为政治人士的肮脏目的穿上军装，前去厮杀。在我看来，人类丧失尊严的最可耻的症状无疑是义务兵役制。我们的文明很可能不久就要走下坡路。但我不是这样的一个悲观论者，我有以下的理由相信更美好的时代就要到来了。

我认为，经济和技术的发展严重损害了个人的自由发展，这是目前社会衰落的原因。但从另外一方面说，技术的发展意味着个人的生活越来越轻松，社会分工会使个人的物质生活得到保障。这种保障为个人提供了充足的时间和持久的精力，这些条件可以用来发展人的个性。这样，我们有信心相信社会可以恢复健康，目前狂乱的社会是由有野心的人类造成的，它完全是由于文明进步得太快所造成的——未来的历史学家会作出这样的解释。

我的世界观

这篇文章最初发表在1930年10月出版的《论坛和世纪》上。

人的命运是多么奇特呀！我们每个人的生命都是那样的短暂。尽管我们有时对此会有所感悟，但我们的确不知道目的何在。但是，日常生活给了我们答案：人是为别人而生存的——首先是为我们的亲人，然后是我们不认识的人，同情将他们的命运同我们密切结合在一起。我时刻提醒自己：我必须尽力为人类作贡献，因为我的精神生活和物质生活都依靠着别人（包括生者和死者）的劳动。我强烈地向往着俭朴的生活，并且难以忍受自己占用了周围人过多的劳动。我认为以暴力来划分阶级是不合理的。我也相信，简单淳朴的生活对每个人的身体和精神都是有好处的。

哲学意义上的自由是不存在的。每一个人的行为，不仅受着外界的束缚，而且还要受到内心的指导。叔本华说:"人虽然能够做他所想做的，但不能要他所想要的。"从青年时代起，这句话对我来讲就是一个真正的启示；在我自己和别人生活面临困难的时候，它总是给我安慰，让我宽容。这种体会不仅可以防止我们挑剔自己和别人，能减轻压力，还能产生一种豁达的人生观。

询问一个人或一切生物生存的意义或目的是愚蠢可笑的。可是每个人都有促使他努力和决定他作何选择的理想。在这个意义上，我把安逸和享乐看作是猪栏的理想而不是生活目的本身。真、善、美是我人生的指向灯，它们不断地给我新的勇气去愉快地正视生活。在我看来，如果没有志同道合者之间的亲切感情，生活便是空虚的。我总觉得人们努力追求的庸俗的目标如财产、名气都是可鄙的。

我强烈的社会责任感和我对别人的淡漠态度形成鲜明的对照。我不完全属于我的国家、我的家庭和我的亲人，我确确实实是一个“装在套子里的人”。我越来越感觉到人与人之间应该有一定距离并且个体需要保持孤独。同他人保持适当的距离是很有必要的。这样的人虽然有点难以理喻，也不讨人喜欢，却能够不为别人的意见、习惯和判断所左右，并且能够坚持主见。

我的政治理想是民主。我希望社会里的每一个人都受到尊重，而不是成为崇拜的偶像。由于命运的嘲弄，我受到了人们过分的赞扬和尊敬，这不是我想要的。我受人追捧的原因大概在于人们想理解我获得的几个观念。我完全明白，个人的作用是一个组织实现它目的的前提。但是领袖应该由被领导的人来选择，并且被领导的人不应受压迫。在我看来，暴力招引来的总是一些乌合之众，专制制度很快就会分崩离析。自古以来，暴君都是流氓和无赖。就是这个缘故，意大利和俄国的那种制度应该被人们唾弃。欧洲今天所存在的民主形式受到怀疑，这不能归咎于民主原则本身，而是由于政府的不稳定和选举制度忽略个人造成的。我相信美国在这方面已经找到了正确的道路。他们选出了一个任期足够长，有充分权力来真正履行职责的总统。另一方面，我看重德国的政治制度[1]中为救济底层人民作出的严格规定。在丰富多彩的人生中，我觉得人格是真正可贵的；群众在思想上和感觉上总是迟钝的，只有少数人才能创造出高尚的和卓越的东西。

群众生活中的军事制度最使我厌恶。我鄙视一个人扬扬得意地在四列纵队里行进。单单一根脊髓就可满足他的全部需要了，只是出于误会，

[1] 指“二战”前德国的“魏玛共和国”。

他才长了一个大脑。文明国家应当尽快消灭这种罪恶行为。我深恶痛绝由命令而产生的暴行，以及在爱国主义名义下进行的一切可恶的胡闹！战争是多么卑鄙、下流！我至死也不愿参与这种可憎的勾当。[1]尽管如此，我仍然相信，只要人民的健康感情没有被破坏，那么战争迟早会绝迹。

奥秘是我们所能有的最美好的经验。体验不到奥秘的人没有惊讶的感觉，他们无异于行尸走肉，看不清周围世界。奥秘的经验产生了宗教。真正的宗教情感便是：我们认识到有某种看不到的东西存在，感觉到那种最深奥的理性和最灿烂的美；在这个意义上，我才是一个具有深挚宗教情感的人。我不相信没有人类意志的上帝会赏罚自己的创造物。我认为一个人死后灵魂也会随着消失！我满足于生命的永恒和现存世界的神奇，并且努力去领悟自然界中显示出来的理性的一部分，即使只是极小的一部分，我也心满意足了。

厄运的十年
——《我的世界观》续篇

爱因斯坦在1930年写了《我的世界观》一文，这是那篇文章的续篇，最初发表在费迪曼编的《我信仰》一书中。

重读我十年前写的那篇短文[2]，我有两个截然相反的印象。我当时所

[1] 1933年7月以后，爱因斯坦改变了这种绝对的反战态度，开始积极参与反法西斯斗争。

[2] 即作者在1930年写的《我的世界观》一文。

写的似乎没有错误，但是一切看起来又那么的遥远和陌生。这十年是世界起了深刻的变化呢，还是仅仅因为我多活了十年而改变了看事物的态度？在人类长河中十年算得了什么？和这段短暂的时间相比，一切决定人类生活的力量都是永恒的，是不是我的判断力发生了错误？这十年中我身体的生理变化是不是影响了我的人生观呢？我觉得这些理由都不足以解释我的人生态度的变化。这种奇特变化的原因不能在外界环境里找到。因为我知道，外界的环境在我思想和感情中的作用总是很次要的。

这里必定有完全不同的其他东西。在这十年中，我对人类文明社会的稳定性和它的生存能力的信心大大消失了。不仅人类文化遗产受到威胁，而且人们不惜任何代价加以保护的一切东西的价值都被人唾弃了。

人生是一种冒险，生命总是在坎坎坷坷中行进。有些危险是外来的：人会从高处跌下来而受伤，因意外而失业，无辜被判罪，为诽谤所摧毁。人类社会潜伏着各种各样的危险，这些危险都是无规律的，都是偶然性的。作为整体来看，人类社会似乎是稳定的，而用审美的和道德的标准来衡量，它无疑是不完美的。但它对人们还是亲切的，尽管频繁出现各种各样的意外事件，人们在那里也还是感到比较安全。人们接受社会的各种束缚，就像呼吸空气一样自然。道德标准、志向和习俗是一切文明人类所共有的不可侵犯的遗产。

不错，第一次世界大战动摇了人民的安全感。生命不再被尊重，个人受到压制，说谎成为政治工具。然而一般人还认为战争是一种外来的事件，完全不是人为的，它干扰了人类正常生活，并且被普遍认为是不幸的、罪恶的。人类的目的和价值[1]的安全感，没有受到多大的影响。

政治事件没有社会心理那样影响深远。

首先是一个看似希望的前进，表现的是国际联盟的创立，并且建立了国家之间的集体安全制度。然后是法西斯国家的形成，伴随着它的是

[1] 这里是指社会准则和道德标准。

一系列条约的撕毁，侵犯个人和侵犯国家成为赤裸裸的暴行。集体安全制度轰然倒塌，这种崩溃的后果到今天还是无法估量的。这表明了某些国家领导集团的愚蠢和缺乏责任心，也表明了那些未受损害的民主国家领导集团的狭隘的自私心理，这种私心使它们无所作为。

事情向糟糕方面的发展超出了人们的想象。在欧洲莱茵河以东，知识分子丧失了自由，人民忍受迫害和压迫，青年人受着谎言的腐蚀，政治冒险家的欺骗愚弄了世界其他人。社会到处显示着这一代人的懦弱，他们逊色于前人，以前几代人靠着气魄和力量在痛苦的斗争和巨大的牺牲中赢得了自由。

这种意识让我目前的生活时刻笼罩着阴影，而在十年以前我不是这样的。正因为如此，当我重读当年所写的东西时，我不禁百感交集，感慨万分。

尽管现代各种事件使得人类受到了不可想象的痛苦，但人类改变得却很小。后代的青年除了在历史书中那可怜的几页里读到他们祖先的愚蠢外，将什么也获得不了。

生产和劳动

这是爱因斯坦写给策德斯特勒姆的回信，发表在1934年出版的《我的世界观》上。

在我看来，劳动力市场同飞速进步的生产方法相结合是很困难的。因为，今天的世界工厂完全用不着全部现有的劳动力。

经济学者坚持认为，劳动上的节约要与需求的增长相平衡。我不相信这种说法，上述因素会迫使人们的生活下降到不可思议的水平。

我和大家的想法一样，要使年轻人代替老年人参加生产。老年人应该受到适当的款待，以弥补一定的收入。

我也赞成取消大城市，但是不赞成把老人、小孩等特殊类型的人安置在特殊的城镇中。一想到这点，我就感到害怕。

我也有这样的看法：接受凯恩斯很早以前的建议，用一种代替金本位制的标准来避免货币价值的波动。引进这种货币体系，只要人民能够相信国家，他们会同意某种程度的“通货膨胀”。

你计划的弱点在于你忽视了心理方面。资本主义在生产方面和知识方面带来的进步不是偶然的。遗憾的是，利己主义和竞争超过了公德心和责任感。据说在苏联，人们不可能得到一块像样的面包。我对于国家的公共事业没有抱多大的期望。因为，官僚主义会断送一切成就。可怕的个人经验太多了，即使模范的瑞士也不例外。

我倾向于这样一个观点：国家可以限制和调节工业。国家要做的是，使工人之间保持健康的竞争，让孩子健康成长，给工人足够的工资，使生产出来的商品都能够消费掉。国家能够通过客观科学的措施来施加决定性的影响。

科学和战争的关系

英国反战团体“反战运动”曾经写信给爱因斯坦，这是爱因斯坦在1930年5月写给“反战运动”的回信。

你们曾经问我，对于科学和战争的关系，我有什么感想。我认为，科学是一种强有力的工具，怎样用它，使用它的后果——给人带来幸福还是带来灾难——完全取决于人类自己。刀子能用来做饭，也能用来杀人。

我们目前的主要问题不能由科学来解决，只能由人类自己来解决。只要人被灌输罪恶，这样造成的心理就只能一次又一次地导致大灾难。我们人类延续下去的唯一希望就是拒绝有助于战争或者以战争为目的的任何行动。

无线电的社会意义

1930年8月22日，第七届“德国无线电展览会”在柏林召开，这是爱因斯坦在开幕典礼上的讲话。

科学家使民主成为可能，他们不仅减轻了我们的日常劳动，而且创造了最美好的艺术和思想作品，要知道，以前只有特权阶级才有可能享受这种成果，但现在大家都能得到它们了。因此，可以说科学家们作出了卓越的贡献。

无线电广播能把各国联合在一起。它能增进国与国相互友好的感情，消除不信任和敌视。直到现在，人民还只能通过不客观的报纸来相互了解。但无线电的出现改变了这种局面，它是以最生动的形式，从人民最喜爱的方面来表达自己的。

主权的限制

1931年11月22日的《纽约时报》最初发表了此文。

我先讲一个政治信条：国家的建立是为了人，而人的生存不是为了国家。任何人都会认为我的话是老生常谈，但在目前这个规格统一化和定型化的时代，我还得重复这些话。我认为保护个人，并且使他们发展成为有创造才能的人是国家的最高使命。

我们是国家的主人而不是它的奴隶。因此，国家在强迫我们服兵役时，就侵犯了这个原则。只有在促进人的自由发展时，我们才应当为国家作出牺牲。美国人做到了这一点，欧洲人却没有。因此我们希望反战斗争能得到美国人有力的支持。

现在来讲裁军会议，人们会对它抱怎样的态度呢？假设有这样一座城市，它的居民脾气火暴，惹是生非，好斗成性。那里人们的生活经常处于危险之中，正常的生活不能进行。市长想改变这种可怕的状态，但市民却坚持认为他们有带刀的权利。这样争执很久以后，市议会最后通过一项法令，对市民随身携带的刀子的长度和锐度加以限制。

只要法律不禁止带刀，这种法律虽然被执行但事情仍旧会是老样子。限制刀的长度和锐度，只能让情况更糟糕，弱者会处于更加不利的局面。

我相信你们会完全明白我这个比喻的寓意。是的，我们有国际联盟和国际仲裁法庭，但它们的作用很有限，国际联盟只不过是一个开会场所，而国际法庭又没有强制执行的手段。这些机构并没有对任何受到侵略的国家提供什么保护。如果人们意识到了这一点，就会理解法国政府的态度：没有适当的保证就拒绝裁军。

所有国家人民只有限制他们的国家主权，接受国际仲裁法庭裁决，我们才能摆脱我们目前普遍的无政府状态和恐怖状态。各国无限制的独立主权与反抗侵略的保证相互矛盾。什么时候各国才能下决心去执行它们所承认的国际法庭的裁决呢？过去事态的发展使人不抱希望。但是我们不应当绝望，一切和平主义人士都应当尽一切努力使他们的同胞相信，所有国家都将承担这种国际义务。

有人说上面的这种想法忽略了道义的因素，这种异议有道理。有人主张首先精神裁军，然后物质裁军。他们又进一步说，国际秩序最大的障碍是被过分夸大的所谓的爱国主义。在最近一个半世纪中，这个所谓的爱国主义犯下了多少罪恶。

人的组织制度同人的心理状态相互影响。感情产生制度，反过来，制度又影响民族内部的感情方式。

服兵役制是目前国家主义过度发展的主要原因，这种制度其实就是国民军。要求公民服兵役的国家为了给军事实力打下心理上的基础，总是会培养公民的国家主义精神。国家为了达到自己的目的，在学校里要求学生信奉这种精神，就像崇拜宗教一样。

强迫服兵役是白种人道德败坏的主要原因，它不仅严重威胁我们的文明，而且还威胁我们自身的生存。这个祸害发源于法国大革命，后来蔓延到所有别的国家。

和平主义人士都应当坚决反对强迫服兵役。残酷迫害拒服兵役的人，是今天社会的不光彩，这种做法就像几世纪前社会对宗教殉道者的迫害一样。

在裁军问题上，我们必须创立一些国际性的法律，使人们能够拒绝在军队中服役。这种做法无疑会产生巨大的道义上的效果。

总之，我认为，协议限制军备不能提供任何保障。强制的仲裁必须有执行力，也就是说一切参与的国家必须作出保证：侵略者要受到军事和经济上的制裁。强迫服兵役形成了有害的国家主义，我们必须与它作斗争。最重要的是，国际主义必须保护拒服兵役的人。

对世界经济危机的看法

1929—1933 年资本主义世界爆发了经济危机，爱因斯坦在 1931 年前后写了这篇文章，发表在 1934 年出版的文集《我的世界观》中。

由于专家之间众说纷纭，我这个不懂经济学的人不得不对目前严重的经济困难发表自己的看法。我讲不出什么新的东西，但我所说的都是我内心所想的，没有阶级和民族偏见，完全是为了人类的幸福和和谐的远景。我下面写的东西，并不可能完全正确，只是出于表达的方便，有待大家共同讨论。

这次经济危机不同于以往，它是由生产方法的迅速发展引起的。人类劳动的一部分就可以满足人类生活所必需的全部消费品。在自由主义的经济制度下，这样的事实必然会导致失业。

为了众所周知的原因，大多数人被迫做廉价劳动。两家生产同样商品的工厂，在同等条件下，雇用工人较少的工厂生产的商品就比较廉价，因为它的每个工人在劳动时间上和劳动强度上都发挥到了最大。于是产生了这样的后果：今天的生产使用的只能是一部分可利用的劳动力，一部分人被排除在生产过程之外。这就会导致销售量和利润下降，公司走向破产，失业人数增加，工业信誉受损，从而公众也不再热心储蓄，最后，银行由于人们突然提取存款而破产，继而工业也会崩溃。

当然，还有其他很表面化的原因。

首先，生产过剩。在这里，我们要区别真正的生产过剩和表面上的生产过剩。真正的生产过剩是指产品多得超过需要。目前美国的汽车和小麦的生产似乎就属于这种情况。表面上的生产过剩是指商品的产量超过了目前情况下的销售量，但消费者需要的消费品却是不足的。这是由于消费者的购买力不足。这种表面上的生产过剩就是危机，不需要解释。

其次，赔款。偿还赔款给债务国的经济带来沉重的压力。他们被迫采取倾销政策，最终损害到债权国。但高关税壁垒的美国也出现了危机，可见赔款不是世界危机的主要原因。债务国由于赔款而缺少黄金，只能解释他们的停止支付赔款，而不能解释这次世界经济危机。

有人认为新关税壁垒的设立，军备负担的加重，欧洲不稳定的局势造成了目前的经济危机。但没有这些因素影响的美国也出现了危机，这表明，这些都不可能是危机的主要原因。

中国和苏联退出世界贸易对经济的打击，同样也不能使美国受到很深的影响，因此这也不是危机的主要原因。

战后底层阶级的经济上升只能引起商品的匮乏，不会引起供应的过剩。

这些论点都没有击中问题的要害。有一点是关键的：技术发展。技术发展免除了人类大部分劳动，但同时造成了我们目前的这种苦难。因此就有一些人要禁止技术革新。这显然是荒唐的，但是我们怎样才能走出这个困境呢？

设法防止群众的购买力下降到最低限度，可以有效预防经济危机。完全的计划经济在逻辑上能做到这一点，让消费品由社会来生产和分配。今天苏联正在试行的办法本质上就是如此。这种强迫实验的结果如何还有待观察。在这种制度下，货物能否像市场经济那样生产出来呢？如果没有目前的经济危机，这种制度究竟能不能维持下去呢？这种硬性的、集中的经济制度会不会阻碍有益的革新呢？不过我们要客观看待这一切，决不能让这些疑虑变成偏见。

我认为还是要尊重现有的传统和习惯的方法，那种把经济一下子移交给政府管理的想法，从生产观点来看不是有利的。应当给私人企业留足够的空间，只要它还具备竞争力。

不过，要从两方面限制这种经济自由。首先，每个工业部门应该通过法律来缩短工作时间，逐步消除失业。同时，确定工人最低工资，让他们有足够的购买力。

此外，垄断工业里的产品价格应当由国家控制，使资本的收益保持在合理的限度内，防止人为地抑制生产和消费。

这样做才有可能使生产同消费之间保持平衡，同时不会对企业有太大的限制，劳动工人也能从残暴的机器统治中解放出来。

生产和购买力

此文收录在 1934 年出版的《我的世界观》中，具体写作时间不详。

有关生产能力和消费的知识不能解决当前困难，这种知识只适合在讲堂上讲授。而且，我感到德国的危机不在于生产设备太多，而是人们缺乏购买力，这些人由于生产的发展被抛弃了。

我认为金本位制存在很多弊端，黄金供应短缺导致信贷紧缩，同时也造成流通中通货总额的收缩，这种紧缩导致物价和工资不能及时地进行自我调整。

照我的见解，可以通过下面的办法解决目前的困难：

1. 通过法律规定劳动时间，确定工人最低工资，逐步摆脱失业。

2. 控制流通中的货币总量和信贷总量，保持物价水平稳定。

3. 限制垄断企业的商品价格。

科学的困境

译自1934年出版的《我的世界观》，具体写作时间不详。

大家都应该注意到操德语的国家正面临着危险。经济危机给人的打击并不一样，那些生活直接依靠国家机关供养的人受到的打击最严重，科学家属于这一范畴，他们的工作不仅关系到科学的利益，而且关系到德国和奥地利的文化发展。

这种情况非常严重，在危机时期，人们对于自己需求范围以外的东西，一般是看不到的，他们只愿意对物质财富付出代价。但是科学没有实用的目的，通常来讲，科学只是间接地有助于实用的目的，而且这种作用还要等很长时间以后才见效。对科学的忽视就会造成科学家的短缺，而这些人能凭着自己的独立见解和判断，给工业指出新的途径，促进经济发展。科学研究受到阻碍会影响国家的文化生活，国家的文化决定未来发展的多种可能性。我们必须防止这些。既然国家已经由于经济危机受到削弱，社会上富裕人士就有责任来防止科学生活衰退。

有远见的人士应建立起研究机构，使德国和奥地利科学家的工作得以继续下去。我欣喜地看到经济困难没有熄灭科学家的意志和热情，灾难更加激发了我们对科学的热爱，人们都在以火一样的热情工作着。经济危机没有毁灭今天青年的意志力和才智。

重新审查和平主义

1934 年 11 月，阿林生在芝加哥出版的小型杂志《政体》上写了一篇题为“爱因斯坦，请你为欧洲和平发言”的文章，爱因斯坦写这篇文章作为回答。

阿林生先生礼貌地将我置于被告席上。我对此感到高兴，因为他给了我一个很好的机会来表明我的见解。

阿林生先生的主要指责是这样的：“一两年以前你公开劝我们拒服兵役。而现在你却保持沉默，更不可思议的是，你甚至忘记了你以前的声明。这是不是因为你的理解力和你的勇气被最近几年事变的压力挫败了？如果不是，请你坚定地向我们表明，你仍然是我们的同盟。”

下面是我的回答。我深信这样的原则：只有组织才能真正解决和平问题。这种组织与目前日内瓦的国际联盟不同，这个组织具有执行力，具有常备军队和警察部队的国际法庭。戴维斯公爵写的《力量》一书对这种信念有卓越的阐释，人人都应该读这本书。

从这一基本信念出发，我赞成创立这种组织的任何办法。拒绝从军，曾经是这些办法中的一种，但是现在这种方法已经不实用了，至少对欧洲各国是如此。在民主政府大国里，大量的公民拒服兵役就能促使这些国家的政府赞同对冲突进行国际仲裁。而且，拒绝服兵役容易使舆论变得有正义，并且使强迫服兵役的不道德的性质凸现出来。在这样的情况下，拒服兵役是一种权宜之计。

可是今天，某些强国的公民没有了独立的政治立场。这些国家到处插手军事组织，利用报纸和无线电广播以及教育来散布虚假的消息，宣扬侵略的外交政策，迷惑人民大众。在这些国家里，拒绝服兵役就意味着殉难和死亡。另一方面，在民主的国家里，拒服兵役很可能会削弱对侵略的抵抗能力。因此，今天，在欧洲的有识之士都反对拒服兵役这一方针。在目前情况下，消极抵抗不是一种建设性的政策，不论它多么英勇。不同的时代需要不同的手段，尽管目标仍然保持不变。

这些就说明了在目前的政治条件下，我为什么改变以往的主张。我必须为和平国家之间的进一步紧密合作而努力，使那些残暴的国家不能得逞。我希望美国和英国能持久合作，如果有可能，再加上法国和苏联。

可以认为，目前的局势有利于促进这种友好关系，从而导致国际问题的和平解决。这是目前黑暗局势中唯一的希望。正确引导舆论的一切努力，都有利于保卫和平。

希特勒是怎样上台的?

这是爱因斯坦生前未曾发表过的手稿，写于1935年。

目前欧洲心脏德国的社会景象是耻辱的、悲惨的，也是荒诞的。这是那个自命为文明的民族的悲哀！

几个世纪以来，德国人民都受着军事化的教育和训练。德国人在艰苦的工作中得到了锻炼，学会了不少东西，但他们也学会了奴性服从和野蛮残忍的习性。战后的魏玛共和国民主宪法已经不适用于德国人民。当时发生的经济危机，使人人都生活在恐惧和紧张之中。

于是希特勒出现了。这个人智商一般，不会做好事，对于比他好的一切人，他都妒忌痛恨到极点。出身中下层阶级让他具有了本阶级的自大狂的特性，他仇视为争取平等的生活水平而斗争的工人阶级。但是，在一切中间，他最憎恨的还是那他不具备的文化和教育。他对权力有狂热的野心，他的一些混乱的和渗透着仇恨的演讲，博得了人渣们的狂热欢呼。他在街头和酒店里找到这种人类的渣滓，并把他们组织在自己的周围。这就是他政治生涯的开始。

他仇视一切外国的东西，特别是歧视没有自卫力量的德国的犹太人，这使得他取得了领袖资格。对这两个“敌人”的不断残害，使他赢得了群众的支持，对这些群众，他许下了美好而天真的诺言。他为了达到自己的目的，狡猾地利用了几个世纪以来德国人的天性。这样他就成了“老大”。

有产阶级用金钱支持这种罪恶的活动，他们把他看作是给自己带来利益的工具，这种做法在魏玛共和国时期已经开始了。希特勒玩弄爱国主义来蛊惑人心，同时他又利用所谓“雅利安人”或者“北欧人”的种族优越性进行欺骗性的宣传，这种优越性纯属瞎扯。他的变态的人格，使人们不知道自己是否应该相信自己。然而纳粹[1]的上层人士，却多半是些冷酷的专事嘲骂的人，他们完全明白自己的无耻勾当。

[1] “纳粹”即德国法西斯组织“民族社会党”的党员，也叫作“民族社会主义分子”。

科学和社会

此文最初发表在美国的《科学》周刊上。

科学通过两种方式影响人类事务。第一种方式是大家都熟悉的：科学生产出完全改变了人类生活的工具。第二种方式是教育性质的——它改善人的心灵。第二种方式的作用好像不大明显，但它同第一种方式一样重要。

科学最突出的效果在于发明东西，丰富生活，比如电灯、铁路、飞机、炸药等，这些东西同时也使生活变得复杂。此外，科学还在生物学和医药方面取得了巨大的成就，这些发明让人们更加健康。所有这些发明最大的实际利益在于使人从极端繁重的体力劳动中解放出来，过去，为了勉强维持最低生活，这种体力劳动是必需的。科学废除了苦役。

另一方面，应用科学技术使人类面临着十分严重的问题。只有妥善解决了这些问题，人类才能继续生存。这是社会制度和社会传统的问题，要是没有一种制度和传统，新的发明就会被乱用。

无组织的经济制度已经产生这样的后果：商品生产不再需要相当大的一部分人，这些人被排除在经济循环过程之外。其导致的直接后果是购买力降低，劳动力贬值，最后引起经济危机。另一方面，生产资料的所有制问题带来了新的变化，人类为了适应这种新的变化而卷入了斗争——只要我们这一代有足够的能力，斗争就会带来真正的解放。

技术拉近了距离，但同时技术创造出了高性能的破坏工具，如果这种工具掌握在疯狂的国家手里，那么人类安全和生存就要受到威胁。为了防止这种情况出现，我们需要一个国际司法和行政的权力机构，而这种机构的创立受到民族传统势力的拼命反对。我们现在正处在一种斗争之中，这种斗争的结局将决定我们大家的命运。

最后，通信工具同现代化武器结合在一起，已有可能使肉体和灵魂都被中央政权控制，这是人类的第三个危险。现代战争清楚地说明了我们还远未能有效地利用这些成就。这种情况也需要用国际的办法解决，但这种解决办法的心理基础还没有奠定。

现在我谈谈科学对于理智产生的影响。在科学出现以前的时代，思考是有局限的，人们意识不到自然界所发生的一切都是受着规律支配的。原始观察者只能看到片面的自然规律，所以他们对鬼神有信仰。因此，即使在今天，原始人还是生活在恐惧之中，害怕超自然的力量干扰他们的命运。

科学的最大价值在于开启民智，克服人们在自己和在自然界面前的不安全感。希腊人在创造初等数学时，最早作出了一种思想体系。这种结论是唯一的。然后，文艺复兴时代的科学家把系统的实验同数学方法结合起来。这种结合，使得人们能够精确地表述自然规律，并且能够用经验来检验，这使得自然科学中不再有根本性的分歧。从那个时候起，知识和理解的遗产一直在丰富。

一般公众对于科学的了解也许只能达到这样的程度，但这至少能显示出这样一个重大的成果：人类的思维是可靠的，自然规律是恒定的。

自由和科学

1940 年安新在纽约出版的文集《自由，它的意义》最初发表这篇文章。

对基本价值判断而进行的争论是没有意义的。比如，人们就不能从纯理性的立场驳倒那种把人类从地球上消灭掉的观点，但是对于大家一致同意的做法，人们就能够合理地发表意见。现在，我提出两个人们都会完全同意的目标。

1. 人类生活和健康所必需的资料可以由部分生产来维持。

2. 美满的生活需要物质上的满足，但人们在理智上和艺术上的才能也要得到发展。

第一个目标需要增进对自然规律和社会规律的认识，也就是要促进一切科学工作的进步。因为科学工作是自然整体的一部分，它的各个部分相互联系，人们对它的认识还不够。但是科学进步的先决条件是知识分子拥有言论自由和教学自由。我说的自由是这样的：一个人不会因为发表了尖锐的观点而遭受危险或者严重的警告。交流的自由是科学发展和推广不可缺少的，这件事的实际意义很重大。首先必须由法律来保障自由，但单单靠法律还不够，重要的是在全体人民中有一种宽容的精神。实现这种自由的理想是漫长的，但如果想使思想得到尽可能快的进步，我们就必须坚持不懈地去努力。

要实现使所有人的精神得到发展这个目标，就必须有第二种自由。

人不应当为了谋生而丧失个人的活动。没有第二种自由，发表的自由就毫无用处。合理分工和技术进步会为这种自由提供可能性。

科学发展以及一般创造性精神活动的发展，还需要内心的自由。这种精神上的自由既不受权威和社会偏见的束缚，也不受世俗习惯的束缚。这种内心的自由是大自然的馈赠，也是个人追求的一个目标，社会不该干涉它的发展。我们要杜绝学校通过权威影响青年人内心自由的发展；另一方面，学校应该鼓励学生独立思考。外在的自由和内心的自由同时发展和完善，是人类物质生活和精神生活得到改进的前提。

什么是 $E=MC^2$？

此文最初发表于 1946 年 4 月纽约出版的《科学画刊》的创刊号上。

在相对论以前，有两条在物理学中具有很高地位的守恒原理（或称“平衡”原理），而这两条原理彼此互不相干。为了理解质能相当性定律，我们有必要先回忆一下这两条原理——能量守恒原理和质量守恒原理。

早在十七世纪，莱布尼茨便提出其中第一条原理，即能量守恒定律。十九世纪，本质上作为力学原理的一个推论，它也随之发展起来。

以一个摆为例，在 A 和 B 两点之间，它的锤来回摆动。以 m 表示锤的质量，经过两点之间的最低处为 C，它高出两点的距离为 h（见图 3）。在 C 处，摆锤得到了速度 V，但同时提升高度消失了，好像提升的高度可以完全转换成速度，反之亦然。这种关系，用公式可以这样表示：

mgh=mv2/2，g 在这里表示重力加速度。从这个公式可以看出，这个关系与摆的长度以及摆锤运动时所经过的路程形状都无关。

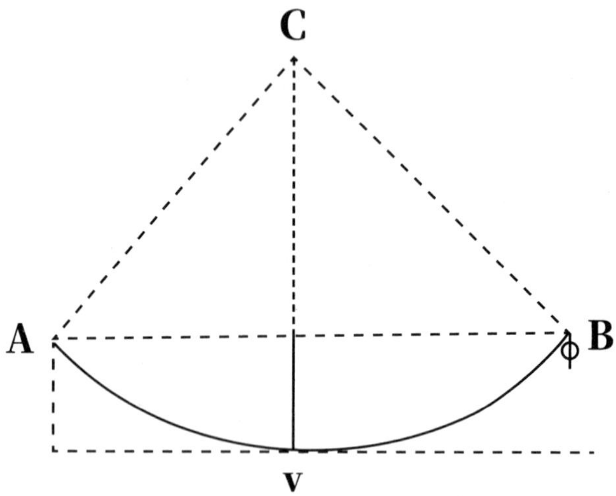

有一种重要的东西在整个过程中保持不变——能量。在 A 处和 B 处，它是“势”能，也就是位置的能量；在 C 处，它是“动”能，也就是运动的能量。假如，这个概念是正确的，那么在摆的任何位置，mgh ＋ mv2/2 相加得出的数值，应该是固定的，只要 v 表示在摆的路程中那个点上的速度，h 表示摆锤和 C 之间的垂直高度。事实证明，结论是对的，这条原理也因此而被推广。它还给我们带来另一条定律——机械能守恒定律。但当摩擦使摆停下来时，会发生什么呢？

在热现象的研究中，我们找到了答案。热是不可毁灭的物质，它从热体流向冷体，这是不是又是一条“热守恒”原理呢。我们在很久以前就知道，摩擦可以生热，就像以前印第安人摩擦取火一样。长期以来，这种热的“产生”，物理学家都不能说出其所以然来。我们现在知道，摩擦必须消耗一部分能量，才能产生出对应比例的热。由此，我们得出了“功热相当”的原理。仍以这个摆为例子，在摩擦的过程中，机械能逐渐转化成热。

以此看来，机械能守恒同热能守恒这两条原理既然是一样的道理，那就可以合并成一条原理了。通过这次原理的合并，物理学家相信，守恒原理还能进一步发展到其他领域，甚至把化学过程和电磁过程也概括进去。总而言之，他们想把这个原理应用到一切领域中去。好像有一个能量总和在我们的物理体系中，经历一切可能出现的变化，它都始终保持不变。

那什么是质量守恒原理呢？质量是由物体的重量来量度的（重力质量），它也是由物体反抗它的加速度的阻力定义的（惯性质量）。上面两句话都是质量的概念，而且都是正确的，都能得到物体质量的同一数值，这令人极为惊异。根据“在任何物理变化和化学变化下质量保持不变”这条原理可以看出，质量是物质最基本的特征，因为它具有不变性。就算你把它加热、熔解、汽化，或者结合成化学化合物，它的总质量都不会改变。

一直到几十年以前，物理学家都还承认这条原理。但是，这时候狭义相对论出现了，并证实了它现在已经不合适了。所以现在，能量守恒原理吞并了质量守恒原理，像在大约六十年前一样，机械能守恒原理同热守恒原理结合在一起，或者说能量守恒原理吞并了热守恒原理，这些原理合在一起，独自占领着整个领域。

尽管有点不精确，但在习惯上，我们还是把质能相当性表示为这样的公式：$E=mc^2$，c 在这里代表光速（大约每秒 30 万千米），E 代表静止物体所含的能量，m 代表它的质量。根据公式，物体静止时的能量，等于它的质量乘以光速的平方。而光速的数值是巨大的，换句话说，即使只有一克质量的物体都有巨大数量的能量。

但既然如此，长期以来，为什么没有人注意呢？其实答案很简单，只要它的能量没有向外放出，你就观察不到它的能量变化。举个例子来说，有一个人，他非常有钱，但他的钱从来不花，那他究竟有多少钱，谁也不知道，那人的钱就相当于物体的能量。

现在我们来看物体的质量。如果能量 E 增加了，根据公式，质量等于 E/C^2 必定也伴随着增加。把一个物体加热 10℃是很容易的，如果在加热的同时，去测一下质量有没有增加，不就能证明这个公式是否能成立了吗？但这里有一个困难是：这个分数的分母里出现了非常大的因子 C^2，质量的增加在这样的情况下变化不大，很难测量出它的变化来。

如果想量出质量的增加，就必须大大增加物体能量的变化。有一个领域里面每单位质量会放出大量的能量，那就是放射性蜕变。我们扼要地说说以下这个过程：一个质量为 M 的原子经过分裂，变成质量为 M′和 M″的两个新原子，两个原子分开时，都各自带有巨大的动能。从它们那里，如果我们在这两个原子静止下来后，取走这种运动能量。那么，根据相当性原理，蜕变产物的质量总和 M′ +M″，必定要比蜕变原子的原来质量 M 少，所以，两个新原子合起的能量，比原来的原子要少。从这一点也可以看出，相当性原理同旧的质量守恒原理相矛盾，差别大概是千分之一数量级的样子。

但单个原子的重量，在实际上是称不出的，不过，可以用间接的方法准确地量出它们的重量。蜕变产物 M′ 和 M″的动能，我们是能测定出来的，量出来后就可以检验和证实这个相当性公式。同样，从这条定律中，我们还可以精密地测得原子量，这样的话，任何一种原子蜕变会放出多少能量，我们预先就能算出来。不过，这条定律解释不了这种蜕变反应究竟能否或者怎样实现。

我上面用了一个有钱人的例子，仍以此为例，把有钱人当作原子 M，能够说明我上面的理论叙述。原子 M 一生中不花一分钱（能量），他是个有钱的守财奴。但是，在他快死的时候，在遗嘱中说，把他的财产分给他的两个儿子 M′ 和 M″，但他们分到前后，必须拿出少量的遗产交给政府，交出的数目很少，大概占全部遗产（能量或者质量）的千分之一。很显然，交过钱之后，两个儿子的钱加在一起，要比父亲的要少些（M′ 和 M″ 质量之和比放射性原子的质量 M 稍为少些）。给政府的那部分，看起来比较小，但作为动能来看，那可是巨大的能量！这东西现在正严重地威胁着我们[1]。这是一个迫切的问题，我们必须想出办法避免这种威胁。

为什么要社会主义？

1949年5月，纽约《每月评论》的创刊号最早发表了这篇文章。

让我这个既不懂经济问题，也不懂社会问题的人来谈“社会主义”这个题目，这是否合适呢？从某些方面来看，我认为是可以的。

首先，让我们从科学知识的观点来考察这个问题。天文学与经济学好像并不存在什么根本的差别：这两个领域里的科学家都企图去发现对某些现象来说普遍适用的规律，并尽可能地弄清楚这些现象之间的相互关系。但实际上，在方法论上还是有差别的。在经济领域里，复杂的经济现象使发现普遍规律很困难。此外，从人类文明产生以来，它所积累下来的经验表明规律的发现绝不是完全由经济的性质因素影响和制约的。比如，历史上多数大国都靠征服别的国家而得以存在。征服者在法律上和经济上自封为被征服国家的特权阶级。他们拥有土地所有权，并且掌控教士。教士控制教育后，使社会阶级的分化成为永久的制度，并且创立一套价值体系，此后，人民在他们的社会行为中就会下意识地遵守着这套价值体系。

[1]“狭义相对论”是制造原子弹的基础理论之一，损失的那一部分质量产生的能量就是原子弹的大部分能量。

但是，历史传统是昨天的事。无论走到哪里，我们都走不出克服索尔斯坦·凡布伦[1]所说的人类发展的“掠夺阶段”。我们能观察到的经济现象都属于这个阶段，甚至我们根据这些详细的现象推导出来的规律也停留在这个阶段。既然社会主义的真正目的就是要去克服并且超过“掠夺阶段”，那么处于目前阶段下的经济科学就无法说明未来的社会主义社会。

其次，社会伦理指引社会主义方向。可是，科学不能产生目的本身，更不用说把目的灌输给人们，科学至多只能为达到某些目的提供手段。目的本身是由那些具有崇高伦理理想的人构想出来的，只要这些目的是鲜活的，并且是生机勃勃的，它们就会被采纳和充实，最终会默默地推动社会进化。

由于这些因素，在涉及人类发展的问题时，我们就不能过高地估计科学和科学方法；我们也不应该认为只有专家才有权利对影响社会组织的问题发表意见。

一直存在着这样的论调，说人类社会正经历着一种危机，社会的稳定性已遭到严重的破坏。危机的特征表现为：个人对于他所属的集体，不论大小，都漠不关心，甚至有敌对情绪。为了说明我所讲的意思，在此我讲一件我亲身经历的事。不久前，我和一位才智过人并且脾气温和的朋友讨论下一次战争对人类的威胁。我认为如果再发生战争将会严重危及人类的生存。我说，只有超越国家的组织才能防止那种危害，我那位客人很不以为然，而且冷冰冰地对我说：“您为什么要那样强烈地保护人类呢？”

我深信，古人不会那么轻率地讲出这样的话。说这话的人，他曾努力地想达到自己内心的平衡，但是没有成功。这表明，人们在平常日子里遭受的痛苦、寂寞和孤独让他们失去了生活的热情。原因究竟是什

[1] 索尔斯坦·凡布伦（1857—1929），美国经济学家、作家和教师，美国《政治经济学》杂志常任编辑。

么？有没有出路？

提出这样的问题是容易的，回答它却很困难，不过我还是要尽力去试试。尽管我非常明白，我们的感情和努力时常是矛盾的、模糊不清的，是不能用一两句话表述出来的。

人，既是个体的人，同时又是社会的人。作为单个的个体，他尽力保护自己的亲人，希望自己的愿望得到满足，并且发展自己天赋的才能。作为社会的人，他希望得到社会的赏识和认可，他处在人民大众之间，在人们悲痛时给予安慰，并且改善人们的生活条件。这些多种多样的、时常相互冲突的努力赋予一个人独有的性格。这些努力结合的程度决定了个人所能达到的内心平衡的程度，以及他对社会所能作出贡献的程度。这两种倾向的相对强度很可能主要取决于遗传。但他最后表现出来的个性，却取决于人在发展中所处的环境和他成长于其中的社会。对于个人来说，“社会”这个抽象概念意味着他与周围人关系的总和。个人能够自己生活，但同时，他是那样地依靠社会，以至于如果离开社会组织，他就无法生存。是社会为个人提供生存所需要的一切：亿万人们的劳动使个人的生活成为可能，而这亿万人全都被“社会”这两个小小的字眼概括。

因此，个人对社会的依赖是一个不能抹杀的事实——蚂蚁和蜜蜂也是这样。可是，蚂蚁和蜜蜂的整个生活过程，即使在最微小的细节上也是由与生俱来的本能决定的，而人类社会的组织却是变化万千的。人类所具备的才能，已不同于生物学上的必然性发展。人类的这种发展表现在人类文化中。这也就解释了，人为什么能够通过自己的行动去影响生活，为什么主观能动性的作用那样巨大。

人的遗传是固定的不变的。这种遗传的素质包括那些自然冲动，此外，在人的一生中，他也得到一种文化上的遗传素质，这种特质是他从社会交往中获得的。这种文化上的素质不断地发生变化，它在很大程度上决定着个人同社会之间的关系。近代人类学家的研究告诉我们：文化形式和社会组织类型的不同，人类的社会行为可以相差很大。那些企图改善人类命运的人就可以以此为根据，建立起他们的希望：遗传不是决定一切的，人类不是永远罪恶的，人类可以改变自己的命运。

如果我们问自己，社会结构和人的文化面貌应当怎样改变才能完善人类生活？事实上，很多条件是我们无法改变的。如前所说，人的本性是不会变化的。此外，科学技术发展所创造出的一些新的条件也已成型。例如，为人们生产必需物品的生产设备是绝对必要的。那种世外桃源式的自给自足的时代已一去不复返了。我们不妨说：人类已经组成了一个生产和消费的新型公社。

那么我们时代的本质究竟是什么呢？在我看来，这个问题涉及个人与社会的关系。现在个人对社会的依赖性越来越强。但他并没有体会到这种依赖性是有价值的，反而把它看作是对他自身的一种束缚力量，甚至是对他的经济生活的一种威胁。而他的社会地位不会发生变化，以致他性格中自我的倾向不断加强，他本来就比较微弱的社会倾向性在逐渐衰退。所有的人，不论他们的社会地位如何，全都经受这种衰退过程。他们不自觉地做了唯我论的俘虏，他们感到生活乏味，并且丧失了天真和善良。人只有献身于社会，才能使自己短暂的生命有意义。

我认为资本主义社会里经济的无政府状态是这种祸害的真正根源。我们看到一个庞大的工商业界，他们彼此在拼命剥夺集体的劳动果实，这种剥夺不是通过暴力，而是背地里按照法定的条例去进行的。在这方面，生产手段虽然是合法的，但大部分已经成为个人的私有财产。

为了使我的论述简明，在下面的讨论中，将把所有那些不占有生产手段的人统统叫作“工人”。生产手段的占有者有条件来购买工人的劳动力。工人生产新的商品，这些商品就成为资本家的财产。这个过程的关键是在工人所生产的东西同他所得的报酬之间的关系。在劳动合同是“自由”的情况下，决定工人收入的，不是他所生产的商品的实际价值，而是他生活的最低需要，以及资本家对劳动力的需求与庞大的准就业者关系。甚至在理论上，工人的报酬也不是由他生产的产品的价值来决定的，了解到这一点，是非常重要的。

由于资本家之间的竞争使私人资本趋向于集中到少数人的手里，较小的生产单位就被淘汰。这些发展的结果是金融寡头的出现，金融寡头巨大的权力甚至连民主国家也无法有效地加以控制。事实的确如此，因为政党选出来立法机关，而这些政党的大部分经费都是由私人资本家提供的，金融寡头还影响政治的其他方面，他们把选民同立法机关隔离开来，结果是，人民的代表事实上不能充分代表普通民众的利益。此外，私人资本家还会直接或间接地控制舆论。所以说，一个公民要想保持清醒的头脑、理智地运用他的政治权利，那是极其困难的，在大多情况下是完全不可能的。

因此在生产资料私有制的经济中，最常见的情况是：第一，生产手段为私人所有，他们有使用权；第二，劳动合同是自由的。当然，从这个意义上来说纯粹的资本主义社会是不存在的。尤其应当注意到，通过长期艰苦的政治斗争，对于某些行业的工人来说，他们已取得了形式上改善的“自由劳动合同”。但从整体看，今天的经济同“纯粹的”资本主义并没有多大差别。

生产是为了利润，而不是为了使用。企业没有这样的规定：凡是有能力并且愿意工作的人总有就业机会。“失业大军”几乎一直存在着，工人经常受到失业的威胁。既然市场不能为失业的工人提供利益，消费品的消费就会受到限制，结果造成经济的困顿。技术的进步往往产生的是更多的失业，而不是普遍减轻劳动负担。追逐利润，加上资本家之间的竞争，造成资本积累和利用的不稳定，从而导致经济越来越不景气。无限制的竞争不但导致劳动力巨大浪费，也导致个人社会意识的消沉。这我在前面已经提到过了。

对个人的摧残，我认为是资本主义的最大祸害。我们整个教育制度都深受其害，学校把这种不人道的竞争主义教给学生，训练他们如何最大限度追求经济利益，学校将这作为学生未来生涯的一种准备。

我深信要避免这种情况，只有一条道路，那就是建立社会主义经济，同时配上一套以社会和谐发展为目标的教育制度。在这样一种经济制度里，生产手段归社会本身所有，并且有计划地加以利用，这就是计划经济。计划经济按社会的需要而生产，它应当把工作分配给一切能工作的人，并且保障每一个人——无论是否具备劳动能力——都能生活。对个人的教育，淡化社会中对权力和名利崇拜的现象，除了要发挥学生本人的天赋外，还应当努力培养他对整个人类的责任感。

然而应当记住，社会主义不是计划经济，计划经济的发展可能奴役个体。社会主义的建成，需要解决这样一些极端困难的社会政治问题：鉴于政治权力和经济权力的高度集中，怎样才能防止执政者权力的无限膨胀和盲目的个人崇拜？怎样能既保障民众个人的权利，同时又不损害行政权力的力量？

文化给世界的和平提供了一个基础

1951年12月的《“联合国教科文组织”信使报》最早发表了这篇文章。

只有弄明白了联合国及其从属机构——联合国教育、科学及文化组织诞生的背景，我们才能理解《世界人权宣言》的全部意义。过去半个世纪的不稳定局势使每个人都清楚地认识到这样的事实：目前技术发展的水平迫使各个国家的安全只能依靠超国家政府来保证。只有建立世界联邦，才能避免灭绝全人类的战争，这已得到广泛承认。

联合国已经建立起来了，这是国际秩序发展的一个良好开端。事实上，联合国不过是一个由各国政府派出的代表而形成的组织，它的成员并不能代表各个不同国家的人民。而且，联合国的决议对任何国家的政府都没有约束力，也就是说，它不具备执行力。

由于不准某些国家参加，联合国的威信受到进一步削弱；把一些国家排斥在外，这就不符合这个超国家组织存在的目的。要知道，只有把国际问题放到大庭广众之下进行讨论，联合国才能提供和平解决冲突的可能性。这种超国家论坛有助于让人们相信，必须通过谈判保护国家利益，而不是武力。

我认为这种心理教育才是联合国最有价值的特点。世界政府必须以人的忠诚为前提，这些人必须有一种超越地区的广博的责任感。这种真正有成效的忠诚在纯粹政治问题之外，还必须包括更多的东西，比如，不同文化团体之间相互了解以及文化和经济方面的相互援助。

因此，信任感的重新建立必须依靠这种办法，而它已经在战争中丧失殆尽了，取而代之的是军国主义和霸权主义。成员国之间没有相互谅解和相互信任，就不可能建立保障各国安全的有效制度。

联合国下属的“联合国教育、科学及文化组织”，希望在文化方面达到这些目标。在摆脱强权政治所造成的不良影响方面，联合国教科文组织已经比联合国取得了更大的成功。鉴于健康的国际关系只能由健全并且独立的人民建立，联合国精心起草了一个《世界人权宣言》，这个宣言已于 1948 年 12 月 10 日在联合国大会上正式通过。这个宣言里的许多切实可行的条款可以保护个人不受经济剥削，保证个人的发展，并且保证个体能在社会职业的选择上不受限制。

值得欣慰的是，联合国教科文组织公开宣称，它的一个重大目标是让联合国的所有会员国都接受这个宣言。“联合国教育、科学及文化组织”

已经开始庆祝这个宣言诞生三周年，借这个活动使这个宣言获得更广泛的注意，从而为恢复这个世界的正常秩序打下基础。

这个以严格的法律文件形式写成的《世界人权宣言》，会引起无休止的争论，因为这样一个文件不可能考虑周全。而且无可避免地，文件中的个别条款还有很多异议。但是，这个宣言的精神是再清楚不过的，这种精神完全适合于作为未来的决议和行动的基础。

《世界人权宣言》在形式上能被承认是先决条件，坚定地执行是关键，宗教组织的历史告诉我们，这两者之间有多大的差别。只有当联合国本身用自己的行动让这个宣言的精神得到贯彻时，这个宣言才能发挥它的真正意义。

论古典文学

1952 年 2 月 29 日，苏黎世出版的《青年商人》月刊最早发表了这篇文章。

我们身边有的人只会看报纸，好一点的，最多也不过再读一些当代作家的书，在我看来，这种人就像一个近视得很厉害而又不戴眼镜的人。他完全被他那个时代的潮流淹没，因为他看不见也听不到其他东西。一个人要是故步自封，不参考别人的思想和经验，那么即使他做得再好，他所取得的成功也不会有什么价值，而且是单调无味的。

在过去一百年的时间里，具有清晰思想和高雅鉴赏力的启蒙者很少。这些人遗留下来的著作是人类最宝贵的财富。我们要感谢这为数不多的古代作家，正是他们，把中世纪的人从那种封建迷信和无知中逐渐解救了出来。

消除现代人的势利和俗气是当前最紧要的任务。

文化衰落的症状

1952年10月，《原子科学家通报》在“美国签证政策和外国科学家”专号上发表了这篇文章。

如同在文化领域那样，要想让科学得以健康发展，就必须毫无阻碍地交换意见和交换科学研究的结果。我们不能怀疑这一点：这个国家由于政治当局的干涉，知识的自由交换已经受到严重的损害。从目前来看，科学工作的损害最厉害，这很快将蔓延到其他一切工业部门。

我国的科学生活已经受到政治力量的侵害，显而易见的一个现象是，美国学者出国和外国科学家来我国访问都受到一定的限制。一个大国搞这种无聊的限制，只能说明它还存在一种更根本的疾病。

不论在口头上还是在文字上，科学成果的自由交换都受到限制。政治虽由一个庞大的警察机构支持，但普遍不受信任。人心始终无法安定，以至人们竭力避免任何可能的嫌疑，以免威胁他们的经济生活——种种问题都只是表面现象，更严重的“疾病”其实已经显露无遗。

在我看来，这种疾病的根本原因就在于——这在两次世界大战期间就已经产生，并且逐步支配了我们的生活——人们相信这么一种看法：为了确保在战争开始阶段就能取得优势，在和平年代就已经做好了全部生活和工作方面的准备，因为敌人的力量不仅妨碍着我们的自由，也会让我们有性命之忧。

这些被描绘为“症状”的事实可以用上面科学家的这一态度来解释。这种态度倘若不予以纠正，很有可能会引发大规模的战争，因为在美国国家军事预算中这种态度起着重大的作用。

给这个世界以何种程度的贡献，以及怎样才能使世界人民更安全地生活，这是当前主要的国际现实性问题。我们把关注的焦点集中于当前的国际政治问题的一个重要前提是，必须压制对扩大军备政策的过分狂热。

摆脱疾病症状的一个重要而彻底的方法便是战胜疾病。

培养独立思考的教育

1952 年 10 月 5 日出版的《纽约时报》发表了这个声明。

专业教育存在着诸多的缺陷，它使人成为一种机械性的工具，而不能使一个人的身心得到全面发展。最根本的是要使学生对价值[1]有自己的体会和理解，还要产生一定的感情。要使学生具有一定的明辨是非以及辨别道德高低的能力，这是最起码的要求。不然的话，学生也就如同动物园里被训练过的动物一般机械，而不能算是一个真正意义上的人。学生除了学习知识外，还应当走进社会，走进生活，学会与人相处，体

[1] 即社会伦理准则。

察世间百态，这样才能成为一个有感情的人，而不会成为一个只会机械性工作、没有感情的动物。

上面这些东西是教育者自身在社会接触的过程中得到的，不能说全部但至少有很大一部分是专业教育和课本学习无法给予的。这也正是文化构成的一个重要来源和文化保存的一个重要方式。我眼里的“人文学科”正如上面所谈的那样，而不是诸如历史、哲学等充满众多专业词汇而又枯燥无比的知识，所以我才郑重向大家推荐。

知识的过早专业化或片面地强调竞争，不但会使文化生活得以依托的精神严重受挫，甚至丧失殆尽，而且也会使专业知识本身僵化、停滞不前。对教育而言，学生的批判性思维和独立思考的能力无疑是十分重要的，然而，当下的学生尤其是那些青年学生，面临着来自诸如学分制等方面的沉重负担，这在一定程度上严重影响了他们独立思考能力的培养与形成，也因此使得教育只能流于表层而不能够深入。一种成功的教育模式，不是使学生感觉接受教育是一项不得不完成的任务和重负，而应该是让学生感觉接受教育像接受一种礼物那样快乐。

空间—时间

这是爱因斯坦的《时间—空间》条目一文，后来收入《不列颠百科全书》中。

空间和时间的科学概念在相对论出现后，发生了根本的改变。对此，闵可夫斯基有过这样的话：空间本身和时间本身从今以后都已成为阴影，要想保持它们两者独立的存在，只有两者相结合才行。这种结合也是我今天写这个条目的主题——空间—时间。对于大多数读者来说，这两个概念相当难懂，为了使大多数读者能对它们有个初步的了解，建议读者朋友们先读一下《相对论》那个条目。

我们的一切思想和概念，只有在涉及感觉经验时才有意义，也就是说，它们都是由这些感觉经验引起的。但同时，它们也是我们头脑自发活动的产物。因此，对这些感觉经验内容的逻辑推论绝不是思想和概念。所以，我们必须一方面研究这些概念同经验是怎样联系起来的；另一方面，还必须研究它们同那些对它们所作的论断之间的相互关系，只有这样，我们才能掌握抽象观念复合的本质。

科学的概念体系，同日常生活的概念体系之间并没有原则的区别，不过，这是就概念彼此相互关系及其同经验的关系所涉及的方式而言。通过对日常生活概念体系的修改，并且根据这门科学的目的和要求，完成了科学概念体系。

越普遍的概念越容易进入我们的思维之中，概念同感觉经验的关系越远，我们理解起来也就越难，特别是诸如“何处”“何时”“何故”“存在”……从童年时代起，我们就用惯了这些概念。关于这些我们认为最普遍、最正确的一些简单概念，已出了无数本哲学著作，但仍没能解释清楚。关于这个问题，人类就像一条鱼一样，想尽力明白水是什么。

空　间

我先来讲一下空间的意义。

所谓空间好像就是经验的物质客体的一种秩序，在我们个人的原始感觉经验里，似乎并不含有那种可称为空间的性质。所以，要想了解关于空间的种种概念，首先要了解“物质客体”概念。那何谓“物质客体”

呢？从逻辑上来说，这是一个原始的概念。你一定听过“靠近”“接触”等词，如果我们在分析这些空间的概念时，把它们在经验中的对应物弄清楚的话，就能理解“客体”的意思了。“客体”是用来分别某些经验复合群在时间上的持久性或者连续性的一种手段。客体这个概念的意义，完全取决于它们同原始感觉经验群的直觉联系，因此，客体的存在具有概念的本性。这种联系是不是就意味着原始经验向我们直接显示出物体的关系呢？其实，这只是一种错觉，只有在它们被思维的时候，这种关系才存在。

我们在上面的叙述中得到了两个物体接触的（间接）经验。只要注意到这一点，至少对现在来说，已经足够了。因为，就算我们现在把这个论断所涉及的各个经验都挑出来，也不会得到什么。用各种各样的方式，许多物体相互间可以发生永久的接触。我们现在谈物体的位置关系，就是在这种意义上说的。而在实质上，这种位置关系的普遍规律就是几何学所涉及的问题，也极为简单。这种说法至少是不错的，虽然有人认为，几何学里出现的命题是一些依照一定原则建立起来的空洞语词之间的关系。

我们看看空间在科学以前的思想中是什么概念。

很明显，在科学以前的思想中，我们也碰到过“空间”的概念，那它的意义又是什么呢？有这样一句话：你也许能想象某种东西不存在，但是，你不能想象的是，它们所占据的空间也不存在。这句话就是对科学以前的思想中的空间概念的解释。看起来可以这样认为，在没有任何经验以前，我们就有了空间概念和空间的表象。不仅如此，我们好像还借助这种先验的概念把我们的感觉经验有秩序地安排起来。还有，空间就像物质客体一样显现为一种物理实在，这种物理实在就算离开我们的思想，也依然是独立存在的东西。几何学里的基本概念如点、直线、平面……在这种空间观点的影响下，具有鲜明的特征。同时，这些几何学的基本原理，都被认为是必然有效的，也是具有客观性的。对于像“三个经验上既定的物体（实际上是无限小的）在一条直线上”这类陈述，不必对这种断言给以物理的定义，而可以直接下客观的定义。不过，后来引进了非欧几里得几何，才动摇了这种对几何概念和命题的直接实在意义的盲目信任。

我们再看看以地球为参照物，空间是什么概念。

如果我们从这个观点——“一切空间概念都同固体的接触经验有关”出发，理解“空间”概念是怎样产生的就很容易了；换句话说，一个同物体无关但体现它们的位置可能性的东西，我们是怎么提出来的呢？假设我们有一系列相对静止的物体，它们彼此是相互接触的，那么，其中的一些物体就会被另一些代替。它们这种有允许替换的性质，我们称之为“有效空间”，这也是决定刚体[1]能占据不同位置的原因。有这么一种看法：空间本身是具有统一性的某种东西。这种看法是怎么来的呢？大概是因为有这么一种情况：认为物体的一切位置都是参照一个物体——地球，这在科学以前的思想中是普遍的看法。但是现在，地球在科学思想中是用坐标系来表示的。这样的话，我们就会认定空间是无限的，因为有可能把无限多的物体紧挨着排列在一起。“空间”和“时间”的概念，在科学以前的思想中，同“参照体”这个概念很难相互区分。也就是说，空间里的某个东西，就对应着参照体上的一个质点。

关于几何学的基础。

我们都知道几何学是空间的理论，那么，有没有什么东西，在几何学的基础里，是预先就确定了的或者说预先就是必然的呢？现在回过头来看一下，我们才知道，我们以前以为是这样的，但现在一切都不是这样的。从逻辑上看，距离的概念是任意的，既然是任意的话，我们何必要找同它对应的东西呢，就算是近似对应也没有必要。同样的

[1] 在任何力的作用下，体积和形状都不发生改变的物体叫作刚体。

道理，直线、平面、三维性以及毕达哥拉斯定理[1]的有效性都是如此，甚至连续区理论，也绝不是由人类思维的本性得出来的。所以，从认识论的观点来看，与别的关系相比，纯粹拓扑学[2]的关系并不具有更大的权威性。

时　间

科学思想以外的时间概念是来源于个人经验的时间次序，同物理学上时间的概念是一致的。我们必须事先规定这种次序，然后才能接受。人们在生活中经常会提到这样的词——“立刻”“现在”以及“马上”……提到这些词，你就会想到这一瞬间。确切一点来说，就是你现在对时间的感觉同以前的感觉经验的回忆相结合。有了这样的感觉经验，我们就可以用“早”“正好”“迟”来表示时间系列，我们认为，这种经验系列是一个一维连续区。经验系列能作不完全精确的重复，它们能被认识也是因为这个原因，一些事件在这时可以代替另一些事件。但是，经验系列对我们来说仍不失其可重复的特征。以这样的方式，一维构架的时间概念就形成了，我们还可以补充和发展这种概念。需要注意的是，同一个经验系列，必须在同一主观时间间隔下才能适用。

有这样一个观念认为，存在着一个同主体无关的实在的外在世界，而上面所说的主观时间能够过渡到科学以前思维的时间概念，同这个观念的形成有着莫大的关系。客观的事件在这个意义上就同主观经验对应起来了，换句话说，经验的“主观”时间归属于这样一个时间——与之相对应的“客观”事件的时间。不过，外界事件和它们在时间上的

[1] 毕达哥拉斯（约公元前 580—公元前 500 年）是古希腊天文学家、哲学家。他组织了一个学术团体叫“青年兄弟会”，并和会众一起发现并证明了毕达哥拉斯定理。这个定理和我国古代的勾股定理是同一个定理。

[2] 拓扑学是数学的一个分支，就是研究有形的物体在连续变换下，怎样保持性质不变。它不考虑物体间的距离和大小，只考虑物体间的位置关系。

次序必须对一切主体都是成立的，这一点与经验的时间是不同的。

假如，对于所有人来说，对应一系列外界事件的经验的时间次序都是一样的，那么，这种客观化的过程，就会变得很容易。这种对应，对于那些在我们日常生活中直接的视觉来说，是严格正确的。所以，在非常大的范围里，认为客观的时间次序是存在的这样一个观念迅速确立了起来。以比较复杂的方式使事件同经验关联起来是必要的，这一点在形成外界事件的客观世界这个观念时就能感觉得到。开始的时候，由本能得到的思维规律和思维方式来研究这些，空间概念在那里起着特殊的作用。自然科学就是在这种精练的过程中产生的。

时间借助时钟来表示自己的量度。时钟大家都是知道的，它是自动地、不间断地经历一系列相等的事件，也就是在重复着一个又一个的周期。时间的量度，就是时钟所经历过的周期的数目。假如有一件事正在发生，一切观察者所观察这件事的时钟的时间都相同，那么所有人都同时看到了这件事，因为在这种情况下，时间同他们的位置无关。很显然，这种“同时性”的时间定义法是合理的。“同时性”这个假定的概念在相对论未提出之前，对于空间上分隔开的事件也有绝对的客观意义。

但是，我们又发现了光的传播定律，它推翻了这个假定。试想一下，光的速度在空虚的空间里，是一个同所参照的惯性系选取的无关的量，那么，同时性概念在解释那些发生在空间中隔离开的点上的事件，就不能给以绝对的意义。实际上，给每一惯性系规定一种特殊时间倒是必须做的。如果要断言空间中不同点上的事件是同时发生的，但又不用惯性系（坐标系）来做参照，那是毫无意义的。

从以上的论述可以知道，空间和时间融合在一起，就是一个均匀的四维连续区。

我的世界观（二）

这个片段选自其《思想和见解》一文，但这篇文章的写作年代已经无法考证。

在一些造诣较深的科学家中间，几乎所有人都有自己的宗教情感。

但是，和普通人的宗教观相比，这种宗教情感是不同的。对于普通人来说，上帝就是神，是无所不能的。人民害怕受到它的惩罚，很希望它来保佑自己。尽管它被渲染成为可敬畏的东西，但普通人对它的这种感情，就像是孩子对父亲的那种感情的升华，对于这种神，人们同它建立起的关系多少像是个人之间的那种亲切关系。

但是，科学家却不是这样，他们虔诚地相信普遍的因果关系。在他们眼中，道德只是人的事情，而不是什么神圣的东西。未来同过去一样，它的每一细节都是必然的和确定的。对自然规律展现出来的和谐感到狂喜、惊奇，是他们对宗教情感所采取的形式。这种和谐同人类一切系统的思想和行动相比，显示出一种超然的理性，人类的思想和行动在这种超然面前是很渺小的。假如科学家能从自私等欲望中摆脱出来的话，这种情感就成了他生活和工作的指导原则。这种情感和从古到今使那些宗教天才着迷的情感是非常相像的。

对科学的一些议论

本文选自《宇宙宗教以及其他见解和警句》。

我相信直觉和灵感！

……有时候，我相信自己走的路是正确的，但是，我自己也说不出为什么会有这种感觉。1919年，出现了日食，我一点也不惊讶，我早就做过这样的预测。如果没有发生日食，我反倒会惊奇了。知识是有限的，而想象力不同，它概括着世界的全部，所以说想象力比知识更重要。想象力是知识进化的源泉，它推动了科学的进步。可以毫不夸张地说，在科学研究中，想象力起到了巨大的作用。

世界在本质上是有秩序的和可认识的，相信这一信念是一切科学工作的基础。这种信念，是建立在宗教情感上的。我们弱小的理性发现了一小部分在实在中占有优势的秩序，我对这种秩序怀着崇敬之心，这种崇敬就是我的宗教情感。

在发展逻辑思维和研究实在的合理性的同时，在很大程度上，科学能破除世上流行的迷信。很显然，除了一些完全不需要理性干预的工作之外，做其他工作时，从世界的合理性和可理解性这种坚定的信念出发是任何科学工作者的基本素质。

音乐和物理学的研究有着不同的方法和对象，但它们的目标是一样的——对未知东西的追求。音乐和物理是相互补充的，不过，它们反映出来的东西是不同的。叔本华曾说过类似这样的话：为了摆脱日常生活的单调乏味，为了在这个世界上找到一个心灵上的港湾，我们在艺术上和科学上进行研究和创造。他的这个观点，我是完全赞同的。这个世界可以由数学公式组成，也可以由音乐的音符串联。我们研究和创造就是为了把世界变得更合理，在那里，能让我们的感觉比在家里还要美妙。在那里，能找到我们日常生活中没有的安稳。

就像艺术是为艺术而存在的一样，科学也是为科学而存在的，它既不会进行错误的证明，也不会夸耀自己作出的贡献。

我们常常借助概念来表达规律，这样的结果造成了规律的不精确。有人也许会说，概念是会向前发展的，但在将来，规律仍然会被证明是不准确的。现在，这种绝对正确的教条在任何论题和任何证明的底层都留着一些痕迹。

在研究中，自然科学工作者也许会碰到这种情况：他首先想出来一些相互关系，但是他自己也不知道怎么表达出来。这时候，研究工作者就应该具有特殊的宗教情感。他觉得自己必须有个大人来领导，把自己当成一个孩子。

我们的感官间接地反映着实在世界的客体，所以，只要用我们的感官，我们就可以认识神奇的宇宙。

真正追求真理的学者，他是不会考虑到战争的。（但是，爱因斯坦改变了看法，他看到了纳粹发动战争所带来的危害。）

宇宙不是我们表象的一部分，除了我们的宇宙以外，没有别的宇宙。用地球仪所作的比喻，我们显然不应当从字面上去理解它。这种比喻作为符号给哲学和逻辑的研究带来了很大的麻烦，因为人类理智倾向于把符号当作某种实在的东西，致使人们在这两个领域的研究中经常犯错。

如果我看到一块手表，我想不出创造它的钟表匠长什么样；同样地，我只看一幅图画，我也想不出画这幅画的人是什么样子。人类的理智还不足以研究所有的问题，但我们很想弄清楚宇宙和上帝是怎么回事。但在上帝眼中，不管是多少维，也不管多少年，都是一样的。

假如地球表面生存过一只被赋予分析能力的臭虫，它不仅能研究物理学，甚至还能写作品。那么我们说，这只昆虫的世界是二维的。也许，它在思想上和数学上甚至能理解第三维，但是，如果只凭直觉的话，它想象不出第三维。人就和这个臭虫差不多。当然，也有区别，那就是人是三维的。人在数学上也许能想象到第四维，可是，人看到或直觉地想象到第四维在物理上是不能的。他的理智不能理解第四维，第四维对于他来说，只是在数学上存在着。

第六篇

访谈录

- EINSTEIN'S OWN WORDS -

我对美国的最初印象

1921 年 3—5 月，爱因斯坦第一次出访美国，这是回国后与荷兰记者的谈话记录。《纽约时报》（*New York Times*）曾部分转载。

我在美国受到了热情的款待，所以谈一谈对这个国家的印象，这不是那么容易的。

在我看来，没有必要进行个人崇拜。大自然虽然并不是平均地分配她的赐物，但是，很多人都得到了优厚的天赋，尽管多数人过的是简单的生活。对他们中间的几个人大加赞颂是不公正的，甚至是无意义的。这就是我所经历过的命运，把公众对我的看法同实际情况对照，简直怪诞得可笑。我无法容忍这种情况，但有一点却也令人感到欣慰：在这个物欲膨胀的时代，知识分子还能被看作是英雄，这是可喜可贺的。这起码证明大多数人在知识、正义和财产、权力之间，他们选择了前者。在美国，这种理想主义的观点很盛行。

言归正传，首先让我感到惊叹的是，这个国家高超的生产技术和组织。同欧洲相比，日常用品比较耐用，房屋设计也实用得多。每件东西的设计都争取做到尽量节省人力成本。因为这个国家的人口资源同自然资源相比，前者更可贵。因为劳动力成本高昂，所以他的技术装备和工作方法就得到了更高的发展。而这在中国和印度正好相反，因为它们的人口过多，以至于廉价的劳动力妨碍了机器的发展。欧洲则处于两个极端之间。当机器发展起来之后，就连最廉价的劳动力也比不上它廉价了。欧洲的法西斯分子出于狭隘的政治偏见，总是希望自己国家的人口越多越好。在美国，政府通过高税率将外国的商品抵制在国门外，这种现象确实很奇怪，与一般的景象不相同……我不能对每一个问题都寻找一个合理的答案。

在这里，我还遇到了第二件令我感动的事情，就是这里的人愉快而积极的生活态度。美国人在拍照时表现出来的笑容是他们最大的财富。他们友善、自信、乐观，没有妒忌心，同美国人交往是轻松愉快的。

和美国人相比，欧洲人比较爱发表议论，胆小、缺少同情心和热心肠，并且比较喜欢孤独，在选择娱乐和阅读方式上爱挑剔，一般说来，悲观主义的味道比较重。

美国人非常重视物质生活的享受，他们把享受看得比其他方面都重要。美国人比欧洲人更加重视未来的生活。生活对于他们来讲总是流动不息的，绝不是一成不变的。

他们有一个方面接近亚洲人：从心理的观点来看，他们的个人主义比欧洲人少。

他们比较强调“我们”，而不是“我”。在美国，风俗传统有很强的力量，相比于欧洲，美国人在看待人生和道德标准方面非常一致，这是美国经济胜过欧洲的主要原因。在任何一个企业或者公司里面，员工之间的合作和分工比较常见，摩擦很小。这种社会意识很可能部分来自英国的传统。

另一方面，和欧洲相比，美国的国家力量受到了相对的削弱。电报、电话、铁路和学校等公用设施大部分都被私人控制，这种状况会让欧洲人感到惊讶。但这的确是事实，个人较强的社会态度使这在美国成为可能。同时，这种态度也造成了财产分配的极端不平均，但并没有引起社会动乱。美国富裕阶层的社会意识比欧洲的要强烈得多，有钱人认为把自己财产交给社会去支配是理所当然的责任；同时，巨大的社会舆论也在发挥着作用。除此之外，私营企业还行使着最重要的文化职能，因此，政府在这个国家里所起的作用就显得很有限了。

《禁酒法》[1]让政府的威信大大降低了。行不通的法律让政府的尊严受到了非常严重的损害。这件事直接导致了犯罪案件急剧增加，这是众人皆知的。

我认为禁酒对于政府威信的损害不仅仅于此。酒店是特殊的场合，人民可以在那里对公共事务交换看法。就我所见，在这个国家缺少这样一种机会，结果就使报纸对社会舆论产生了过分的影响，而报纸是被既得利益集团控制的。

这个国家人们对金钱的重视比欧洲人还要厉害，但这种现象已在减弱。人们逐渐意识到，巨大的财富并不能带来愉快和如意的生活。

在艺术方面，我被现代建筑和日常用品的风格感染。但是，同欧洲相比，这个国家的人民并不看重艺术和音乐。

我十分钦佩美国科学研究机构取得的成就，充足的经费只是很次要的一个方面，锐意进取、艰苦奋斗，朋友式的友好精神，以及精诚合作在他们取得科学成就的过程中起着最重要的作用。

最后，我还要再讲一点这次旅行的感受。美国是今天世界上最强大的国家，它在国际关系中的影响是绝对不可估量的。但是，它的人民至今对于重大的国际问题还没有表现出多大的兴趣。美国只为自己的利益着想这种情况也必须改变，上次世界大战已经证明，各个大陆之间不再存在任何屏障，一切国家的命运都紧密地交织在一起。作为一个大国，美国人民必须肩负起在国际政治领域里的重大责任，不能袖手旁观，否则，到头来必然要发生世界性的灾难。

[1] 1919年，美国国会通过了《禁酒法》，后来因为行不通被迫宣布撤销。

与泰戈尔关于真理的讨论

1930年7月14日，印度诗人、哲学家、神秘主义者拉宾德拉纳特·泰戈尔来到柏林，在西南郊的卡普特访问了爱因斯坦。本文就是两人之间的对话。

爱因斯坦：有同世界隔离的神这种说法，您信仰这个吗？

泰戈尔：这并不是我的信仰。人类会持续地发展下去，没有什么东西是人类的个体所不能理解的，个人正在认识宇宙，这同时也证明了宇宙的真理就是人的真理。

在这里，我要用一个科学事实来说明我的想法。大家都知道，质子和电子构成了物质，在两者的中间，没有任何别的东西。但是，各个电子和质子之间可能并无空隙，物质也可能是一种连续的东西。同样，两个人之间是相互联系的，无数个这样的两个人就构成了社会。这种联系很有意义，使人类社会具有像生命机体一样的统一性。就像同个人相联系一样，整个宇宙和我们也有联系。这就是人的宇宙。

对上述思想，我从不同的几个方面都做过认真的研究。

爱因斯坦：人们对宇宙的本性有两种不同的看法：

一、世界是依存于人的统一整体；

二、离开人的精神，世界仍独立存在。

泰戈尔：当永恒的人同我们的宇宙是和谐一致的时候，我们会把宇宙当作真理来认识，不仅如此，这时的我们会觉得宇宙是美的。

爱因斯坦：但是，这些对宇宙的看法都纯粹是您个人的。

泰戈尔：是的，但我认为不会有别的看法。这个世界就是属于人的，科学家的观念就是关于世界的科学观念。也就是说，除了我们现在生活的世界，再也没有别的世界。我们的意识决定了我们世界的实在性。同样地，以永恒的人的标准来说，赋予这个世界以实在性的那种理性和审美的标准是存在的。

爱因斯坦：您的意思就是说，人的本质就体现在永恒上。

泰戈尔：就是这样，是永恒本质的体现。不过，我们要认识它，还需要通过自己的感情和活动。那最高的人是我们需要认识的，这种人与现在的人比起来，没有我们固有的那种局限性。那种不受个别人局限的东西，正是科学研究的对象，科学的真理世界是超出个人的。而宗教会将这些认识的真理和我们更深刻的需要建立联系。就我们个人来说，对真理的认识具有普遍性。真理被宗教赋予了价值，而我们在不断认识真理，在认识的同时，我们有这样一种感觉：自己同真理的和谐。

爱因斯坦：换句话说，假如离开人的话，真和美都是不存在的东西。

泰戈尔：是的。

爱因斯坦：同样地，是不是在没有人类的情况下，贝尔维德勒的阿波罗像[1]也就不再是美的了？

泰戈尔：是这样。

爱因斯坦：我同意你对美的这种看法，但是，你对真理的看法，我是不能同意的。

泰戈尔：不同意？这也是同样的道理，真理也是要由人来认识的。

爱因斯坦：虽然我说不出什么理由反驳你，但这是我的信仰。

泰戈尔：在完美的和谐理想中蕴藏着美，而只有在万能的人之中才能看到完美的和谐；对万能精神完全的理解力就是真理，在不断犯错，

[1] 贝尔维德勒是梵蒂冈教皇宫殿的一部分，里面收藏着古典艺术珍品；阿波罗雕像也在里面，阿波罗是古希腊神话中的一个神。

不断积累经验，以及自己的精神不断受到启迪的情况下，我们这些个人逐渐接近了真理，这也是我们能够认识真理的方法！

爱因斯坦：我认为真理的正确性是不以人是否存在为转移的，对此我确信不疑，不过，我还无法证明。举个例子来说，毕达哥拉斯定理是几何学中的一个定理，我认为，里面的内容就有某种不以人的存在为转移的正确性的东西。总的来说，在离开人类的情况下，假如有一个独立的东西是存在的，那么，我们就可以这样认为，同这个实在有关系的真理也就是存在的；假如前面的条件不存在，后面也是不成立的。

泰戈尔：真理实质上应当是人的真理，因为它是体现在万能的人之中的；不然的话，我们已经熟悉的这些东西，就不能被称为真理，起码不能称其为科学真理。我们可以通过思维器官进行逻辑思考，从而接近科学真理。印度哲学认为绝对真理是存在着的，而这种存在是不能用语言来表述的，或者说是个别人的精神所不能认识的。只有通过个人完全开悟后，才能认识这种绝对真理。因此，这种绝对真理与我们所说的那个真理是不同的，绝对真理不可能属于科学。而真理的本性具有外在性质，换句话来讲，对人的精神来说，它是一种真理，因此这个真理就是人的真理。而绝对真理，我们可以把它称为幻觉。

爱因斯坦：依照这个说法，我们是同整个人类的幻觉、而不是同个别人的幻觉发生关系了。

泰戈尔：我们要想认识那个体现在万能的人的精神中的真理，就必须在科学中遵守规则，把我们个人精神中的一切束缚扔掉才行。

爱因斯坦：问题的关键是，真理是否以我们的意志为转移？

泰戈尔：实在的主观和客观两方面的和谐中存在着我们称为真理的东西，你会发现，是我们万能的人决定着这两方面。

爱因斯坦：但是，我们所用的物品，在离开人的时候依然是存在的，这在我们日常生活中就有例证。比如，空无一人的房子里有一张桌子，难道因为没有人这张桌子就不存在了？我们的这种想法，是为了找到一种合理的方式，以此来确定我们感官所提供的各种材料之间的相互关系。

泰戈尔：是的，虽然在没人的情况下，那张桌子仍然还是存在的，但是，你别忘了万能的精神，拥有桌子的那个人精神和我们的精神一样，可以感受到桌子，那个人一定知道桌子的存在。

爱因斯坦：我仍然相信，离开人类，真理还是会存在的。虽然，这是一种得不到解释或证明的自然观。但是，这是人人都会有的一种认识，也许人类刚刚进化时就会有这种认识。我们认为，真理的存在不以人的意志为转移，它具有客观性。也就是说，我们的经验、我们的精神甚至假如我们人类已经消失了，它也依然是存在的。不过，这究竟意味着什么？我们还讲不出来。

泰戈尔：桌子只是一堆木头，是一种外观；换句话说，人的精神里有一种认为是桌子的那种东西存在，假如人类消失了，人的精神不存在了，它显然也就不存在了。这一点是科学证实了的。不仅如此，桌子的基本物理实在性（物理属性）不过是许多单独的、旋转着的电力中心，而这些中心同样存在于人的精神中。

万能的人的精神同个人的有限理智在认识真理的过程中，发生了永恒的冲突。在各个领域中，真理的认识过程是从不间断的。不管怎么样，假如有一天，真的有离开人而独立的绝对真理；那么，对我们来说，这种真理也是绝对不存在的。

这样的精神的存在，我们很容易理解，从这种精神来看，事件的连续性只是发生在时间中，而不是发生在空间中，而这种连续性如同乐曲的连续性。实在性的观念对这种精神来说同音乐的实在性差不多，你刚刚提到毕达哥拉斯的几何学，但它对音乐的实在性是毫无意义的。文学作品是写在纸上的，但纸和作品的实在性不可相提并论。假如有一条书虫把书籍咬了，那对于蛀虫的精神来说，文学的实在性是根本不存在的；但是，对人的精神来说，文学作为真理具有比纸本身远大得多的价值。我们来假设一下，假如有这样一种真理存在着，它与人的精神既没有理性关系也没有感性关系；那么，作为一种生物，只要我们还具有人的精神，这种真理就什么都不是，也即不存在这样的真理。

爱因斯坦：我觉得，我在这种情况下比您更带有宗教情感。

泰戈尔：我的宗教就在于我自身的存在之中，就在于认识永恒的人——万能的人的灵魂。我在吉伯特讲座时讲的题目就是——人的宗教。

为和平而牺牲

1931 年 1 月，爱因斯坦访问美国期间拜访了美国作家乔治·西尔威斯特·菲雷克，这是他的谈话内容。

如果按照我们的需要来生活，而不屈从于僵化的经济理论和传统，我们会生活得很好。首先，我们不能因为战争而丢弃建设工作。我很赞同伟大的美国人本杰明·富兰克林说的一句话：战争从来都是不好的或者和平从来都是不坏的。

我不仅是一个和平主义者，而且要践行和平主义。我决心为和平而战斗。只有人民自己拒绝作战，战争才可以终止。

伟大的事业总是少数有魄力的人发起的。为自己所信奉的事业（比如和平）而死胜过为所厌恶的事业（比如战争）而受折磨地活着。每一次战争都阻碍人类的进步。拒绝服兵役的人能够使反战运动引起人们关注。人们的思想由于受到邪恶宣传的毒害，他们才成为军国主义者。我同意你的看法，我们必须教导群众抵制这种宣传。我们必须用和平主义精神来教育我们的孩子，让他们拒绝军国主义。欧洲人民已经被错误的思想毒害，这是欧洲的不幸。我们的教科书不是反战而是颂扬战争，把仇恨灌输给孩子们。我要教他们的是和平而不是战争，向他们灌输爱而不是恨。

所以，教科书应当重写。我们的教育应当废除古人的成见和怨恨，灌入一种新的精神。教育要从娃娃抓起。全世界的母亲都要在他们孩子的心灵里播下和平的种子，这是她们的责任。

根除好斗的本能不是一朝一夕的事情，全部根除这种本能是不可能的事情。人们应当继续做精神战斗，而不是为了偏见和私人贪欲去做流血的战斗。

想象一下，如果把战争中消耗掉的力量用于建设，我们能够建设一个无法想象的美好世界！把交战国所耗费的十分之一的能量用于提高每个国家的生活水平，那么就可以避免遍及全世界的失业。

可是我们必须准备为和平事业献身，正像我们不惜为战争而牺牲一样。这是目前最重要和迫切的任务了。

我改变不了宇宙的结构。但是，我的大声疾呼也许有助于维护人与人之间的诚意和地球上的和平。

论伯特兰·罗素的认识论

罗素（1872—1970），英国数学家和唯心论哲学家。

在当代科学作家中，除索尔斯坦·凡布伦[1]外，罗素的著作我是最喜

[1] 凡布伦（1857—1929），美国经济学家、作家和教师，现代资产阶级技治主义的创导人之一，长期担任美国《政治经济学》杂志编辑。

欢读的了，读他的作品使我感到愉快。所以，出于对罗素的钦佩和尊敬，当编者要我写点关于他的东西时，我马上就应承下来了。对罗素这个哲学家和认识论者，我已经答应别人要写几句关于他的话。但不久后我就发现，履行诺言比许下诺言要困难得多。当我提起笔来的时候，我发现自己进入了一个难以捉摸的状态；对他研究的课题我是没有什么经验的，无奈之下，我只能把所写的内容都限制在我还懂一些的物理学上。现下物理学的研究举步维艰，所以作为一个物理学家，必须比其前辈们更深入地去掌握哲学问题，才能为物理研究打下基础。物理学都有哪些困难在这里我就不提了，但没有人比我对这些困难更关心了。

哲学自发展到现在，在其思想的进程中，有一个问题始终起着主要的作用：如果不依靠感官知觉，纯粹思维还有没有认识？如果有，能够提供怎样的知识？如果没有，那该怎么定位我们的知识同感官印象所提供的素材之间的关系？对于这样一个问题，以及由此而衍生出来的其他相关问题，哲学上有各种各样的回答。不过，在这门相对来说没有做出什么成果的学科上，仍然可以从混乱中看到一个发展趋势：认识客观世界，一般靠纯粹思维去认识；在认识的过程中，我对“事物”世界越来越怀疑了，因为它同纯粹概念和观念世界是相对立的。我像一个真正的哲学家一样在“事物”上用了引号，说明一下，引号在这里是用来引进一种不合法的概念的，还得请读者暂时容忍一下。不过，这种概念在哲学警察们看来是可疑的。

在哲学刚发展的时候，人们认为只要用纯粹的思辨就可以发现一切可知的东西。毫无疑问，这是在幻想，因为他忘不了从后来的哲学和自然科学所学到的东西；但柏拉图认为更高的是“理念”，而不是凭感官得知的事物。这种偏见从斯宾诺莎到黑格尔一直存在，并且仍然是一种起重要作用的有生力量。也许有人会这样问：在哲学思想领域中，要是没有这种幻想，是否就能取得伟大的成就呢？但这个问题，我们一般不会问。

这种关于思维的无限洞察力的幻想是比较贵族化的，作为它的对立面的幻想，就是比较平民化的朴素实在论。朴素实在论认为，通过我们的感官，事物都是被我们感知到的那样。这种幻想是一切科学，尤其是自然科学的出发点；人和动物的日常生活也被其支配着。

要想克服这两种幻想，就不能把它们彼此孤立起来。相对来说，克服朴素实在论比较简单。关于这一点，罗素在他的《意义和真理的探究》（14～15页）一书的引言中，对此做了含蓄的说明：

从“朴素实在论”的原则出发，有这样的发现：事物都是像它们外观所表现的那样，如石头是硬的、草是绿的、雪是冷的……但物理学却告诉我们，石头的硬、草的绿和雪的冷，并不是如我们想象的硬、绿和冷，它们所表现出来的是别的意义。一位相信物理学的人在观察一块石头时，实际上，他是在观察石头对他的作用。这样看来，科学好像在和自己作对：明明它是客观存在的事物，却因为人的观察陷入了主观性。朴素实在论是物理学研究初期的基础，但现在，如果朴素实在论是正确的话，那物理学就是错误的；如果物理学是正确的，就证明朴素实在论是错误的；而物理学是对的，因此，朴素实在论是错误的。

这些话以巧妙的方式说出了我以前从没有想到过的东西。因为，贝克莱和休谟的思维方式，从表面上看来，和自然科学的思维方式似乎是对立的。然而，我刚才引用罗素的这段话揭露了一种联系：假如贝克莱通过感觉直接掌握到的事实不是外在世界的“事物”，而是同那个“事物”有一定联系的事件，那么，正是由于我们对物理学思维方式的信任，我们才会作这样一种考虑，才取得事物表象下的特征。相反，如果人们对物理学的思维方式表示怀疑，甚至在一般的特征上也不用物理学的思维方式。那么，在客体和视觉作用之间，就不用插进任何东西使客体从主体分离开来，不仅如此，连“客体的存在”都成为问题。

那种以为用纯粹思辨思维就能理解事物及其关系的信心，被这种物理学思维方式及其实际成就动摇。因此，人们逐渐承认这样一个观点：对事物的认识是通过对感觉所提供的素材进行加工而来的，这句话今天大概已经被公认了。但是这种观点的依据，不是靠用纯粹思辨方法证明得来的，而是基于上述意义上经验的程序反推过来的。这一原理被伽利略和休谟首先明确地确认了。

从感觉给我们的材料中，休谟注意到，根本得不出一些基本的概念。基于这样的看法，他对无论哪种知识都采取怀疑态度。读过休谟著作的人会惊奇地发现，在他以后，有许多而且还是很受人尊敬的哲学家，在哲学方面，深受其影响，写了许多晦涩的废话，一些读者也受到他著作的影响。在对哲学敏锐而又简洁的表达方式上，罗素常常使我想起休谟。

人们对获得可靠的知识总是有强烈的愿望，这也是休谟的主张非常令人震惊的原因。他认为：感觉材料是我们获得知识的唯一源泉，它通过习惯能够把我们引向信仰和期望，但只靠感觉材料是获得不了什么知识，更解释不了那些规律性的东西。这就给出了一个两难命题：凡是起源于经验的知识，都是靠不住的（休谟）。

这时候，康德出现了，他带着一种从形式上来看是站不住脚的观念登上了舞台。但并不能说他毫无贡献，这个观念的出现使解决休谟的两难论题又进了一步。在康德对这个问题的陈述中，我认为下面这一点是正确的：从逻辑观点来看，没有一条概念是从感觉经验材料直接得到的（我们在思维中使用的）。因此，以理性本身为依据，才能获得确实可靠的知识。一些知识（如一些定理）不需要从感觉材料中得来，它已经是思想工具的一部分。

实际上，我坚持认为：从逻辑上来看，在我们的思维和我们所说的话中出现的各种概念，不能从感觉经验中归纳得到，都是思维的自由创造。由于我们习惯把某些概念和概念的关系，同某些感觉经验结合起来，这一点才一直没被注意到。一条逻辑上的鸿沟，把感觉经验的世界同概念和命题的世界分隔开来，但我们却没有意识到。

整数（1，2，3……）就是一个很好的例子，这是人类头脑自己创造的一种记数工具，它的出现，使某些感觉经验的整理简化了。但直接从感觉经验中，是没有方法可使这种概念产生出来的。数的概念属于科学以前的思维，因为它构造性的特征容易看得出来，所以我才故意选择了它举例。然而，在大量根深蒂固的积习中，当我们转向日常生活最原始的概念时，很难认清这种概念是思维的一种独立创造；而这就会产生一种致命的想法——概念是从经验中通过去掉它的一部分内容产生出来的。这种想法，为什么是致命的呢？

那些熟悉休谟言论的人都相信：一些概念和命题要从思维中被清洗掉，因为它们有“形而上学”的特征，所以不能从感觉材料中推出来。物质的内容，只有通过一切思维同感觉材料的关系才能得到，这一命题我认为是完全正确的；但是，以这一命题作为基础，它的思维规定却是错误的。按照这一主张，任何思维都会被当作“形而上学”，进而被排斥掉。

为了使我们思考的内容不至于都变为“形而上学”或空谈，就要在概念体系中找一些固定的概念才行，这些概念要求有足够的命题，同感觉经验有足够巩固的联系，概念体系应当表现得尽可能统一和经济，有利于整理和通盘考查感觉经验的任务。但在逻辑上来看，这种“体系”不过是自由游戏，是一种按照任意规定的游戏规则来对符号进行的游戏。日常生活中的思想适用这个游戏，不仅如此，科学中比较有意识和有系统地构造出来的思想也适用这个游戏。

读者应该能清楚地明白我的以下说明：休谟用清晰的批判决定性地推进了哲学，同时，这也给哲学造成了一种危险，当然，这不是他的错。但他的批判慢慢地成了一种致命的“对形而上学的恐惧”，并发展成现代经验论哲学推理的一种顽疾。在早期的哲学史上，这种顽疾是哲学推理的对立物，哲学推理的观点是这样的：感觉所给予的东西是可以忽略的、是可以不需要的。

在罗素的近著《意义和真理》中，他作了一些敏锐的分析，人们极为推崇。但我仍然以为，这种“形而上学”造成的一些损害的恐惧，在他的著作里一样存在。

在罗素的著作里，我特别高兴地注意到了他的努力，特别是在这本书的最后一章里，他弄清了这样一个问题：没有“形而上学”是不行的。

但是，我能看出他在字里行间闪现着内心的不安，不知是何原因。

关于科学和政治问题答客问

1944 年 6 月 17 日，《自由世界》杂志上发表了“科学和世界合作”论集，这是爱因斯坦对论集中一些问题的答复。

问：科学打破了孤立主义的旧世界，让世界连成一体。为求得世界合作，科学家能够发挥什么作用？

答：在我看来，科学家公开支持建立超国家权力的国际组织，是他们目前为世界作出的最好贡献。一想到现在混乱的国际社会，科学家的这个努力就显得更加必要了。

问：有些人好像曾经说过一个真正的或者“纯粹的”科学家不应当关心政治问题。你怎样评论你的这个说法？

答：我认为每个公民都有责任和权力来表明他的政治观点，如果公民忽视这种责任，那么真正的民主政治就不可能成功。

问：如果物理学和数学的进步对社会进步有影响，您认为这是什么样的影响？

答：物理学和数学对社会有重大影响。首先，它们促进生产技术发展。其次，物理学和数学像一切高尚的文化成就一样，可作为一种有效的武器防止人们陷入消沉的物欲主义之中，这种物欲主义会导致充满欲望的统治。

问：你能为消除纳粹思想并使德国转到民主道路上来提出一些措施吗？

答：可以消灭纳粹党或者让他们继续受压迫；要教育他们沿着民主的路线去思想和行动是不可能的。

要原子战争还是要和平

这是爱因斯坦的谈话记录稿，1945 年秋天，爱因斯坦在普林斯顿向美国广播公司时事评论员斯温发表了关于原子弹的谈话。

原子弹的研制成功并没有产生新的问题。它只不过让需要解决的问题变得更加迫切。它没有在本质上影响我们的观念。只要各个主权国家不受制约，战争就不可避免，我们不知道战争会在什么时候到来，但战争一定会到来。这种认识在原子弹制成之前也是正确的。原子弹所改变的只是战争的破坏性。

我不相信文明会因为在战争中使用了原子弹而被毁灭。原子弹的使用也许让地球上三分之二的人死亡，但还会留下有思想的人和足够的书籍，这些都能使我们从头开始重建文明[1]。

[1] 后来收录这篇文章的文集删去了这一段。

我认为原子弹的秘密不应当交给联合国组织，也不应当交给苏联。这两种做法都好比一个资本家想同别人合伙办企业，一开始就把他一半的钱分给了那个伙伴。那个人在得到钱后可能去开办另一个企业，而我们实际需要的只是那个人的合作而不是与他竞争。原子弹的秘密应当移交给一个世界政府，这样一个世界政府应当包括美国、苏联和英国，因为这三个大国拥有其他国家没有的强大的军事力量。这三个国家首先应当把它们的全部军事力量移交给这个世界政府。目前只有这三个国家拥有强大的军事力量，这个现实使建立世界政府显得容易，而不是更加困难。

三个国家中只有苏联没有原子弹，那么前两者就应当邀请苏联为世界政府进行准备，并且提出一份世界政府宪章的初稿。这样做有助于消除苏联人的不信任，他们会认为对原子弹保守秘密就是为了不让他们得到它。显然，世界政府宪章的初稿不是最后的定稿，但是应当使苏联人感觉到世界政府欢迎他们。

这份宪章最好由一位美国人、一位英国人和一位苏联人共同协商制定。当然，他们必须有顾问，但这些顾问只能提供咨询。我相信这三个人就可以制定出一份其他强国都能接受的实际可行的宪章。要是由六个、七个或者更多的人来做，那说不定就会失败。三大强国起草并通过了宪章之后，就应当邀请较小的国家来加入世界政府。这些较小的国家也应当有不参加的自由，它们也许认为在世界政府之外也是安全的，但是我相信，它们最终是会乐意参加的。它们有权对三大国所起草的宪章提出建议。但是，不管那些较小的国家是不是决定参加世界政府，三个大国都应当继续努力下去，把世界政府组织起来。

这个世界政府有权裁决一切军事问题，除此以外，它有权干预地区争端和不稳定。例如，对于今天在阿根廷和西班牙存在的情况，世界政府就应当加以处理。必须取消不干涉这个概念，有时不干涉会让事态变得更加糟糕。

世界政府应当马上建立。虽然苏联还不是民主统治，但我认为这个国家的内部状况不会对世界和平构成威胁。人应该明白，苏联人民的政治教育传统并没有多么悠久；苏联的国内状况必须由少数人来改善，因为多数人不可能去这样做。如果我是一个苏联人，我相信我对这种局势有办法。

建立这样一个对军事有约束力的世界政府应当没有必要去改变三大国的内部结构。三个人应当在不管他们国家结构的前提下，努力合作起草宪章。

世界政府难道不会演变成一种暴力统治吗？对于此我当然害怕，但我更害怕再来一次战争。从某种程度上来讲，任何政府都是一种祸害；但是比起大得多的战争祸害来，世界政府还是要好一点，尤其是从目前已经加剧的战争的破坏性来看，情况更是如此。这样的世界政府必然会出现，但如果不是通过国家之间达成协议的步骤建立起来，它将以一种更加危险的形式出现；因为每次战争的结果无非是出现一个压倒其他国家的军事霸权强国，它用自己的力量统治和支配世界。

将原子弹的秘密交给联合国组织或者交给苏联是一件冒险的事。但是大家必须明白，我们保守原子弹的秘密，不是为了突出我们的实力，而是希望世界政府尽快建立起来，从而通过世界政府来确立和平。

有些人建议采取渐进的办法建立世界政府。他们希望采取一次迈一小步的办法达到这终极目标，这其中的问题是，我们已经拥有了原子弹，当他们采取这种做法时，那些没有原子弹的人很难相信我们的真实意图。这就造成了敌对国家之间的恐惧和猜忌，使得关系恶化到危险的程度。这些人的建议表面上是在接近世界和平，实际只能是促进可能爆发的战争快速爆发。我们已经没有时间在这条道路上浪费了，如果要防止战争，我们就必须立刻行动起来。

况且，我们也不能永远地保住原子弹的秘密。有的人认为，别的国家没有足够的钱去发展原子弹，因此我们可以长期保住这个秘密。用金钱来估量事物，这是美国式想法。其他国家只要有原料和人力，并且想发展原子能，它们就能够做到；人和物资以及发展原子弹的决心，就是研制原子弹所需要的一切，而钱则不是必需的。

我没有把自己当作原子能之父。在研制原子弹这方面，我起的作用是非常间接的。事实上，我没有想到在我的有生之年能看到原子能得到释放。我只相信这在理论上是可能的，链式反应让它很快成为实际，这不是我所能预料到的。链式反应是哈恩在柏林发现的[1]，刚开始，他也没有意识到。从德国逃出来的丽赛·迈特内[2]对哈恩的发现提出了正确解释，她把这消息告诉了尼耳斯·玻尔。

我认为原子科学的伟大意义不是靠简单的组织就可以得到保证的。人们能够把发现的成果组织起来，但不能把发现本身组织起来。只有个人拥有自由后才能作出发现。但是应该有保证科学家自由和适当工作的组织。因此，美国大学应该减轻教授们的教学负担，使他们有较多的研究时间。一个科学家组织能作出像查理士·达尔文那样的发现吗？

我认为美国庞大的私人公司不可能适合时代需要。其他国家的人来到这个国家，当他发现这个国家里的私人公司竟拥有那么大的权力，却不需要承担相应的义务，他肯定会感到震惊。我这句话的意思不是要求美国政府实现社会主义，而是应当控制原子能，因为原子能是由政府发展起来的；把这份人民的财产转交给任何私人，或者任何私人集团，那都是无法想象的。……还不能估计什么时候可以和平地、建设性地利用原子能。我们现在所知道的只是如何利用大量的铀。什么时候能将小量的铀应用到比如说开动汽车或者飞机上，目前还不知道。毋庸置疑，这个目标会达到，但没有人知道什么时候能达到，也没有人知道什么时候可用比铀更常见的原料来产生原子能。铀是原子量较大的重元素，这些

[1] 哈恩在 1938 年 12 月发现的是铀核的裂变，不是链式反应。这里的谈话记录是错误的。1939 年初，约里奥 - 居里、费米和西拉德分别独立发现了铀核裂变的链式反应。

[2] 事实上，迈特内当时在瑞典斯德哥尔摩诺贝尔物理研究所工作，不是刚从德国逃出。迈特内的外甥弗里许把哈恩发现铀核裂变的消息从柏林带到瑞典。他们两个把这一情况告诉了正在美国访问的尼耳斯·玻尔。这里的谈话记录不确切。

元素由于缺乏稳定性而较为稀少。这些原料经过放射性蜕变后大部分都会消失。因此，尽管原子能的释放已经变成现实，而且将来无疑会造福人类，但这个恩惠暂时还不会成为现实。

我言语迟钝，不能让大多数人认识到目前人类所面临的问题的迫切性。因此，我要推荐对这个问题有深刻思考并且有解释才能的人的书，这就是埃梅利·雷韦斯[1]的《和平的解剖》，这本关于战争和世界政府问题的书写得很有才气，清晰，简洁有力。

我不能预见原子能将来的作用，但我可以明确地说，它在目前是一种威胁。但这也许是件好事，它可以迫使人类不得不到国际事务中去解决争端，而要是没有原子弹的压力，这种做法肯定是不会出现的。

要原子战争还是要和平（续篇）

这是爱因斯坦在1947年秋天同斯温进行的第二次谈话。

自从第一颗原子弹研制成功之后，世界不是更安全了，而是更不稳定了。我不能专业地介绍原子弹的发展情况，因为我不在这个领域里工作；但是这一行的人已经指出，他们已经造出来了威力更大的原子弹。当然，人们能够想到，原子弹可以造得大得多，它的威力也越来越大，而且人们还可能广泛使用放射性气体，这种气体会在不毁坏建筑物的情况下造成人类严重伤亡。

[1] 雷韦斯（1904—1981），英国著作家、发行人，积极参与反法西斯运动。

现代战争技术不仅仅只是原子弹，还包括其他各种可能性。不过我怀疑其他技术，比如细菌战所产生的危险是不是可以同原子战争相比拟；但人们不需要担心链式反应会毁灭这个行星。人们不用担心这个，因为如果人能造出来这样巨大的链式反应，那么它早就会由于那些不断射到地面上来的宇宙线而发生了。

我们用不着担心地球会像宇宙中的星体那样爆炸而毁灭，但我们必须认识到原子战争的危险，并且认识到如果再发生战争，那么它所造成的破坏很可能是前所未有的，也是现在无法想象的，现存的文明很可能消失殆尽。

近几年，尽管公众对原子战争有所警惕，但没有对它做些什么，而且在思想上对现存的危险大大放松了。这可能是破罐子破摔，因为人们觉得反正那种危险是不能避免的，或者对此也没有什么办法，那就不如干脆忘掉为好。要是美国扔掉它的工业，并且疏散了它的城市，那么人们的这种想法也许是合理的。[1]实际上，这个国家没有这样做，这也许是一件好事；因为要是美国这样做了，别的国家会认为我们在为原子战争做准备，这会增加原子战争的可能性。但另一方面，政府对于避免战争什么也没有做，这是不可原谅的。

我再次强调，原子弹在避免战争方面没有起到任何作用。尽管美国向联合国提出过让超国家组织管理原子能的建议，但只是提出了一个附有条件的建议而已，而且这些条件没有被苏联接受。于是美国政府就把失败归咎于苏联人。

美国人不应仅仅责备苏联人，他们应该看看自己：他们自己在超国家组织建立之前不会不使用原子弹；而且如果超国家管理最终没有形成，他们还会继续使用原子弹。美国人的这种做法增加了别国的恐惧，它们认为如果不接受美国所提出的超国家管理的条件，美国人就会用原子弹

[1] 后来的文集没有收录这一段。

对付他们。

美国人确信他们不会发动侵略战争，因此，他们没有公开宣布不会再次首先使用原子弹。但是这个国家却不愿意宣布使用原子弹是非法的，要这样做，除非满足他们提出的超国家管理的条件。

美国这样的政策是错误的。我认为美国不声明拒绝使用原子弹，也许出于军事上的利益，那就是美国手中有了原子弹，就可以威慑别的国家。但智者千虑必有一失。美国实行了这样的政策，其他国家就不愿意达成关于原子能限制的超国家管理协议了。如果只有美国一国拥有原子弹，问题倒还好解决；一旦别的国家也能制造大量原子弹，而由于没有国际协议，美国就会首当其冲，因为它集中的工业和高度发展的城市是其他国家没有的。

垄断原子弹又拒绝宣布它为非法的做法，对于美国的另一处害处是证明了它未能回到战争的伦理标准上来，而这种标准很早就被正式承认了。不应当忘记，美国制造原子弹原来是作为防备德国人率先使用它。德国人最早轰炸非军事中心，后来日本人常常这样做。战争末期，盟军给以法西斯同样的还击，而且手段更残忍，这种以牙还牙在道义上是正当的。可是现在，在战争结束后，美国却拒绝宣布原子弹为非法，只能说明它把占有原子弹作为政治资本。这就很不应该了。

我不是说美国不应当拥有原子弹，美国拥有原子弹能够制止别的国家发动原子进攻，这应当是储存原子弹的唯一目的。同样，我认为，联合国也应当拥有原子弹，它拥有原子弹，也仅仅是为了制止侵略者，或者是为了预防邪恶国家发动原子战争。联合国应当同美国还有其他任何国家一样不主动使用原子弹。拥有原子弹而又拒绝答应绝不首先使用它，那是利用原子弹以达到政治上的目的。美国可能是为了恐吓苏联接受原子能的超国家管理才这样做。但是这样的恐吓只会加剧现在的敌对行为，并且增加战争的危险。我认为美国将目的和手段混淆了。

在战争时期，我们不得不接受压迫者的那种无理的伦理标准。但是现在我们已从战争中挣脱出来，却还感觉到受一种标准的束缚。因此，我们正在走向另一次战争，而这次战争的伦理标准则是由我们自己的行动形成的。

人们也许还不知道，未来的战争将大量使用原子弹。人们可以根据上次战争结束前爆炸的三颗原子弹来估量出原子弹所造成的危险。公众也许还没有意识到，原子弹巨大的威力已成为一种进行破坏的最经济的手段。原子弹将会在下一次战争中大量使用。如果美国的政治家没有不使用原子弹的决心，那么原子战争必将发生。美国只有认识到，由于他们有受原子弹打击的风险，他们有原子弹不是更强大了而是更虚弱了；他们才能在成功湖[1]或者在同苏联的关系上表现出诚恳的态度。

从另一方面说，美国同苏联没有就原子控制问题达成协议，不是因为美国没有宣布使用原子弹为非法。因为苏联人已经讲得很明白，他们从来不赞成超国家政府的成立。他们不仅在原子能问题上拒绝超国家政府，而且在原则上就不同意。他们不同意任何一个关于世界政府的建议。

葛罗米柯先生说得对，美国关于原子武器的建议实质就是国家的主权与原子时代不相容。他认为，苏联不能接受这种论点而提出的种种理由都是一种托词。因为苏联的领袖们相信：如果进入超国家政体的组织内，他们国家的社会结构将发生改变；苏联政府是不愿意看到这种变化的，所以握有大权的苏联领袖们会尽全力阻止超国家政体的建立。[2]

苏联人的这份担忧有一部分也许是正确的，但他们迟早会认识到，参加超国家政体比待在法治世界外面要好得多。但从目前看来，他们这种恐惧心理占着优势，而且美国在原子能方面的做法也在大大地加重这种恐惧。的确，美国对苏联政策的信念是恐吓——认为这是最有效的武器。

---

[1] 成功湖是联合国总部的所在地。

[2] 后来的文集没有收录这一段。

可是，不能因为苏联人的阻止，别的国家就不去试图创建超国家的安全体系。上面已经指出，苏联人因为不可告人的原因阻碍超国家政权的建立;但当超国家的安全体系真的建立了,他们是能够接受它的。所以,美国和别的大国最好不要因为苏联的否决而放弃创建超国家安全体系的尝试。因为一旦苏联人看到他们不能阻止这样一种政体的建立，他们也会参与进来。

到目前为止，美国所关心的只是它自己的安全并不关心苏联的安全问题，这是各主权国家争夺权力斗争的特征。但是如果美国的领袖们在国际关系中采取一种法治的政策，而不是目前的无政府主义政策，那么苏联的恐惧会发生一种不可思议的变化。因为在法治世界里，苏联的安全也等于我们自己的安全。民主制度下的美国应当是能做到的。

目前，苏联人都认为美国人民实际上支持备战政策，而且还把这种政策当作有意的恐吓。如果苏联人相信，美国人确实在真诚地维持和平，即通过法治的超国家政体来保护和平；那么，他们肯定会改变那种把美国看作是威胁的做法。只有当美国能向苏联提出一个真诚的、令人信服的建议时，人们才有资格希望苏联改变。

苏联人也许最初拒绝这种法治世界，但是过不了多久，当苏联人看到这样的世界没有他们也能够建立起来，而且他们自己的安全也会因这个新组织而加强，那么他们必然会改变最初的想法。

我们邀请苏联人参加那个世界政府，如果他们不愿意参加，那么我们就着手建立不包括他们在内的这个世界政府。但我不得不说，这样的做法是危险的。如果这样做了，那就必须讲明白，这个世界政府并不是一个反对苏联的联盟。它是一个力求减少战争可能性的组织。它的利益是众多国家的利益，所以不大会引起战争。同样，它比任何一个单独的国家都要大，因而统治力也就比较强。这个世界政府包括的地域非常辽阔，很难用军事手段来摧毁它。它将致力于各个国家的安全，反对国家至上的概念——这种概念正是引起战争的导火索。

没有苏联参加就建立起来的超国家政体，应当在行使其职责中表现出诚意，它都要向苏联表达邀请的愿望，并且应当时常加以强调。超国家政体必须保证当一个国家决定不参加时，它不会受到什么惩罚。如果苏联决定参加时，我们要欢迎。这个组织的人必须懂得这个组织的最后目的是要苏联的参加。

这些意见都是抽象的，需要有引导苏联参加超国家政体所必需的具体的政策。苏联参加超国家政体有两个先决条件：这个新组织的任何军事秘密都应该是透明的；苏联在起草、讨论和正式通过组织宪章时有决定权。

有军事头脑的人听到不保守任何军事秘密的建议时，也许要大吃一惊。他深信如果重要的情报不保密，就有可能引起新的战争。我承认，军事秘密透明是有点冒险的，但是如果有足够多的国家这样做，我们就能抗得住这样的风险，消除了恐惧、猜疑和不信任，我们就能更自信地来这样做。超国家组织中不断增长的信任将缓解全世界的紧张局势。最终，这种发展可能会影响到苏联人民，他们的领袖们也会转变对待西方的态度。

按照我的看法，超国家安全体系的代表必须由每一个成员国里的人民通过秘密投票选举出来。因此，这些选出的代表将代表人民而不代表各个政府，这样有利于这个组织的和平。

不能通过民主准则选举代表，民主制度和民主准则都是历史发展的产物，如果根据这样的准则来作决定，西方制度和苏联制度之间的意识形态的差别会更加尖锐起来。

意识形态的差别不是现代战争的原因。毫无疑问，如果西方国家都实行社会主义，东西方之间争夺权力的冲突还会继续存在下去。不同经济制度造成冲突的解释，我认为也不十分合理。经济究竟应当像美国现在那样由比较少数的人来支配，还是应当服从国家的管理，这个问题也许是很重要的，但绝对不是冲突的主要原因。

我希望看到这个超国家安全体系里的国家共同来组织军事力量，只为自己保留一小部分的警察部队。那时，这个组织里的军队可以分配到各个国家，就像以前奥匈帝国军队那样来使用，那时的军队将受到人们普遍的称赞。

我希望这个超国家政体的权力只限于维护安全，这也许很难做到，以往的历史表明，超国家政体在这以外有一点管理经济事务的权力也是可取的。因为在现代条件下，经济的事变会导致资本主义国家间的暴力冲突。但我还是希望这个组织的职能只涵盖安全。[1] 我希望看到联合国能发展成为这种超国家的政体，继续它的和平使命。

我充分认识到，不管有没有苏联参加，建立世界政府都会面临巨大困难。它所要冒的风险是那样的明显。但我也相信世界政府迟早会建立的，接下来的问题是：要付出怎么样的代价才能实现它？再来一次世界大战可能催生它的出现；但是在这样的一次战争之后出现的组织往往是由胜利者靠他的军事力量建立起来的，因而这样的组织也是军事化的世界政府。

可是我也相信，世界政府能够通过代价很低的和平的力量建立起来。但是单单靠理性不能建立世界政府。共产主义制度在东方繁盛的一个源泉，在于它具有某些宗教的特征，这些特征激励起人们一种类似于宗教的情绪。我们必须聚集起这样一种宗教运动的力量和热情，否则就很难成功。这对那些有责任的人来说，既是机遇又是挑战。原子科学家已经明白，他们不能单用逻辑来唤起美国人民对原子时代的认识，还必须加上真诚的力量，这也就是宗教的基本成分。我希望不仅是教堂，其他任何机构都能在这方面很好地完成他们的责任。

[1] 这是 1945 年 1 月，爱因斯坦同 A. 施特恩的谈话。

关于哲学和科学问题的谈话

1945 年 4 月，在普林斯顿高等学术研究院发表的公报中，以荣誉退职教授的名义，相对论的创造者——阿尔伯特·爱因斯坦已经从研究院的教授职位中退休了。这位伟大的物理学家退休的消息，将使其敬慕者和弟子们感到遗憾。他的成就举世瞩目，英国科学院称其为“自牛顿以来，物理学上最伟大的进步”。

虽然爱因斯坦已经退休了，但他仍然可以从事一些科学活动。这和公务人员的退休不一样，有才智的人只要活着，就没有严格意义上的退休。只要爱因斯坦的大脑还能转动，它就会一直对宇宙的秘密沉思下去。他曾说自己信奉“宇宙的宗教”，这个信念始终鼓励着他，让他忠诚于他所献身的事业：研究自然界和思维世界里令人惊叹的秩序。

我有幸得到爱因斯坦教授的邀请，就在他快退休的时候。他住在新泽西州普林斯顿，我受邀之后来到他朴素的家里做客。我们在喝茶时，讨论了一些科学问题，当然，也有其他各方面的问题。爱因斯坦说，他现在正在苦心推敲相对论的某些变化。

和那些住在象牙塔里的科学家不同，爱因斯坦教授充分了解到，科学家是生活在一定的社会、道德和政治的氛围中、而不是生活在抽象的空间中的。因此，科学家的工作受到他所在国的环境制约。众所周知，他在美国生活了十三年，他的“所在国”就是美国。在我们谈话之前，他说到了今天科学在美国和全世界的任务。

欧洲原本是知识界的中心，但战争使其成为废墟，一些知识分子不断地从那里来到美国，甚至包括一些欧洲杰出的知识分子。他们的到来，更好地了解了这个国家，对这里的发展有着惊人的贡献。

爱因斯坦说："美国科学机构的研究工作有着不凡的成果，这一点令我极为钦佩。美国的科学研究不断出现一些成果的原因是什么呢？有人会说，是美国大学的实验室有许多资金。不错，这是一个原因；但你要把它当作唯一的原因就大错特错了。还有一个起决定作用的原因：研究人员的专心致志。我在这个国家生活了十几年，我注意到这些研究人员极有耐心，更有团队合作的精神。所以，美国人更重视'我们'，而不会太强调'我'。美国轻而易举地创建了大学实验室、大量的工厂以及慈善机构……在这些分工完善的机构里，在这里工作的人们没有摩擦，这也是因为合作的原因。"

爱因斯坦继续说："与欧洲人相比，美国人有更大的社会倾向性。正因如此，虽然美国在财富的分配上极端不平等，却没有像欧洲那样导致严重的后果。在这里，富人很有社会责任感，对于把他们的很大一部分财产和事业交给社会，美国的资本家感到这样做十分自然。当然，这里还有强大的公众舆论，也要求他们这样做。美国一些最重要的文化规划，比如，大学和研究机构的基金和维持费，大部分是靠私人的主动捐献；而在欧洲，总是由国家出资。"

我们转移了话题，开始谈科学为我们带来了什么。看到科学成果被用于破坏，这位伟大的和平主义者深表遗憾和担忧。他批评说，现在用科技成果造出的武器，都是先想到如何对敌人进行更大范围的进攻，而不是用这些成果来制造一些防御性的武器。

我问他："不久之后的战争中，原子蜕变会不会释放出巨大的原子能？"

这位伟大的物理学家答道："确实是这样，绝对不是空想，但这是个不幸的结果。当原子能被应用于军事技术的时候[1]，将会在瞬间摧毁整个城市。

[1] 这些话是在广岛和长崎上空原子弹爆炸之前七个月讲的。

现在的战争，只是毁灭一些房屋和街道，与原子能相比是小巫见大巫了。”

我们转到了较为宁静的纯科学话题上，刚才那个话题太沉重了。我问道：“目前，相对论是什么状况？”

相对论的创造者答道：“一直到现在，在理论物理学中，广义相对论还不是最后的定论。它用来描述空间性质的特殊方式不是注定永远不变的，而是暂时的。如果后世有什么理论取代它，有些东西还是会继续保留下来：绝对的运动是没有的，并且在物理学定律中，必须把这一点表示出来。

“我当初建立相对论的时候就发现，它不能解释原子论和量子现象。不仅如此，在这个共同的数学公式中，电磁场和引力场现象也不包括在内。从这一点可以知道，相对论的基础固然是不可动摇的，但它的原始形式并不是最后的，它的表达方法也是在进化的过程中。我现在有一个重要的工作：专心致志地为这种进化和相对论的推广努力。”

爱因斯坦教授在谈到关于这项工作的逻辑运算时说：

“要想证实一个理论是成立的，最困难的任务就是：经过推论，这个理论的最后结果能不能在经验上可检验，可检验的推论和理论的基础之间的距离变得越来越大。现在，我正竭尽全力解决这一问题：用同一个数学形式把引力理论和电磁理论之间的二元性合并在一起。”

由于海森伯的“耸人听闻的测不准原理”，使现在的物理学正在经历着“因果性”的危机，我们谈到了这一话题。

我在这一问题上提醒爱因斯坦：“正是您的光量子理论，使海森伯发现了测不准原理。”

爱因斯坦答道：“的确是这样。不过，什么有一种光子的‘理论’，我可不喜欢这么说，它只是一个简单的发现，并不是一种理论。我在这个发现里说过，光也是由一些叫作光子的微粒组成的，而不仅仅是由一些光波组成的。这个发现也带来这样一个结果：光是具有原子结构的，而且，光也是有重量的。”

知道海森伯的观点的人都知道，他认为对微粒的一切测量必定都是不准确的。这是因为，在测量时，光子撞击它，它受光子的影响改变了位置和速度（改变了它的能量和动量）。由此，海森伯得出这一结论：我们不可能准确地知道世界的现状。这样的话，对世界现状的未来也就不能预知。所以，海森伯用概然论来代替古典的决定论，推断“因果律失效”。

我问道：“您对于这种根本否定的态度有何看法？”

爱因斯坦回答说：“作为指向理论的一个公设的因果性和作为指向可观察量的一个公设的因果性，我们必须把它们区分开来。经验的因果性并不存在，所以后者这一要求始终得不到满足，而且以后也是这样。我认为把因果性看成这样一种公式——现在和将来之间的时间上必然的序列，是太狭窄了。那不是唯一的形式，而只是因果律的一种形式。按照广义相对论，失去了独立性的时间变成了称之为世界四维系的一个坐标。因果性在四维空间的世界里，只是两个间断之间的一种联系。这样构成的因果律是符合广义相对论的。”

我提醒爱因斯坦说，在可观察的、统计的世界后面，隐藏着一个受因果性支配的实在世界。这一观念曾遭到海森伯排斥，他这样写道：“物理学是这样被假定的，用形式的方法描述知觉之间的联系。……因果律的无效是确实的，所有的实验都服从量子力学定律就是证明。”爱因斯坦教授对于这个观点这样说：

“我们毫不怀疑地认为，量子力学是一个富有成效的学说；但是，我绝不相信它构成真正的自然观，因为它并没有接触到事物的本质。虽然我们能够描述自然界，但自然界的规律是讲实体在时间上的变化的，而不是只讲可能性及其变化。我不是实证论者，所以我相信，外部实在的世界，构成一个我们不会放弃的基础。实证论是这样的观点：凡是不能观察到的就是不存在的。但科学上，这种观点根本没有有力的依据，因为，我们不可能对人们到底‘能够’观察什么或者‘不能够’观察什么做出有效的断言。那是不是应该这样说呢：我们能观察到的才是存在的东西。因为可观察的世界并不‘存在’，很显然，这种说法也是错误的。我们所观察到的并不是世界。”

这位伟大的物理学家继续道：“物理学规律是关于存在的规律，早已不被量子力学所认同，不仅如此，量子力学还限制了物理学，让物理学只限于讲那些关于存在的某些可能性的规律。按照量子理论，知道一个体系的概率就能算出另一时间值的概率；所以，所有物理定律都和客观的实体无关，只和概率有关。”

爱因斯坦补充道：“但我相信，为了把我们的感觉变成可以为思想所利用的东西，我们需要有一个概念世界。认为我们靠感性能了解这个世界，无异于痴人说梦。当我们看到这个世界上的各种东西时，这些感性上的东西慢慢开始转化成概念上的东西。感觉所给予我们的东西，通过一种概念的构造，形成每个人不同的世界观。因此，可观察的世界后面是否存在一个客观的实在世界，现在还不能断言，因为，本身并不存在这种可观察的世界。换句话说，世界并不是由我们的感觉给予我们的。”

谈到对宇宙的了解这类根本问题，爱因斯坦几乎是以对宗教的热忱态度来谈的。这使我想起了他的一句话，是他在一本书里写的：“讲究物质享受是我们这个时代的通病，但也有那些具有深挚宗教情感的人，它们才是认真探索的人。”

物理学、哲学和科学

这是1950年，爱因斯坦在国际外科医学院讲话的记录稿。

我来美国这么多年了，作为一个美国人，应当不太害怕医生了。我在去年的时候，有时根据自己的经验，甚至能猜到医生使他们的病人减轻痛苦的本领已熟练到何等程度。不过，还有一个原因，使我对医生怀有深挚的尊敬感。依个人所能了解的领域来判断，现在人类活动的所有领域都开始专业化了，给民众带来极大的方便。因此，现在的时代，缝补衣服、修理家具以及修理钟表的人越来越难找到了。其他各种职业的（包括研究工作）情况也好不了多少，在这一方面，每一个有教养的人都知道。知识的增长加快了有重大意义的领域的专业化，医学在这方面也不例外，但医学专业化有一个天然的界限。人的身体某一部分出了毛病，只能找医生去治，而医生只有非常清楚地知道人的整个复杂机体才能治病；只有这样的人，在更复杂的情况下才能找出病因。因此，普遍的因果关系和深刻的知识，对于医生来说有着重要的意义。当然，外科医生不同，可靠的感官和手以及罕见的镇静是外科医生极为需要的。假如外科医生在剖开躯体时发现某种异常状况，那他该怎么做呢？这种情况，需要他坚强起来，必须当机立断，马上决定应当做什么和应当避免什么。正是基于医生的这种情况，我对他们有深挚的尊敬感。

我今天和在医学领域里工作的学者们讲话，这些话不是我的专业知识，而只谈谈一般的认识论问题，或者说，一些哲学上的问题。

有人这样认为，在最普遍和最广泛的形式中对知识的追求就是哲学，按照这个说法，哲学就是全部科学的研究之母。但同时，那些研究哲学的学者们也受到科学各个领域的强烈影响，不仅如此，每一代的哲学思想也被其强烈地影响着。根据这种观点，我们来看看，物理学在近百年来的发展。

文艺复兴时期，物理学想找到这样一个普遍规律：是什么决定物体在时间和空间里的行为。这些物体的存在问题是哲学研究的。天体和地球上的物体，以及各种化学上的物品，对于物理学来说，都是实在的客体，都存在于时间和空间里。用假设从经验材料中总结出这些规律，这就是物理学的任务。在一切情况都是正确的情况下，才能得出规律。如果这种规律经检验与结果不符，哪怕一万次中只出现一次不符，这条规律还是会被认为是错误的。在某一时刻，如果客体的状态完全是已知的，那么在任何时刻，它们的状态就完全是由自然规律决定的。从这个意义上来说，实在的外在世界的规律被认为是完备的。我们谈论的“因果性”，指的就是这一点。一百年前物理学思想的界限大概就是这些了。

实际上，这个基础也许比我们指出的还要狭窄。普遍认为，相互作用着的不变的质点组成了外在世界的客体。已知的力作用在这些质点上，在这些力的作用下，质点处于不停的运动中。最后，观察到的全部现象，都可以归结为质点的运动。

这种世界观从哲学观点来看，同朴素实在论紧密地联系着；因为赞成后者的人认为，我们的感性知觉是世界的客体直接给予我们的。引进这种原子性的元素，从一开始就不是以直接的观察为依据的。所以，引进不变的质点就意味着，向高度精练的实在论进了一步。

随着法拉第和麦克斯韦的电磁场理论的相继出现，不可避免地，实在论概念需要进一步改进。有人是这样想的，把最简单的实在那个角色，看成是在空间里连续分布的电磁场；但是，在过去的时候，这个角色被说成是有重物质。但场的概念是怎么来的呢？它并不是直接来自感性知觉。不仅如此，在理论中，不引进作为独立实体的质点这种倾向，只把连续的场设想为物理实在。

人们在二三十前的物理思想界限的特征如下：

不依赖于认识和知觉的物理实在是存在的。描述空间和时间现象的理论体系就可以解释这一点；不过，这种体系的根据仅仅在于它的经验的证实。自然规律可以用数学规律来表达，用数学可以描述大自然的理论体系，以及它们各个元素之间的关系。上述意义上严格的因果性，由这些规律可以得出。

现在几乎所有的物理学家在大量实验数据的压力下都相信，这种思想基础需要更换，虽然它也包含了足够广泛的现象。现代物理学家们认为，这是不能令人满意的，不仅仅是因为关于不依赖于任何测量或观察的实在假设，还有严格因果性的要求。

我下面举一个光的例子，来说明一个问题。找一个能反射的和透明的薄板，让单色光束射在上面。这光束就被分解为两个部分：透过的和被反射的光束。用电磁场可以完备和精确地描述整个过程。用这个理论解释，不仅可以找到两支光束的方向、强度和偏振，而且还可以非常细致地了解干涉现象。在两支光束用某种装置叠加在一起时，就会产生干涉现象。

但是，正如人们所接受的说法，光是由光子组成的，或者，像人们已经指出的那样，光有原子性的能量结构。假如有一支光束落在物体上，进而产生一种基元吸收作用，那么，光的强度与吸收的能量值是无关的。我们由此认定，两支光束能互相干涉，光的吸收不是由几个光子而是由一个光子决定的。

光子的各种属性的综合，是麦克斯韦的场论没有考虑到的。怎样去理解吸收辐射能量的原子化的性质，场论里也找不到答案。那能不能把光子想象一下，想象它是在空间中运动着的点状结构；因为光子的能量是不可分的，那么，这种光子就应当要么被薄板反射，要么通过薄板。这种猜想要实现还得解决两个困难。首先，假定达到薄板的光子，由方向、颜色和偏振来表征，是简单的物理客体。我们以每一个单个的光子来说，光子究竟是被薄板反射还是通过薄板取决于什么？从这两种可能性中选择哪一种，都不太可能找到充分的理由，而且，一般也没有人相信会有这样的理由。还有一点，在两支光束相互作用时，光子的点状结构概念不能解释所发生的干涉现象。

但再困难的问题，也有解决的办法，物理学家们找到了这样的出路。光的波动描述被他们保留下来，但是，现在波长的能量是在空间里分布的，它已不是实在的场，而完全只是有物理意义上的下述数学结构：在某个既定区域里,光子在其中出现概率的量度就是波长的强度。在实验里，只有这个概率可以根据光的吸收而被量度出来。

最初的场论意义被以概率分布的场代替，在相应的变化中，我们得到的是最有用的有重物质理论，它超出了光的理论的范围。为这个理论，我们放弃了原子领域中绝不能检验的因果性要求。我们想要保留描述空间和时间的实在的物理客体，但这种描述只能使用间接描述。借助这种间接描述，我们才能计算出任何量度结果的概率。

二十世纪以来，一些提出来的基本的物理学思想就是这些。物理学的这一研究和发展过程，对生物学家或者对他们的研究有什么影响呢？了解物理学，应该从最广泛的意义上来讲；从大的方面来说，物理学包含了研究无机界的全部科学。

在这方面，我不禁想起了对物理学发展有重要影响的牛顿天体力学概念。牛顿认为，理解行星的运动，适当运用质量、加速度和力的概念就可以了。这些看来颇为自然甚至是必然的概念让大家有了充分的信心。大家认为，理解无机界全部过程的钥匙就在这些概念中。随后，连续媒质力学就是在这些概念的基础上建立起来的。力的概念，在这个范围内，是靠其中包含应力而被总结出来的。但是，必须引进热的概念（温度和热量）才能完成这个理论。在很长一段时间里，引进的这些概念是否归结为力学概念，这个问题始终没有解决；但这个问题随着气体运动论和统计力学在更广泛意义上的发展，终于得到了令人信服的答案。

那时，天体力学在发展，物理学像它的小妹妹一样随之发展，而生物学呢，就像物理学的小妹妹一样，随着物理学的发展而前进。一百年前的自然科学家认为，我们已经一劳永逸地建立起了物理学的力学基础，这一看法，当时不会有任何人怀疑。无机物的相互作用过程很复杂，不容许做详细分析；但是，他们把它想象为零件完全已知的特殊的钟表机构。所以，对于实验者和理论家来说，通过孜孜不倦的努力，他们最终会完全理解无机物相互作用的全部过程。既然我们已经建立起了物理学的基本规律，那么这个规律在有机界里也是对的。在十九世纪，生物学对物理学基础的可靠性是非常信任的，这对发展生物学有着极其重要的作用，此外，生物学在发展中还从物理研究中借用了工具和方法，这也对生物学的发展起到一定的作用。如果当时的生物学家不相信物理学，谁还会去开展这样的事业呢？

我们的时代是比较幸运的，随着生物学的发展，一些更深刻的问题又出现在眼前，为了解决这些问题，他们开始从新的物理学中找方法。现在和以前不同的是，我们已经知道对力学基础的信心是建立在幻想上的；而且在细节上，物理学作为大姐姐，研究出了惊人的结果，但物理学已经不再认为自己能理解自然现象的本质。现在，物理学有时候会探讨自己的研究对象，但与会的人发现，很难探讨出物理学的研究对象是什么。

伽利略时代产生的科学思想到现在已经发生了深刻的变化，在这些变化中，有没有留一些不变的东西呢？伽利略时代保存下来的科学思想很容易就能概括起来：

第一，感性知觉是一切研究的出发点，思维本身始终不会得到关于外界客体的知识。只有把看到的和自己大脑里的思维相结合，才能研究出真理性的理论。

第二，全部的基本概念都属于空间—时间的概念。在这个意义上，所有科学思维都是“几何的”；那么，“自然规律”的真理性就是无限的。如果一个由自然规律得到的一个结果，同一个实验上确立的事实相矛盾，就算只有这一次是矛盾的，根据自然规律的真理性的无限性，这条自然规律也被视为错误的。

第三，空间—时间规律是完备的。也就是说，任何一条自然规律都能归结为某种用空间—时间概念的语言来表述的规律。根据这条原理，我们得出这样的结论。还是举例说明吧，人的神经系统中进行的物理过程和化学过程，就是心理现象以及它们之间关系的反映。据此可知，非物理的因素不会出现在自然现象的因果体系中；科学四维在这种意义上，没有“自由意志”和所谓“活力论”。

在这方面，我还有一点意见。现代量子力学虽然还有那么一点儿因果性概念，但毕竟没有为自由意志的拥护者打开后门，这一点，从上述理由中已经可以看出。在热力学意义上，那些决定无机界现象的过程是不可逆转的，这样的话，由分子过程所带来的统计因素就完全排除了。

我们是不是永远保留这个信念呢？我想最好微笑着面对这个问题。

74 岁生日答客问

1953 年 3 月 14 日，在爱因斯坦 74 岁生日宴会之前，举行了一个简短的记者招待会，这里面的问题就是在记者会上提到的。

第一个问题：“据说，在您 5 岁的时候，您看到过一只指南针；12 岁的时候，读了欧几里得几何学：这两件事是不是对您的一生起到决定性的影响？”

爱因斯坦回答：“我是这样想的，外界对我的发展确实有重大的影响，但那时不会有人因为你读了欧几里得几何而关注你是否受其影响。对于绝大多数小孩来说，第一次看到指南针时，丝毫不会有兴趣。事实上，决定一个人的特殊反应究竟是什么呢？人们可以说出不同的答案，但这个问题没有真正的答案。”

第二个问题：“您这次生日晚宴所募集的资金将用来建造一所医科大学，大学将以您——一个物理学家的名字来命名。那么，我想请问阁下，物理学是以什么方式来帮助医学的？”

爱因斯坦回答：“物理学是一种使人信任的科学方法，因此才会对医学产生影响。物理学对医生也有帮助，它给了医生必不可少的工具和概念。除此之外，物理学还让一些生物学家学会用一种非常简单的方法处理生命现象。”

第三个问题：“如果一个青年学生打算致力于科学研究事业，您有什么建议要告诉他吗？”

爱因斯坦回答：“建议不会对他们有什么帮助，只有自己鼓励自己，培养自己的兴趣才行。如果真的有强烈的愿望做研究，他一定会找到自己要走的路。”

最后一个问题：“请问您最近研究了什么理论？有什么进展？”

爱因斯坦由于对这个问题没有准备，最后就没有回答。不过，我觉得这个问题很重要，便请他有空的时候写一个书面答复。

1953 年 3 月 25 日，他寄来了对这个问题的回答：

“我在我 74 岁生日的时候，你问过一个关于非对称场理论的问题，我当时没有回答，下面是我近期研究的内容：

1916 年，自从广义相对论提出以后，就出现了如下问题。对于总场的相对论性的定律，我们只是建立了一个松弛的架构。实际上，广义相对性原理并不是以任意选择的方式导向纯引力场的理论。从那时起，在引力定律的理论上，我就一直致力于找到最自然的相对论性的推广，希望这个推广的定律能成为总场的一个定律。过去几年中，关于这个问题的数学形式方面——方程组的推导，已经取得成功，我是完全满意的。数学上虽然有一些进步，但我还是遇到了巨大困难，从这些方程中，还没有得到能使理论和实验相符合的结果。现在离破解这个问题还有许多课题要做，就算尽我余生之力也不一定能研究出来。”

信的结尾，他谈到了自己将来的计划：“只要是存在的东西，我就会尽力找出来。”